수능 영단어 3472

MEC 언어연구팀

도서출판 맑은창

Can do!
수능 영단어 3472

찍은날 ▮ 2005년 12월 24일 인쇄
펴낸날 ▮ 2005년 12월 29일 발행

지은이 ▮ 수능영어연구회
펴낸이 ▮ 조 명 숙
펴낸곳 ▮ 도서출판 맑은창
등록번호 ▮ 제16-2083호
등록일자 ▮ 2000년 1월 17일

주소 ▮ 서울특별시 금천구 가산동 235-53
　　　 우림빌딩 201호 (우 153-801)
전화 ▮ (02) 851-9511
팩스 ▮ (02) 852-9511
전자우편 ▮ hannae21@korea.com

ISBN 89-86607-45-X

값 6,500원

Can do! 수능 영단어 3472는

- 개정 교과서와 기출 문제들 중에서 기본 필수 단어와 **빈출 최우선 단어**를 중심으로 구성하였습니다.

- **품사별 핵심 영단어**(명사 1,310 형용사 772 동사 1,191 부사 199)와 **파생어** 및 **활용 예문**까지 수록, 10,000여개의 연결 단어를 단번에 익힐 수 있도록 하였습니다.

- 단어를 **접미사 유형별**로 분류 배열하여 비슷한 유형의 단어와 비교하면서 보다 많은 단어를 쉽게 익히도록 하였습니다.

- **품사별, 유형별, 알파벳 순서**로 단어를 배열하여 이 책 한 권 만으로도 충분히 영어사전의 역할을 할 수 있습니다.

MEC언어연구팀

Contents

Can do!
수능 영단어

명사 *1310*

Chapter 1

~age

NO. 1 ~ 17

advantage [ædvǽ(áː)ntidʒ]	이점, 우월성, 우세 **have the advantage to** …에게 유리하다 **take advantage of** …을 이용하다	0001
average [ǽvəridʒ]	평균 **above(below) the average** 평균 이상(이하)	0002
courage [kə́ː(ʌ́)ridʒ]	용기, 담력 [형] **courageous** **have the courage to do** …할 용기가 있다 **lose courage** 낙담하다	0003
disadvantage [disədvǽ(áː)ntidʒ]	불이익, 불리 **sell goods to disadvantage** 물건을 밑지고 팔다	0004
heritage [héritidʒ]	유산, 전통 **a cultural heritage** 문화적 유산	0005
homage [há(ɔ́)midʒ]	존경 **pay homage to** …에게 경의를 표하다	0006
image [ímidʒ]	영상, 모습 [동] **imagine** **a real image** 실상	0007
marriage [mǽridʒ]	결혼 [동] **marry** **accept a marriage proposal** 여자에게서 결혼 승낙을 받다	0008

		0009
message [mésidʒ]	전갈, 메시지 a congratulatory message 축전, 축사	

		0010
rage [reidʒ]	분노, 격노 fly into a rage 벌컥 화를 내다	

		0011
sabotage [sǽbətɑːʒ]	태업, 생산 방해 commit sabotage 파괴 행위를 하다	

		0012
savage [sǽvidʒ]	야만인, 미개인 the noble savage 천진난만한 미개인	

		0013
shortage [ʃɔ́ːtidʒ]	부족 a shortage of time 시간 부족	

		0014
usage [júːsidʒ]	관습, 사용법 ⑧ use by usage 관례상, 관례에 따라	

		0015
village [vílidʒ]	마을 a neighboring village 이웃 마을	

		0016
voyage [vɔ́iidʒ]	항해 go on a voyage 항해하다	

		0017
wage [weidʒ]	임금, 급료 wage level 임금 수준	

~ance

NO. 18~60

abundance 0018
[əbʌ́ndəns]
풍부
a year of abundance 풍년
an abundance of 많은, 풍부한

acceptance 0019
[ækséptəns]
수락, 승락 [동] accept
acceptance of persons 편들기, 역성

accordance 0020
[əkɔ́:dəns]
순응, 일치 [동] accord [형] accordant
in accordance with 에 따라서, …와 일치하여
out of accordance with
…를 따르지 않고, …와 일치하지 않고

acquaintance 0021
[əkwéintəns]
지식, 면식 [동] acquaint
gain acquaintance with …을 알게 되다

admittance 0022
[ædmítəns]
입장, 허락 [동] admit
No admittance 입장 금지

annoyance 0023
[ənɔ́iəns]
성가심 [동] annoy
put to annoyance 괴롭히다

appearance 0024
[əpíərəns]
출현, 외모 [동] appear
keep up appearances 체면을 유지하다
in appearance 보기에는, 외관은

appliance 0025
[əpláiəns]
기구, 설비 [동] apply
office appliances 가전제품

assistance [əsístəns]	도움 [동] assist 돕다 give assistance 원조하다	0026
assurance [əʃúərəns]	보증 [동] assure [형] assured with assurance 자신을 가지고	0027
attendance [əténdəns]	출석 [동] attend [형] attendant give good attendance 서비스를 잘 해주다	0028
balance [bǽləns]	균형 balance of a bank 은행 예금의 잔고 keep off balance 평형을 잃고, 불안정하여 balance of trade 무역수지	0029
brilliance [bríljəns]	광채, 광택 [형] brilliant shine out with great brilliance 찬연히 빛나다	0030
circumstance [sə́:kəmstəns]	환경, 사정, 상황 the whole circumstance 자초지종 under the circumstance 이러한 사정에서(이므로)	0031
compliance [kəmpláiəns]	순응, 승낙 [동] comply [형] compliant in compliance with …에 따라, …에 순응하여	0032
continuance [kəntínjuəns]	계속, 연속 [동] continue [형] continuous a continuance of bad weather 악천후의 연속	0033
countenance [káuntinəns]	용모, 안색 change countenance 안색을 바꾸다 lose countenance 냉정을 잃다	0034

defiance [difáiəns]	0035 도전, 저항 [동] **defy** [형] **defiant** **set … at defiance** …에게 도전(반항)하다 **in defiance of** … 을 무시하고
disturbance [distə́:bəns]	0036 방해 [동] **disturb** **make a disturbance** 소동을 일으키다
endurance [endjúərəns]	0037 인내, 인내력 [동] **endure** **an endurance test** 내구 시험
entrance [éntrəns]	0038 입장 [동] **enter** **an entrance examination** 입학[입사] 시험
fragrance [fréigrəns]	0039 향기로움, 방향(芳香) [형] **fragrant** **the fragrance of rose** 장미 향기
hindrance [híndrəns]	0040 방해 [동] **hinder** **a hindrance to navigation** 비행상의 장애물
ignorance [ígnərəns]	0041 무지, 무식 [동] **ignore** [형] **ignorant** **Ignorance is bliss.** 모르면 약이다(속담) **be in ignorance of** …을 모르다
inheritance [inhéritəns]	0042 상속, 유산 [동] **inherit** **an inheritance tax** 상속세
instance [ínstəns]	0043 예, 보기 **for instance** 예를 들면 **in most instance** 대개의 경우에는

insurance
0044
[inʃúrəns]

보험 동 insure

insurance agent 보험 대리점
insurance policy 보험 증권

maintenance
0045
[méintinəns]

유지, 주장 동 maintain

maintenance man 정비공

nuisance
0046
[njú:səns]

폐, 성가심

Commit no nuisance ! 소변 금지
What a nuisance ! 아이 성가셔라!

observance
0047
[əbzə́:vəns]

준수 동 observe 형 observant

strict observance of the rules 규칙의 엄수

performance
0048
[pəfɔ́:məns]

실행, 공연 동 perform

a performance car 고성능 자동차

perseverance
0049
[pə̀:rsəví:rəns]

인내, 참을성 동 persevere 형 perseverant

have staying perseverance 인내력이 있다

relevance
0050
[réləvəns]

관련(성), 적절 형 relevant

have relevance to …와 관련이 있다

reliance
0051
[riláiəns]

신뢰, 의지, 의존 동 rely 형 reliable

in reliance of …을 신뢰하여

reluctance
0052
[rilʌ́ktəns]

꺼리김 형 reluctant

with(without) reluctance 마지못해서(기꺼이)

remembrance [rimémbrəns]	0053 기억 [동] remember bring remembrance to 상기시키다
renaissance [rènasɑ́:ns]	0054 재생, 부흥 renaissance painters 문예 부흥기의 화가들
resemblance [rizémbləns]	0055 유사, 닮은 점 [동] resemble bear resemblance to …와 닮다
resistance [rizístəns]	0056 저항, 반항 [동] resist [형] resistant a piece of resistance 주요 작품, 압권
significance [signífikəns]	0057 의미, 중요성 [동] signify [형] significant have political significance 정치적인 의미를 가지다
temperance [témpərəns]	0058 절제 [형] temperate temperance movement 금주운동
tolerance [tɑ́(ɔ́)lərəns]	0059 관용, 관대함 [동] tolerate [형] tolerant the spirit of tolerance 관용의 정신
utterance [ʌ́tərəns]	0060 주장, 말씨 [동] utter [부] utterly a man of good utterance 능변가

~ation

NO. 61~164

abbreviation 0061
[əbrìːviéiʃən]
축약, 약자 [동] abbreviate

accommodation 0062
[əkɑ̀(ɔ)mədéiʃən]
적응, 숙박, 숙박시설
[동] accommodate [형] accommodative
phone a hotel for accommodations
호텔에 방 예약의 전화를 걸다

accumulation 0063
[əkjùːmjuléiʃən]
축적 [동] accumulate [형] accumulative
devote oneself to the accumulation of riches 재산의 축적에 열중하다

adaptation 0064
[æ̀dæptéiʃən]
적응, 적용 [동] adapt [형] adaptive

administration 0065
[ædmìnistréiʃən]
행정, 경영 [동] administer
administration official 당국자

admiration 0066
[æ̀dməréiʃən]
감탄, 존경 [동] admire
in admiration of …에 감탄하여

affectation 0067
[æ̀fektéiʃən]
꾸밈, 뽐냄 [동] affect
without affectation 꾸밈없이

alternation 0068
[ɔ̀ːltənéiʃən]
교대, 교체 [동] alternate
alternation of generations 세대 교체

animation [ænəméiʃən]	생기, 활기 [동] animate with **animation** 기운차게, 활발히	0069
anticipation [æntìsəpéiʃən]	예상 [동] anticipate [형] anticipative, anticipant in **anticipation** 미리 in **anticipation** of …을 예상(기대)하고	0070
application [æplikéiʃən]	지원, 적용 [동] apply [형] applicable **application** form 신청용지, 신청서 make an application for …을 신청하다	0071
appreciation [əprìːʃiéiʃən]	감사, 이해, 감상 [동] appreciate [형] appreciable, appreciative in **appreciation** of …을 인정하여	0072
approximation [əprɑ̀(ɔ)ksiméiʃən]	접근, 근사치 [동] approximate [형] approximative	0073
estimation [estiméiʃən]	평가, 추정 [동] estimate [형] estimative fall(rise) in the **estimation** of …에게 낮게(높게) 평가되다	0074
evaporation [ivæ̀pəréiʃən]	증발 [동] evaporate [형] evaporative **evaporation** heat 증발열	0075
exaggeration [egzæ̀dʒəréiʃən]	과장, 허풍 [동] exaggerate [형] exaggerative It is no **exaggeration** to say that. 그것은 과장이 아니다	0076

examination [egzæ̀minéiʃən]	조사, 시험 [동] examine make an examination of …을 심사하다 a physical examination 건강 진단	0077
expectation [èkspektéiʃən]	예상, 기대, 감탄 [동] expect [형] expectant according to expectation 예상한 대로 in expectation of …을 기대하여	0078
explanation [èksplənéiʃən]	설명 [동] explain [형] explanatory give an explanation for …의 이유를 설명하다	0079
exploration [èkspləréiʃən]	탐험 [동] explore [형] exploratory make an expleration of an unknown country 미지의 세계를 탐험하다	0080
extermination [ikstə̀ːrmənéiʃən]	근절, 전멸, 종결 [동] exterminate extermination of crime 범죄의 근절	0081
fascination [fæ̀sənéiʃən]	매혹, 매료 [동] fascinate They watched in fascination 넋을 잃고 바라보다	0082
foundation [faundéiʃən]	설립, 기초 [동] found a rumor without 밑도 끝도 없는 유언비어 to the foundations 밑바닥까지	0083
graduation [græ̀dʒuéiʃən]	졸업, 학위취득 [동] graduate a graduation thesis 졸업 논문 graduation exercises 졸업식	0084
gravitation [græ̀vitéiʃən]	중력, 인력 [동] gravitate terrestrial gravitation 지구(만유) 인력	0085

hesitation [hèzətéiʃən]	망설임 [동] **hesitate** [형] **hesitative** **without hesitation** 망설임 없이	0086
humiliation [hjuːmìliéiʃən]	굴욕 [동] **humiliate** **the humiliation of defeat** 굴욕적인 패배를 안고	0087
identification [aidèntifikéiʃən]	동일함, 신원 확인, 검증 [동] **identify** **identification card** 신분증(ID 카드)	0088
illumination [ilùːminéiʃən]	조명, 계몽 [동] **illuminate** [형] **illuminative, illuminant** **stage illumination** 무대 조명	0089
imagination [imæ̀dʒinéiʃən]	상상, 영상 [동] **imagine** [형] **imaginary, imaginative** **a man of imagination** 상상력이 뛰어난 사람	0090
inclination [ìnklənéiʃən]	습성, 경향 [동] **incline** **have an inclination toward conservatism** 보수적 경향이 있다	0091
information [ìnfəméiʃən]	정보, 안내 [동] **inform** [형] **informative** **information age** 정보화 시대 **information office** 안내소	0092
initiation [inìʃiéiʃən]	개시, 시작, 가입 [동] **initiate** [형] **initial, initiative, initiatory** **one's initiation into a club** 클럽에 가입	0093
innovation [ìnouvéiʃən]	혁신 [동] **innovate** [형] **innovative** **technical innovation** 기술 혁신	0094

inspiration 0095
[ìnspəréiʃən]
영감, 고취, 암시 [동] inspire [형] inspiratory
get inspiration from a novel
소설로부터 영감을 받다

interpretation 0096
[intə̀:pritéiʃən]
통역, 해설 [동] interpret
interpretation of a treaty 조약의 해석

invitation 0097
[ìnvətéiʃən]
초대, 초대장 [동] invite [형] invitatory
invitation ticket 초대장
at the invitation of …의 초대로

irritation 0098
[ìritéiʃən]
짜증 [동] irritate [형] irritative
I listened to her chatter with irritation.
그 여자의 수다스러운 이야기에 나는 짜증이 났다.

isolation 0099
[àisəléiʃən]
고립 [동] isolate
in isolation 그것만 따로 분리해서 생각하면

justification 0100
[dʒʌ̀stifikéiʃən]
정당화 [동] justify
in justification of …을 변명하기 위하여

lamentation 0101
[læ̀mentéiʃən]
한탄, 비탄 [동] lament
lament that oneis childless 자식이 없음을 한탄하다

legislation 0102
[lèdʒisléiʃən]
법률 제정 [동] legislate [형] legislative

location 0103
[loukéiʃən]
위치, 야외 촬영 [동] locate [형] local
The store is in a good location.
그 상점은 위치가 좋다

0104

limitation
[lìmitéiʃən]
한계, 제한 동 limit
put limitation of …에 제한을 가하다

0105

migration
[maigréiʃən]
이주, 이동 동 migrate 형 migratory
seasonal migration (사람, 동물의)계절에 따른 이주

0106

moderation
[màdəréiʃən]
적당함, 온건 동 moderate 부 moderately
moderation of attitude 온건한 태도
moderation in eating and drinking
폭음 폭식을 하지 않음

0107

meditation
[mèditéiʃən]
명상 동 meditate 형 meditative
He was sunk in meditation. 그는 명상에 잠겨 있다

0108

narration
[næréiʃən]
서술, 이야기, 화법 동 narrate 형 narrative
direct narration 직접 화법

0109

navigation
[nævigéiʃən]
항공술 동 navigate
aerial navigation 항공(술)

0110

negotiation
[nigòuʃiéiʃən]
협상 동 negotiate
be in negotiation with …와 협상중이다
under negotiation 교섭중

0111

obligation
[à(ɔ)bligéiʃən]
의무 동 obligate
be under obligation to 의무를 다하다
repay an obligation 은혜를 갚다

0112

observation
[à(ɔ)bzəvéiʃən]
관찰 동 observe
under observation 관찰(감시)하에

20

0113
occupation
[ɑ̀kjupéiʃən]
점령, 직업　동 **occupy**
man out of occupation 실업자

0114
operation
[ɑ̀(ɔ̀)pəréiʃən]
수술, 작동　동 **operate** 형 **operative**
the **operation** of breathing 호흡 작용

0115
oration
[ɔ:(ɔ)réiʃən]
웅변, 연설　동 **orate**
direct(indirect) **oration** 직접(간접) 화법

0116
organization
[ɔ̀:gəni(ai)zéiʃən]
조직, 기구, 단체　동 **organize** 형 **organic**
the **organization** of club 클럽의 조직

0117
participation
[pɑ:tìsəpéiʃən]
참여　동 **participate**
We hope to count on your **participation**.
여러분의 참여를 바랍니다

0118
perspiration
[pə̀:rspəréiʃən]
땀　동 **perspire** 형 **perspiratory**
He was wringing wet with **perspiration**.
그는 땀이 비 오듯 했다

0119
population
[pɑ̀pjuléiʃən]
인구, 주민
increase in **population** 인구가 증가하다

0120
preparation
[prèpəréiʃən]
준비, 조제약　동 **prepare**
in **preparation** 준비중에
in **preparation** for …의 준비로, …에 대비하여

0121
presentation
[prèzəntéiʃən]
증정, 수여　동 **present** 형 **presentational**
the **presentation** of credentials 신임장 제출

0122
preservation [prèzəːvéiʃən]
보존 [동] preserve
be in good **preservation** 보존 상태가 좋다

0123
proclamation [prɑ̀(ɔ̀)kləméiʃən]
선언, 공포 [동] proclaim [형] proclamatory
the **proclamation** of war 선전 포고

0124
pronunciation [prənʌ̀nsiéiʃən]
발음 [동] pronounce

0125
provocation [prɑ̀vəkéiʃən]
약올림 [동] provoke [형] provocative
give **provocation** 화나게 하다

0126
publication [pʌ̀blikéiʃən]
발표, 출판, 출판물 [동] publish
publication fund 출판기금

0127
punctuation [pʌ̀ŋktʃuéiʃən]
구두점 [동] punctuate
punctuation mark 구두점

0128
purification [pjùərəfikéiʃən]
정화 [동] purify [형] pure

0129
qualification [kwɑ̀ləfikéiʃən]
적성, 업무 능력
[동] qualify [형] qualificatory
with **qualification** 조건부로
without **qualification** 무조건(무제한)으로

0130
quotation [kwoutéiʃən]
인용, 견적 [동] quote [형] quotative
suitable for **quotation** 인용에 적당하다
quotation mark 인용 부호

		0131
radiation [rèidiéiʃən]	방사　동 **radiate** a **radiation** accident　방사능 사고	

		0132
ration [ræʃən]	일정한 배급량, 할당량 a daily **ration** of meat and bread 하루 분의 고기와 빵의 할당량	

		0133
realization [rìːəlaizéiʃən]	실현, 인식　동 **realize** the **realization** of one's dream　꿈의 실현	

		0134
recommendation [rèkəmendéiʃən]	추천, 권장　동 **recommend** her **recommendation** for the job 그 직업에 어울리는 그녀의 장점	

		0135
recreation [rìːkriéiʃən]	오락, 휴양　동 **recreate**　형 **recreational** take **recreation**　휴양하다 a facility of **recreation**　오락시설	

		0136
reformation [rìfəméiʃən]	개혁, 개선　동 **reform** religious **reformation**　종교 개혁	

		0137
registration [rèdʒistréiʃən]	등록, 기재　동 **register** **registration** stamp　등기 우표	

		0138
relation [riléiʃən]	관계　동 **relate** have **relations** with　…와 관계(교섭)을 가지다 have **relation** to　…와 관계가 있다	

		0139
renovation [rènəvéiʃən]	혁신　동 **renovate** educational **renovation**　교육의 혁신	

0140
representation
[rèprizentéʃən]
대표, 표현 동 represent 형 representative
proportional representation 비례 대표제
regional representation 지역 대표제

0141
reputation
[rèpjutéiʃən]
평판 동 repute
have a reputation for …으로 평판이 좋다
of great reputation 평판이 자자한

0142
reservation
[rèzəvéiʃən]
예약, 보호지역 동 reserve
make reservation 예약하다
without reservation 솔직하게, 무조건으로

0143
resignation
[rèzignéiʃən]
사직, 체념 동 resign
give in one's resignation 사표를 제출하다
accept one's fate with resignation
운명을 감수하다

0144
respiration
[rèspiréiʃən]
호흡 동 respire
artificial respiration 인공 호흡

0145
restoration
[rèstəréiʃən]
회복, 복구 동 restore
the restoration of order 질서의 회복

0146
revelation
[reviléiʃən]
누설 동 reveal
What a revelation! 정말 뜻밖의 이야기다
It was a revelation to me.
그것은 나에게는 뜻밖의 이야기였다.

0147
rotation
[routéiʃən]
교대 동 rotate
in(by) rotation 차례로, 윤번제로

sensation 0148
[senséiʃən]
감동, 대사건 ㊟ **sensational**
make a sensation 센세이션을 일으키다
sensation **of freedom** 해방감

separation 0149
[sèpəréiʃən]
분리, 별거
㊐ **separate** ㊟ **separative** ㊾ **separately**
legal separation 판결에 의한 부부 별거

situation 0150
[sìtʃuéiʃən]
상황 ㊐ **situate** ㊟ **situational**
save the situation 사태를 수습하다
situation **room** 상황실

speculation 0151
[spèkjuléiʃən]
사색, 투기 ㊐ **speculate** ㊟ **speculative**
a report based on speculation **rather than facts** 사실보다 추측에 근거한 보고
on speculation 투기적으로, 요행수를 노리고

starvation 0152
[stɑːvéiʃən]
기아, 굶주림 ㊐ **starve**
die of starvation 아사하다

stimulation 0153
[stìmjuléiʃən]
자극, 흥분 ㊐ **stimulate** ㊟ **stimulative**
be stimulated 자극을 받다

suffocation 0154
[sʌ̀fəkéiʃən]
질식 ㊐ **suffocate**
die from suffocation 질식해서 죽다

toleration 0155
[tà(ɔ)ləréiʃən]
관용, 아량 ㊐ **tolerate** ㊟ **tolerant**

0156
temptation [tèmptéiʃən]
유혹 [동] tempt
fall into temptation 유혹에 빠지다
lead a person into temptation …을 유혹에 빠뜨리다

0157
translation [trænsléiʃən]
번역, 해석 [동] translate
literal translation 직역, free translation 의역

0158
transportation [trænspə(ɔː)téiʃən]
수송, 운송 [동] transport
the railroad transportation 철도 수송

0159
unification [jùːnifikéiʃən]
통일 [동] unify
unification of South and North 남북 통일

0160
vacation [veikéiʃən]
방학, 휴가
be on vacation 휴가중이다

0161
variation [vὲəriéiʃən]
변화 [동] vary
Prices are subject to variation. 가격은 변동될 수 있습니다.

0162
ventilation [vèntiléiʃən]
통풍, 환기 [동] ventilate
a ventilation arrangement 통풍 장치

0163
violation [vàiəléiʃən]
위반 [동] violate [형] violative
in violation of …을 위반하여
violation of human rights 인권 침해

0164
vocation [voukéiʃən]
직업, 천직 [형] vocational
mistake one's vocation 직업을 잘못 택하다

0165	**brooch** [brúːtʃ]	브로치
0166	**brunch** [brʌ́ntʃ]	송이, 다발
0167	**coach** [kóutʃ]	마차, 버스, 코치
0168	**crutch** [krʌ́tʃ]	목발
0169	**ditch** [dítʃ]	도랑
0170	**latch** [lǽtʃ]	빗장
0171	**patch** [pǽtʃ]	조각, 땅뙈기
0172	**perch** [pə́ːtʃ]	횃대, 농어
0173	**pitch** [pítʃ]	던지기, 송진

porch 현관
[pɔ́ːtʃ]
0174

ranch 목장
[rǽntʃ]
0175

torch 횃불
[tɔ́ːrtʃ]
0176

~cy

0177

accuracy
[ǽkjurəsi]

정확(성), 정밀도 동 accurate 부 accurately
with accuracy 정확히

0178

agency
[éidʒənsi]

대리점, 정부기관
by the agency …의 중개(주선)으로

0179

bankruptcy
[bǽŋkrʌptsi]

파산 동 bankrupt
go into bankruptcy 도산하다

0180

currency
[kəː(ʌ)rənsi]

흐름, 유통, 화폐 형 current
be in wide currency 널리 통용되고 있다
currency circulation 통화 유통

0181

democracy
[dimá(ɔ́)krəsi]

민주주의 동 democratize 형 democratic
direct democracy 직접민주주의

0182

delicacy
[délikəsi]

우아, 고상함, 섬세 형 delicate, delicious
feel a delicacy about …을 꺼리다
out of delicacy 신중하게

0183

diplomacy
[diplóuməsi]

외교(술) 형 diplomatic
humiliating diplomacy 굴욕 외교

0184

efficiency
[ifíʃənsi]

능률, 능력 형 efficient
efficiency wages 능률급

emergency [imə́:dʒənsi]	비상 사태 an emergency call 비상 소집 emergency room (병원의)응급실 emergency exit(door) 비상구	0185
fancy [fǽnsi]	공상, 애호 [형] fanciful have a fancy for …을 좋아하다	0186
fluency [flú:ənsi]	유창 [형] fluent with fluency 유창하게, 거침없이	0187
frequency [frí:kwənsi]	빈번함, 빈도 [형] frequent the frequency of crimes 범죄 빈발	0188
infancy [ínfənsi]	유아 [형] infant in one's infancy 어린아이 때에 natural infancy 유년(보통 7세 미만)	0189
intimacy [íntiməsi]	친밀함 [형] intimate be on terms of intimacy 친밀한 사이이다	0190
legacy [légəsi]	유산, 유물 legacy duty 유산 상속세 a legacy of hatred 대대로 내려오는 원한	0191
mercy [mə́:si]	자비, 용서 [형] merciful for the mercy's sake 불쌍히 여겨서, 제발 That's a mercy! 그것 참 고마운 일이구나 without mercy 무자비하게	0192

policy
[pá(ɔ)lisi]

정책, 방침
Honesty is the best policy.
정직은 최선의 방책이다.

0194

privacy
[práivəsi]

사생활 (형) **private**
in privacy 비밀리에, 숨어서

0195

proficiency
[prəfíʃənsi]

능숙, 숙달 (형) **proficient**
a test of proficiency in English
영어 실력 테스트

0196

prophecy
[prá(ɔ)fəsi]

예언 (동) **prophesy** (형) **prophetic**
(명) **prophet** ; 예언자
rosy prophecy 낙관적인 예언

0197

sufficiency
[səfíʃənsi]

충분함, 넉넉함 (형) **sufficient**
a sufficiency of food 넉넉한 음식

0198

tendency
[téndənsi]

경향, 추세 (동) **tend**
Juvenile crimes show a tendency to increase.
소년 범죄는 증가하는 경향을 보이고 있다

0199

urgency
[ə́ːdʒənsi]

긴급 (동) **urge** (형) **urgent**
a sense of urgency 절박감

0200

vacancy
[véikənsi]

공허, 빈방 (동) **vacate** (형) **vacant**
an expression of vacancy 멍한 표정

~ence

NO. 201 ~ 251

absence [ǽbsəns]	0201 결석, 부재 [형] absent mark the absence 출석을 부르다 He has fits of absence. 그는 가끔 멍해 있다.
adherence [ædhírəns]	0202 고수, 집착 [동] adhere [형] adherent, adhesive
affluence [ǽfluəns]	0203 풍요 [형] affluent live in affluence 부유하게 살다
benevolence [bənévələns]	0204 자비심, 자선 [형] benevolent
coincidence [kouínsidəns]	0205 일치, (일이)동시에 일어남 [동] coincide [형] coincident, coincidental a casual coincidence 우연의 일치
competence [kɑ́(ɔ́)mpitəns]	0206 능력 [형] competent acquire a competence 상당한 자산을 모으다 exceed one's competence 월권 행위를 하다
conference [kɑ́(ɔ́)nfərəns]	0207 회의, 협의 [동] confer have a conference with …와 협의하다
confidence [kɑ́(ɔ́)nfidəns]	0208 자신감 [동] confide [형] confident, confidential have the confidence to do 대담하게도 …하다 make a confidence to …에게 터놓고 이야기하다

consequence [ká(ɔ́)nsikwəns]	0209 결과, 중요성 [형] consequent, consequential as a consequence …의 결과로서, …때문에 of(great) consequence 중대한
convenience [kənví:njəns]	0210 편리 [형] convenient as a matter of convenience 편의상 convenience store 편의점
correspondence [kɔ̀:rispándəns]	0211 일치 [동] correspond be in correspondence with …와 서신을 왕래하다
defence [diféns]	0212 방어 [동] defend [형] defensive in defence of …을 지키기 위해서 the art of defence 호신술
deference [défərəns]	0213 존경, 복종 blind deference 맹종 with all deference to you 지당한 말씀이오나
dependence [dipéndəns]	0214 의존 [동] depend [형] dependent live in dependence on a person 남에게 의존해서 살다
difference [dífərəns]	0215 차이 [동] differ [형] different What's the difference? 괜찮지 않은가?
diligence [dílidʒəns]	0216 근면 [형] diligent Diligence is the mother of success. 근면은 성공의 어머니다

0217
eloquence
[éləkwəns]
웅변, 달변　®eloquent
speak fluently with eloquence　웅변을 토하다

0218
eminence
[éminəns]
저명, 탁월　®eminent
eminence prise　신복, 앞잡이

0219
evidence
[évidəns]
증거　®evident
in evidence　뚜렷이

0220
excellence
[éksələns]
우수함　®excel　®excellent
a prize for excellence in the arts
인문 과학의 우등상
by excellence　빼어나게, 유달리

0221
existence
[egzítəns]
존재　®exist　®existent
go out of existence　소멸하다
in existence　존재하는, 현존하는

0222
experience
[ekspíriəns]
경험
Experience teaches.　경험에 사람을 영리하게 한다
a man of ripe experience　경험이 풍부한 사람

0223
impatience
[impéiʃəns]
성급함, 조바심　®impatient
my impatience with the boy　그 애에 대한 조바심
restrain one's impatience　꾹 참다

0224
inconvenience
[inkənvíːnjəns]
불편, 귀찮음　®inconvenient
if it's no inconvenience to you
폐가 되지 않는다면

34

0225
independence
[indipéndəns]
독립 [형] independent
Independence Day 독립기념일

0226
indifference
[indífərəns]
무관심 [형] indifferent
with indifference 무관심하게

0227
indulgence
[indʌ́ldʒəns]
방자, 마음대로 하게 함
[동] indulge [형] indulgent

0228
inference
[ínfərəns]
추론 [동] infer [형] inferential
make an inference 단정을 내리다

0229
influence
[ínfluːəns]
영향, 세력 [형] influential
have influence on …에 영향을 끼치다
through one's influence …의 힘(덕)으로

0230
innocence
[ínəsəns]
결백, 순진 [형] innocent
His innocence was established.
그의 결백이 입증되었다

0231
insistence
[insístəns]
주장, 고집 [동] insist [형] insistent
with insistence 집요하게

0232
intelligence
[intélidʒəns]
지성 [형] intelligent
intelligence agent 정보원, 간첩
intelligence satellite 첩보 위성
intelligence quotient IQ

0233
interference
[intəfírəns]
방해, 간섭 [동] interfere
an unlawful interference with an officer in the execution of his duty 공무 집행 방해

0234
obedience [oubíːdiəns]
복종, 순종 [동] obey [형] obedient
in obedience to 복종시키다

0235
occurrence [əkːɔ́(ʌ́)rəns]
발생 [동] occur
of frequent(rare) occurrence 자주(드물게) 일어나는

0236
offence [əféns]
위반, 공격 [동] offend [형] offensive
a first offence 초범

0237
patience [péiʃəns]
인내 [형] patient
Have patience! 진정하시오.
My patience! 저런, 옳지!

0238
persistence [pəsístəns]
주장, 고집 [동] persist [형] persistent
extreme persistence 고집 불통

0239
precedence [prisíːdəns]
선행, 우선권 [동] precede
the order of precedence 석차, 서열

0240
preference [préfərəns]
선호함 [동] prefer
in preference to …에 우선하여, 보다 오히려

0241
pretence [priténs]
가장, 허위 [동] pretend
make a pretence of …인 체하다

0242
prominence [prɑ́(ɔ́)minəns]
현저함, 두드러짐, 돌기 [형] prominent
achieve prominence as …로 이름을 날리다

		0243
providence [prά(ɔ́)vidəns]	섭리, 신의 뜻　⑧ **providential** The providence of God　신의 뜻	

		0244
prudence [prú:dəns]	신중　⑧ **prudent** with prudence　조심해서	

		0245
reference [réfərəns]	참고, 언급　⑧ **refer** reference book　참고서 reference line　기준선	

		0246
residence [rézidəns]	거주　⑧ **reside**　⑧ **resident** keep one's residence　거주하다	

		0247
reverence [révərəns]	존경　⑧ **revere** pay reverence to　…에 경의를 표하다	

		0248
sentence [séntəns]	문장, 판결 serve one's sentence　복역하다 sentence adverb　문형(文型)	

		0249
sequence [síːkwəns]	연속, 결과　⑧ **sequent, sequential** in regular sequence　순서대로, 질서정연하게 in sequence　차례차례	

		0250
silence [sáiləns]	침묵　⑧ **silent** break silence　침묵을 깨뜨리다 give the silence　무시하다	

		0251
violence [vάiələns]	폭력　⑧ **violent** do violence to　…에게 폭행을 가하다 with violence　맹렬히, 격렬하게	

~ent

NO. 252 ~ 260

ascent [əsént]	상승, 오름 [동] ascend a rapid ascent 급경사	0252
assent [əsént]	동의, 찬성 [형] assentient by common assent 만장 일치로 Royal assent 제가, 비준	0253
consent [kənsént]	동의, 승낙 Silence gives consent. 침묵은 승낙의 표시 with the consent of …의 승낙(동의)를 얻어	0254
content [kəntént]	만족 die one's heart's content 마음껏, 충분히	0255
descent [disént]	강하, 하락 [동] descend lineal descent 직계 비속 make a descent on …을 급습하다	0256
extent [ekstént]	넓이, 한도, 범위 [동] extend the whole of extent of Korea 한국 국토 to the extent that …인 정도까지, …이라는 점에서	0257
intent [intént]	의지, 의향 [동] intend with intent to …할 목적으로 to all intent and purposes 어느 점으로 보아도, 사실상	0258

scent
[sent]

0259

냄새, 향기
cold(hot) scent 희미한(강한) 냄새(자취)
lose the scent 단서를 놓치다

talent
[tǽlənt]

0260

재능, 성향
hide one's talent in a napkin 재능을 썩이다

~er

NO. 261~278

		0261
barrier [bǽriər]	장벽, 장애 **tariff barriers** 관세 장벽	
		0262
blunder [blʌ́ndər]	큰 실수, 대실책 **make a blunder** 실수를 저지르다	
		0263
border [bɔ́:dər]	가장자리, 경계 **a border line** 경계선	
		0264
career [kəríər]	경력, 생애 **make a career** 출세하다	
		0265
chapter [tʃǽptər]	장(章) **to the end of the chapter** 끝까지, 언제까지나	
		0266
diameter [daiǽmətər]	지름, 직경 **3 inches in diameter** 지름이 3인치	
		0267
fever [fí:vər]	열, 열기 **an attack of fever** 발열 **in a fever** 열광하여	
		0268
frontier [frʌntíər, frʌ́ntjər]	전선, 변방, 미개척의 영역 **the frontier of physics** 물리학의 최첨단	

hunger 0269
[hʌ́ŋgər]
굶주림, 기아 ㉱ **hungry** ㉴ **hungrily**
Hunger is the best sauce. 시작이 반찬이다.
hunger care 단식 요법

monster 0270
[mɔ́nstər]
괴물 ㉱ **monstrous**
a **monster** of cruelty 잔인 무도한 사람

powder 0271
[páudər]
가루, 화약 ㉱ **powdery**
not worth **powder** and shot 노력할 가치가 없는

rubber 0272
[rʌ́bər]
고무, 고무제품
a **rubber** band 고무 밴드

shelter 0273
[ʃéltər]
은신처, 피난처
a **shelter** for battered women
학대당하는 여성의 은신처

temper 0274
[témpər]
기분, 성질
an even **temper** 침착한 성질

theater 0275
[θíətər]
극장 ㉱ **theatrical**
a move **theater** 영화관

thunder 0276
[θʌ́ndər]
천둥
be struck by **thunder** 벼락을 맞다

timber 0277
[tímbər]
목재, 재목
My **timbers**! 제기랄, 빌어먹을

whisper 0278
[hwíspər]
속삭임 ㉵ 속삭이다
give the **whisper** 살짝 귀띔하다

~et

NO. 279~289

0279
banquet [bǽŋkwit]
연회, 잔치
give a **banquet** 연회를 베풀다
a regular **banquet** 지수 성찬

0280
blanket [blǽŋkit]
담요, 덮개
a **blanket** of snow 온 누리를 덮은 눈

0281
bucket [bʌ́kit]
양동이, 물통
kick the **bucket** 죽다
a **bucket** of lard 뚱뚱보

0282
budget [bʌ́dʒit]
예산, 경비
balance the **budget** 수지 균형을 맞추다

0283
comet [kɑ́(ɔ́)mit]
혜성
an artificial **comet** 인공 혜성

0284
diet [dáiət]
음식물, 식이 요법
be on a **diet** 식이 요법을 하고 있다

0285
magnet [mǽgnit]
자석 [형] magnetic
a bar **magnet** 막대자석

0286
pamphlet [pǽmflit]
소형 책자, 팸플릿
a political **pamphlet** 정치 소평론

planet [plǽnit]	행성, 혹성 **primary planets** 행성	0287
secret [síːkrit]	비밀, 비결 **keep a secret** 비밀을 지키다 **the secret of health** 건강 비결	0288
target [táːgit]	과녁, 표적 **hit the target** 명중하다	0289

~hood

NO. 290~302

adulthood [ǽdʌlthùd]	성숙	0290
boyhood [bɔ́ihùd]	소년시절	0291
brotherhood [brʌ́ðəhùd]	형제애, 회원	0292
childhood [tʃáildhùd]	유년기	0293
falsehood [fɔ́:lshùd]	거짓	0294
fatherhood [fá:ðəhùd]	부권	0295
likelihood [láiklihùd]	가능성	0296
livelihood [láivlihùd]	생계 수단, 살림	0297
maidenhood [méidnhùd]	소녀시절	0298

motherhood
[mʌðəhùd]

모성

nationhood
[néiʃənhùd]

국민성

neighborhood
[néibərhùd]

이웃

priesthood
[príːsthùd]

성직

~ing

NO. 303 ~ 326

blessing [blésiŋ]	축복, 은총, 은혜 [동] bless with my father's blessing 아버지의 찬성을 얻어	0303
ceiling [síːliŋ]	천정, 최고 한도 hit the ceiling …의 최고 한도를 정하다	0304
clothing [klouðiŋ]	(집합적)의류, 침구 [동] clothe [명] cloth 천, 옷감 clothes 옷, 의복	0305
greeting [gríːtiŋ]	인사 [동] greet Season's Greetings! 성탄 축하합니다	0306
landing [lǽndiŋ]	착륙, 상륙 [동] land Happy landings! 건배, 행운을 빕니다	0307
learning [lə́ːniŋ]	학문, 배움 [동] learn a center of learning 학문적 중심지	0308
liking [láikiŋ]	기호, 좋아함 [동] like have a liking for …을 좋아하다	0309
longing [lɔ́ː(ɔ́)ŋiŋ]	열망, 갈망 [동] long She has a great longing for home. 그녀는 고향을 몹시 그리워하고 있다	0310
meaning [míːniŋ]	의미, 취지 [동] mean What's the meaning of this? 이것은 무슨 뜻이냐	0311

		0312
mining [máiniŋ]	채광, 광산업 the **mining** industry 광업	

		0313
offspring [ɔ́:fspriŋ]	자손, 후손, 소산 the **offspring** of an inventive mind 창의력이 풍부한 마음에서 생겨난 성과	

		0314
opening [óupniŋ]	시작, 개시 ⑧ **open** the **opening** of a new bridge 새 다리의 개통	

		0315
painting [péintiŋ]	그림, 칠 ⑧ **paint** a watercolor **painting** 수채화	

		0316
proceeding [prəsí:zəniŋ]	절차, 처리 ⑧ **proceed** take **proceeding** 소송을 일으키다	

		0317
reasoning [rí:zəŋ]	추리, 추론 ⑧ **reason** a **reasoning** power 추리력	

		0318
saving [séiviŋ]	저축 ⑧ **save** From **saving** comes having. 절약은 부의 근원이다	

		0319
saying [séiiŋ]	발언, 속담, 격언 ⑧ **say** A **saying** goes that time is money. 시간은 금이라는 속담이 있다 **sayings** and doings 언행	

		0320
setting [sétiŋ]	배경, 놓음 ⑧ **set** the **setting** of the sun 해가 짐	

shipping 0321
[ʃípiŋ]
선적 [명] ship
shipping agent 해운업자

string 0322
[striŋ]
줄, 줄, 일련
a string of questions 일련의 질문들
by the sting rather than the bow
단도직입적으로

suffering 0323
[sʌ́fəriŋ]
고난, 고통 [동] suffer
the suffering of the slaves 노예들의 수난

surrounding 0324
[səráundiŋ]
환경 [동] surround
home surrounding 가정 환경

understanding 0325
[ʌndəstǽndiŋ]
이해 [동] understand
There was deep understanding between us. 우리 사이에는 깊은 이해심이 있다

warning 0326
[wɔ́:niŋ]
경고, 훈계 [동] warn
Let this be a warning to you.
이것은 교훈삼아라
give warning 경고하다

altruism 0327
[ǽltruizm]
이타주의　형 **altruistic**

anachronism 0328
[ənǽkrenìzm]
시대 착오　형 **anachronistic**

Buddhism 0329
[búdizm]
불교　명 **buddhist** : 불교도

chauvinism 0330
[ʃóuvənìzm]
맹목적 애국주의

communism 0331
[ká(ɔ́)mjunìzm]
공산주의　명 **communist** : 공산주의자

criticism 0332
[kríisizm]
비평, 평론
명 **critic** : 비평가　형 **critical**　동 **criticize**
literary criticism　문학 비평

egotism 0333
[éːgətìzm]
이기주의
명 **egotist** : 이기주의자　형 **egotistic**

enthusiasm 0334
[enθjúːziæ̀zm]
열정, 열성
명 **enthusiast** : 광, 팬　형 **enthusiastic**

feminism 0335
[féimənìzm]
여권 신장 운동
명 **feminist** : 여권 주장자, 페미니스트

idealism [aidíːlìzm]	이상주의 [명] **idealist** : 이상주의자	0336
journalism [dʒə́ːnəlìzm]	신문, 잡지업 [명] **journalist** 저널리스트, 신문, 잡지, 방송 기자	0337
nihilism [náiilìzm]	허무주의 [명] **nihilist** : 허무주의자	0338
optimism [ά(ɔ́)ptimìzm]	낙천주의 [명] **optimist** : 낙천주의자 [형] **optimistic**	0339
organism [ɔ́ːgənìzm]	유기체, 생물	0340
pessimism [pésimìzm]	비관주의 [명] **pessimist** : 비관논자 [형] **pessimistic**	0341
racism [réisizm]	인종 차별 [명] **racist** : 인종 차별주의자	0342
realism [ríːəlìzm]	현실주의 [명] **realist** : 현실주의자 [형] **realistic**	0343
rheumatism [rúːmətìzm]	류머티즘	0344
sadism [séidizm]	학대성 기질 [명] **sadist** : 가학 성애자	0345

0346

socialism 사회주의 [명] **socialist** : 사회주의자

[sóuʃəlìzm]

0347

terrorism 테러주의 [명] **terrorist** : 테러주의자

[térərìzm]

0348

workaholism 일 중독증 [형] **workaholic**

[wə́ːrkəhɔ̀lizəm]

~ity

NO. 349~419

ability [əbíliti]	능력, 기량 [형] able a man of ability 수완가	0349
activity [æktíviti]	활동, 운동, 활발 [동] activize [형] active social activity 사회운동 be in activity (화산 등이) 활동중이다	0350
adversity [ædvə́ːsəti]	역경, 불운, 재난 [형] adverse struggle with adversity 역경과 싸우다	0351
authority [ɔːθɔ́ː(ɔ́)riti]	권위, 권한, 당국 [동] authorize [형] authoritative by the authority of …의 권위로 under the authority of …의 지배(권력)하에	0352
brevity [bréviti]	(때의) 짧음, 간결 Brevity is the soul of wit. 간결은 재치의 정수이다.	0353
calamity [kəlǽmiti]	큰 재난, 참사, 재앙 a calamity howler 비관론자	0354
captivity [kæptíviti]	사로잡힘, 포로 [형] captive in captivity 감금(속박)되어	0355
charity [tʃǽriti]	사랑, 자애 Charity begins at home. 자애는 가정에서부터 시작한다	0356

commodity [kəmɑ́(ɔ́)dəti]	상품, 일상용품 staple commodities 필수 상품	0357
community [kəmjú:nəti]	공동 사회, 일반 사회 community of property 재산 공유	0358
complexity [kəmpléksəti]	복잡성 [형] complex the complexities of life 인생의 갖가지 복잡한 일	0359
curiosity [kju:riɑ́(ɔ́)səti]	호기심, 진기함 [형] curious [부] curiously out of curiosity 호기심에서	0360
density [dénsəti]	밀도, 농도 [동] densify [형] dense traffic density 교통량	0361
diversity [divə́:rsəti]	다양성, 상이 [형] diverse contain a wide diversity 내용이 다양하다	0362
electricity [ilektrísəti]	전기, 전류 [형] electric magnetic electricity 자전기 positive(negative) electricity 양(음)전기	0363
equality [ikwɑ́(ɔ́)ləti]	평등, 같음 [형] equal the sign of equality 이퀄 기호	0364
facility [fəsíləti]	시설, 설비, 쉬움 [동] facilitate educational facilities 교육시설 monetary facilities 금융기관	0365

falsity [fɔ́ːlsəti]	0366 거짓, 허위 [형] false **falsity a signature** 서명을 위조하다
familiarity [fəmiliǽrəti]	0367 친밀, 친숙, 정통 [형] familiar [동] familiarize **Familiarity breeds contempt.** 지나치게 허물없이 굴면 업신여김을 받게 된다.
fatality [feitǽləti]	0368 운명, 숙명, 죽음 [형] fatal **fatality rate** 사망률
fidelity [féitələti]	0369 충실, 절개 **reproduce with complete fidelity** 원음 그대로 재생하다
formality [fɔːmǽləti]	0370 정규의 절차, 격식 [형] formal [명] formalization **without formality** 형식에 얽매이지 않고
generosity [dʒenərɑ́(ɔ́)səti]	0371 관대, 마음이 후함 [형] generous **She thanked her for her many generosities.** 그는 그녀의 너그러운 배려에 감사했다.
gravity [grǽvəti]	0372 중력 [형] grave **specific gravity** 비중
hospitality [hɑ(ɔ)spitǽləti]	0373 환대 [형] hospitable **give a person hospitality** …를 후대하다
hostility [hɑ(ɔ)stíləti]	0374 증오, 적개심, 적대 행위 [형] hostile **show hostility toward a person** 적의를 나타내다

humanity [hju:ǽmnəti] — 0375
인간성, 겸손 동 **humiliate**
with(in) humanity 겸손하게

humidity [hjú:midəti] — 0376
습도, 습기 형 **humid**
relative humidity 상대 습도

identity [aidéntəti] — 0377
신원, 동일함 형 **identical** 동 **identify**
admit one's identity 신원을 밝히다
lose one's identity 주체성을 잃다

immortality [ìmɔ:tǽləti] — 0378
불멸, 불후의 명성 동 **immortalize**
형 **immortal** 부 **immortally**
the immortality of the soul 영혼의 불멸

individuality [individʒu(dju)ǽləti] — 0379
개인, 개성 형 **individual**
a man of marked individuality
특이한 개성의 사람

inferiority [infiəri:ɔ́:rəti] — 0380
열등, 하위
a sense of inferiority 열등감

infinity [infínəti] — 0381
무한대, 무한 거리 형 **infinite**
to infinity 무한히

integrity [intégrəti] — 0382
성질, 고결, 완전
in its integrity 꼭 모양 그대로

majority [mədʒá(ɔ́)rəti] — 0383
대부분, 다수, 과반수, 성년 형 **major**
majority rule 다수결 원리
in the majority of cases 대개의 경우

maturity [mətʃúː(tjúː)rəti]	0384 성숙(기), 완성(기) ㉠ **mature** **come to maturity** 성숙해지다 **maturity of age** 성년
minority [mainá(ɔ́)rəti]	0385 소수, 미성년 ㉠ **minor** **minority group** (한 나라의) 소수민족
morality [mərǽləti]	0386 도덕, 교훈 ㉡ **moralize** ㉢ **morally** **public morality** 사회 도덕
mortality [mɔːtǽləti]	0387 죽을 운명, 사망률 ㉠ **mortal** **a time of great mortality** 사망률이 높은 시기
nationality [nǽʃənǽləti]	0388 국적, 국민성 ㉠ **national** **of Italian nationality** 이탈리아 사람의
necessity [nisésəti]	0389 필요성, 필수품 ㉡ **necessitate** ㉠ **necessary, necessitous** **the necessity of dead** 죽음의 필연성 **as a necessity** 필연적으로
nobility [noubíləti]	0390 고상, 고결, 귀족사회 ㉠ **noble** **a man of nobility** 실로 고결한 사람
obscurity [əbskjúːrəti]	0391 애매함, 불분명, 모호함 ㉠ **obscure** **retire into obscurity** 은퇴하다 **sink into obscurity** 세상에서 잊혀지다

0392
opportunity
[ɑ(ɔ)pətjúːnəti]
기회, 호기 [형] opportune
at the first opportunity 기회가 나는 대로
Opportunity makes the thief.
틈을 주면 마가 낀다. 견물생심

0393
originality
[əridʒinǽləti]
독창성, 진품, 원형 [형] original
doubt the originality of a painting
그림이 진짜인가 의심하다

0394
peculiarity
[pikjùːliǽrəti]
특별, 별남, 특색 [형] peculiar
peculiar habits 별난 버릇

0395
personality
[pəːsənǽləti]
개성, 성격 [형] personal
personality cult 개인 숭배
personality test 성격(인격)검사

0396
popularity
[pɑ(ɔ)pjulǽrəti]
인기, 대중성
[동] popularize [형] popular [부] popularly
enjoy popularity 인기가 있다

0397
possibility
[pɑ(ɔ)sibíləti]
가능성 [형] possible [부] possibly
by any possibility (조건절에서) 혹시, 만일에
(부정어와 함께) 도저히, 아무래도
by some possibility 혹시, 경우에 따라서는

0398
priority
[praiɑ́(ɔ́)rəti]
우선 순위
according to priority 순서에 따라
take priority of 우선권을 얻다

probability [prɑ(ɔ)bəbíləti]	그럴 듯함, 있을 법한 [형] probable The **probabilities** are against us. 우리에게 불리할 듯하다	0399
prosperity [prɑ(ɔ)spérəti]	번영, 번창 [동] prosper [형] prosperous in **prosperity** 유복하게	0400
purity [pjú:rəti]	순수, 맑음, 청결 [동] purify [형] pure **purity** of life 깨끗한 생활	0401
quality [kwɑ́(ɔ́)ləti]	질, 품질 [동] qualify of good **quality** 질이 좋은	0402
quantity [kwɑ́(ɔ́)ntəti]	양(量) I prefer **quality** to quantity. 나는 양보다 질을 택한다	0403
rapidity [rəpídəti]	신속, 급속 [형] rapid with **rapidity** 신속하게(rapidly)	0404
reality [riǽləti]	실제, 현실, 진실(성) [형] real in **reality** 실은, 실제로는 with **reality** 실물 그대로	0405
relativity [rélətivəti]	상대성, 관련성 the principle theory of **relativity** 상대성 이론	0406
responsibility [rispɑ(ɔ)nsəbíləti]	책임, 책무, 의무 [형] responsible a sense of **responsibility** 책임감 take the **responsibility** upon 책임을 떠맡다	0407

0408

sanity
[sǽnəti]

제정신, 건전함

lose one's sanity 미치다

0409

security
[sikjúːrəti]

안전, 안심　형 secure

Security is the greatest enemy.

방심이 제일 무서운 적이다.

in security of …을 보장(담보)로 하여

0410

similarity
[similǽrəti]

유사성, 비슷함　형 similar

a point of similarity 유사점

0411

simplicity
[simplísəti]

간단, 검소, 순진함　형 simple

It's simplicity itself. 그것은 아주 간단하다.

0412

sincerity
[sinsérəti]

성실, 성의　형 sincere

a man of sincerity 성실한 사람

0413

solidity
[səlídəti]

고체, 굳음

an argument with little solidity

내용이 없는 논쟁

0414

stability
[stəbíləti]

안정성, 견고성　형 stable

emotional stability 감정적 불변성

0415

timidity
[timídəti]

겁 많음, 수줍음　형 timid

be shy and timid in another porson

남 앞에서 수줍음을 타다

0416

unity
[júːnəti]

단일, 통일, 결합　동 unite

family unity 집안의 화합

| | | 0417 |

utility
[ju:tíləti]

유용성, 활용, 효용
동 **utilize** 형 **utilitarian**
of no utility 소용없는, 무익한

| | | 0418 |

vanity
[vǽnəti]

허영심, 자만심　형 **vain**
vanity surgery 성형외과

| | | 0419 |

vicinity
[visínəti]

근처, 부근
in the vicinity of …의 부근에

 ~ment

NO. 420~493

0420

accomplishment
[əká(ɔ)mpliʃmənt]
성취, 업적 동 **accomplish**
a man of many accomplishments
재주가 많은 사람

0421

achievement
[ətʃíːvmənt]
성취, 성취 동 **achieve**
the motive of achievement 성취동기

0422

acknowledgement
[ækná(ɔ)lidʒmənt]
승인, 감사 동 **acknowledge**
a written acknowledgement 승인서

0423

adjustment
[ədʒʌstmənt]
적응, 조절 동 **adjust**
adjustment center 교정 센터

0424

advancement
[ædvǽ(áː)nstmənt]
진보, 전진 동 **advance**
advancement in life 입신출세, 영달

0425

advertisement
[ædvətáizmənt]
광고 동 **advertise**
an advertisement for a situation 구직 광고

0426

agreement
[əgríːmənt]
일치, 동의 동 **agree**
in with agreement …에 일치하여

0427

ailment
[éilmənt]
병, 질환, 불안 동 **ail**
a slight ailment 가벼운 병

0428

amendment
[əméndmənt]
수정, 개조 동 **amend**
an amendment of Constitution 헌법의 수정

0429
amusement 즐거움, 오락 (동) **amuse**
[əmjúːzmənt]
my favorite **amusements** 내가 좋아하는 오락

0430
announcement 발표, 공고 (동) **announce**
[ənáunsmənt]
make an **announcement** of …을 공표하다

0431
appointment 약속, 임명 (동) **appoint**
[əpɔ́intmənt]
keep one's **appointment** 약속을 지키다

0432
argument 논쟁, 주장 (동) **argue**
[ɑ́ːgjumənt]
have a **argument** with one's wife
…에 대하여 아내와 말다툼하다

0433
armament 군비, 군사력 (동) **arm**
[ɑ́ːməmənt]
atomic **armament** 핵무장

0434
arrangement 정돈, 배열, 협정 (동) **arrange**
[əréindʒmənt]
flower **arrangement** 꽃꽂이
an **arrangement** committee 준비 위원회

0435
assessment 평가, 사정 (동) **assess**
[əsésmənt]
a standard of **assessment** 과표, 과세 표준

0436
assignment 할당, 숙제 (동) **assign**
[əsáinmənt]
give an **assignment** 숙제를 내다

0437
astonishment 놀람, 경악 (동) **astonish**
[əstá(ɔ́)niʃmənt]
to one's **astonishment** 놀랍게도

attachment 0438
[ətǽt∫mənt]
부착, 애정, 부속물 동 attach
form an attachment for a woman
여자를 사랑하게 되다

attainment 0439
[ətéinmənt]
달성, 성취 동 attain
a man of varied attainments 박식 다재한 사람

commandment 0440
[kəmǽ(á:)ndmənt]
계율, 계명 동 command
the Ten Commandments 모세의 십계명

commencement 0441
[kəménsmənt]
시작 동 commence
in the commencement 처음에, 시초에

comment 0442
[ká(ɔ́:)ment]
설명, 언급, 논평
No comment 할 말이 없다

commitment 0443
[kəmítmənt]
위임, 위탁 동 commit
make a commitment to …에 헌신하다

complement 0444
[ká(ɔ́)mplimənt]
보충, 보완, 보어(문법) 동 complete
형 complementary
A good wine is a complement to a good meal. 좋은 술은 훌륭한 식사를 더욱 빛나게 해준다

compliment 0445
[ká(ɔ́)mplimənt]
칭찬, 찬사
Give my compliments to
…에게 안부를 전해 주시오
return the compliment 답례하다

concealment
[kənsíːlmənt]
숨김, 은폐 동 conceal
in concealment 숨어서
0446

concernment
[kənsə́ːnmənt]
염려, 중대함 동 concern
a matter of concernment 중대한 일
0447

contentment
[kənténtmənt]
만족, 안도감 동 content
Happiness lies in contentment.
행복은 만족에 있다
0448

department
[dipáːtmənt]
부서, 분야
in every department of one's life
생활의 모든 분야에서
0449

development
[divéləpmənt]
개발, 발달 동 develop
mental development 지성의 발육
0450

document
[dá(ɔ́)kjumənt]
문서, 기록 형 documentary
an official document 공문서
0451

element
[élimənt]
요소, 성분, 원소 형 elementary
discontented elements of society
사회의 부평분자
0452

embarrassment
[embǽrəsmənt]
당황, 난처 동 embarrass
a feeling of embarrassment 당혹감
0453

employment
[emplɔ́imənt]
고용, 사용 동 employ
be out of employment 실직상태이다
0454

encouragement [enkə́ː(ʌ́)ridʒmənt]	0455 격려, 장려 [동] encourage shout of encouragement 격려의 외침
engagement [engéidʒmənt]	0456 약속, 계약, 약혼 [동] engage a previous engagement 선약 break off an engagement 계약을 파기하다
enjoyment [endʒɔ́imənt]	0457 즐김 [동] enjoy take enjoyment in …을 즐기다
entertainment [entətéinmənt]	0458 환대, 오락, 연예 [동] entertain entertainment expenses 접대비 give entertainments to …를 환대하다
equipment [ikwípmənt]	0459 장비, 설비 [동] equip a soldier's equipment 군인의 장비
establishment [estǽbliʃmənt]	0460 설립, 창설 [동] establish keep a large establishment 대가족을 거느리고 있다
excitement [eksáitmənt]	0461 흥분 [동] excite cause great excitement 몹시 흥분시키다
experiment [ekspérimənt]	0462 실험 [형] experimental experiments in chemistry 화학 실험
ferment [fə́ːment]	0463 효소, 발효, 소란 in a ferment 대소동이 나서

0464

fragment
[frǽgmənt]
파편, 조각
in fragment 단편적으로

0465

government
[gʌ́vənmənt]
정부, 통치, 정치 동 govern
form a government 조각하다
under the government of …의 관리하에

0466

imprisonment
[impríznmənt]
투옥, 구금 동 imprison
life imprisonment 종신형
suffer imprisonment for one's offense
범죄로 금고형을 받다

0467

improvement
[imprúːvmənt]
향상, 개량 동 improve
improvement in health 건강의 증진

0468

inducement
[indjúːsmənt]
유도, 유발 동 induce
an inducement to an action
어떤 행동을 유발하는 동기

0469

installment
[instɔ́ːlmənt]
할부금
in(by) installments 분납으로

0470

instrument
[ínstrumənt]
도구, 악기
surgical instrument 외과용 기구

0471

investment
[invéstmənt]
투자 동 invest
a good investment 유리한 투자 대상
investment bank 투자 은행

0472

judgement [dʒʌ́dʒmənt]

판단, 재판 [동] **judge**

a written judgement 판결문

in my judgement 나의 판단으로는

0473

management [mǽnidʒmənt]

취급, 경영 [동] **manage**

management accounting 원가 계산

0474

monument [mɑ́(ɔ́)njəmənt]

기념비 [형] **monumental**

a natural monument 천연기념물

0475

movement [múːvmənt]

운동, 움직임 [동] **move**

in the movement 시대에 뒤떨어지지 않고

0476

nourishment [nə́ː(ʌ́)riʃimənt]

영양분 [동] **nourish**

intellectual nourishment 마음의 양식

0477

ornament [ɔ́ːnəmənt]

꾸밈, 장식품 [형] **ornamental**

personal ornaments 장신구

0478

parliament [pɑ́ːləmənt]

의회, 국회 [형] **parliamentary**

convene a parliament 의회를 소집하다

0479

pavement [péivmənt]

포장도로 [동] **pave**

hit the pavement 해고되다, 내쫓기다

0480

payment [péimənt]

지불, 불입, 징벌 [동] **pay**

make payment 지불하다

payment for the wrong 나쁜 짓의 응보

0481

punishment [pʌ́niʃmənt]

처벌, 형벌 [동] punish

suffer a **punishment** 벌을 받다, 처벌되다
divine **punishment** 천벌

0482

refinement [rifáinmənt]

세련, 정제 [동] refine [형] refined

a **refinement** of logic 논리의 치밀한 점

0483

replacement [ripléismənt]

대체, 반환 [동] replace

replacement demand 대체 수요

0484

requirement [rikwɛ́iəmənt]

요구, 필요 [동] require

fulfill the **requirement** of the times
시대의 요구를 충족하다

0485

resentment [rizéntmənt]

분노, 원한 [동] resent

walk away in **resentment** 분연히 걸어가 버리다

0486

retirement [ritáiəmənt]

은퇴, 퇴직 [동] retire

go into **retirement** 은거하다

0487

segment [ségmənt]

구획, 부분 [형] segmental

the **segments** of an orange 오렌지의 조각

0488

sentiment [séntimənt]

감정, 정서 [형] sentimental

Those are my **sentiments**. 그것이 나의 의견이다

0489

settlement [sétlmənt]

정착, 해결, 이민

come to a **settlement** 해결이 나다, 타협이 되다

statement
[stéitmənt]

진술, 성명서 동 state
make a statement 성명하다

0491

supplement
[sʌ́plimənt]

부록, 보충, 증보 형 supplementary
A yearly supplement is issued.
매년 증보판이 발행된다

0492

testament
[téstəmənt]

성서, 유언
make one's testament 유서를 작성하다
the Old(New) Testament 구약(신약)성서

0493

treatment
[trí:tmənt]

대우, 취급, 치료(법) 동 treat
receive cruel treatment 푸대접을 받다

~or

NO. 494~515

anchor [ǽŋkər]	닻, 사회자 cast anchor 닻을 내리다	0494
armor [ɑ́ːrmər]	갑옷 a suit of armor 갑옷 한 벌	0495
behavior [bihéivjər]	행동, 행실 [동] behave be on one's behavior 근신 중이다	0496
calculator [kǽlkjəlèitər]	계산기 [동] calculate	0497
error [érə]	잘못, 과오 [동] err [형] erroneous an error in judgment 판단의 착오 personal error 개인차	0498
factor [fǽkər]	요소, 요인 a factor of happiness 행복의 요인	0499
favor [féivər]	호의, 찬성 lose in a one's eyes …의 눈밖에 나다 by your favor 미안합니다만	0500
flavor [fléivər]	맛, 향 an artificial flavor 인공 조미료 flavor of the month 일시적인 유행	0501

horror [hɔ́:(ɔ́)rər]	0502 공포, 전율 [동] horrify [형] horrible the horrors of war 전쟁의 공포 shrink back in horror 공포로 뒷걸음치다
labor [léibər]	0503 노동, 수고 [형] laborious, laborsome easy labor 순산 Labor and Capital 노동자와 자본가
liquor [líkər]	0504 알코올 음료 [형] liquorish take a liquor 한 잔하다 be in liquor 술에 취해 있다
metaphor [métəfər]	0505 비유, 은유
minor [máinər]	0506 미성년자, 부전공 prohibit minors from smoking 미성년자의 흡연을 금하다
mirror [mírər]	0507 거울, 모범 with mirrors 마법으로
odor [óudər]	0508 냄새, 낌새 [형] odorous an odor of suspicion 의혹의 낌새
razor [réizər]	0509 면도날 be on the razor's edge 위기일발이다
refrigerator [rifrídʒərèitə:r]	0510 냉장고

savor [séivəːr]	맛, 향 [형] savory	0511
sector [séktəːr]	부분, 영역 the banking sector 금융부분	0512
splendor [spléndəːr]	화려함, 훌륭함 [형] splendid in splendor 화려하게	0513
vapor [véipər]	증기, 수증기 water vapor 수증기	0514
vigor [vígər]	힘, 활력 [형] vigorous lose one's vigor 활기를 잃다	0515

~ry

NO. 516 ~ 552

accessory [æksésəri]	0516 부품 **the accessories of a motorcar** 자동차의 부속품
anniversary [ænivə́ːsəri]	0517 기념일 **one's wedding anniversary** 결혼 기념일
bakery [béikəri]	0518 제과점
battery [bǽtəri]	0519 전지 **storage battery** 축전지
boundary [báundəri]	0520 경계선 **a boundary line** 경계선
bravery [bréiːvəri]	0521 용감성, 용기 [형] **brave** **Everybody admired the general for his bravery.** 사람들은 모두 장군의 용기를 칭송했다.
category [kǽtigəri]	0522 범주, 분류 **a grammatical category** 문법적 범주
cemetery [sémiteri(tri)]	0523 공동묘지
contemporary [kəntémpərəri]	0524 동시대인, 현대 **contemporary literature** 현대 문학

		0525
delivery [dilívəri]	배달, 인도, 구조 동 **deliver** **express delivery** 속달 **delivery man** 상품 배달원	
diary [dáiəri]	일기 **keep a diary** 일기를 쓰다	0526
directory [diréktəri]	전화번호부, 주소록	0527
discovery [diskÁvəri]	발견 동 **discover** **brilliant discoveries in science** 과학상의 대 발견	0528
dormitory [dɔ́:mitəri]	기숙사 **a dormitory manager** 기숙사 관리인	0529
entry [éntri]	입장, 참가 동 **enter** **make an entry** 가입하다 **entry permit** 입국 허가	0530
fury [fjú:ri]	분노 형 **furious** **in a fury** 격노하여	0531
injury [índʒəri]	상처, 손해 동 **injure** 형 **injurious** **suffer injuries** 부상하다	0532
inquiry [inkwáiəri]	질문, 연구 동 **inquire** **make inquires** 질문하다 **inquiry agency** 흥신소	0533

74

ivory 0534
[áivəri]
상아
artificial ivory 인조 상아

laboratory 0535
[lǽbərətɔ̀ri]
실험실
a language laboratory 어학 실습실

laundry 0536
[lɔ́:ndri]
세탁소, 세탁물
laundry detergent 빨래 세제

lavatory 0537
[lǽvətəri]
화장실, 세면장

luxury 0538
[lʌ́kʃəri]
사치 ⓗ **luxurious**
a life of luxury 사치스런 생활

machinery 0539
[məʃíːnəri]
기계류, 기관
the machinery of government 정부 기구

mastery 0540
[mǽ(áː)stəri]
지배, 숙달
a mastery of English 영어에 정통하다

misery 0541
[mízəri]
비참함, 고통
Misery loves company. 동병상련

mockery 0542
[mɑ́(ɔ́)kəri]
조롱 ⓓ **mock**
make a mockery of …을 비웃다

mystery 0543
[místəri]
신비 ⓗ **mysterious**
make a mystery of …을 비밀로 하다

nursery [nə́ːsəri]	0544 탁아소, 육아실 / nursery rhyme 동요, 자장가
poetry [póuitri]	0545 시 / epic(lyric) poetry 서사(정)시
recovery [rikʌ́vəri]	0546 회복 [동] recover / recovery room 회복실
robbery [rɑ́(ɔ́)bəri]	0547 강도짓 [동] rob / commit robbery 강도질하다
salary [rǽləri]	0548 봉급, 급료 / What salary do you get? 봉급을 얼마 받고 있습니까? / draw one's salary 봉급을 타다
scenery [síːnəri]	0549 경치 / rural scenery 시골 경치
surgery [sə́ːrdʒəri]	0550 외과수술, 외과병원 / plastic surgery 성형외과
theory [θíːəri]	0551 이론, 학설 [형] theoretical / the theory of evolution 진화론
vocabulary [vəkǽbjulèri]	0552 어휘, 단어집 / have a large vocabulary of …의 어휘를 많이 알고 있다

~sh

NO. 553~560

0553

anguish

[ǽŋgwiʃ]

고뇌, 고민

in **anguish** 고민하여

0554

ash

[æʃ]

재, 유골

Peace to his **ashes**! 그의 영혼 길이 평온하소서!

0555

crash

[kræʃ]

쾅 소리, 충돌

a sweeping **crash** 대폭락

0556

flash

[flæʃ]

섬광, 번쩍임 [형] flashy

a **flash** of wit 번쩍이는 기지

0557

flesh

[fleʃ]

살, 육체

lose **flesh** 살이 빠지다

0558

rubbish

[rʌ́biʃ]

쓰레기, 찌꺼기

dump **rubbish** 쓰레기를 버리다

0559

smash

[smæʃ]

강타, 짓이김

play **smash** 파산하다, 몰락하다

0560

trash

[træʃ]

쓰레기, 폐물

throw out the **trash** 쓰레기를 버리다

~ship

NO. 561~569

censorship [sénsəʃip]	검열 the **censorship** system 검열제도 pass **censorship** 검열을 통과하다	0561
friendship [fréndʃip]	우정, 사귐 a warm **friendship** 따뜻한 우정	0562
hardship [háːdʃip]	고난, 고통 live through various **hardships** 갖은 고통을 겪으며 살다	0563
leadership [líːdəʃip]	통솔력, 지도력 under the **leadership** of …의 지도아래	0564
membership [mémbəʃip]	회원 **membership** card 회원증	0565
ownership [óunəʃip]	소유권 car **ownership** 자동차 소유권	0566
relationship [riléiʃənʃip]	관계, 인간관계 degrees of **relationship** 촌수	0567
scholarship [skɑ́(ɔ́)ləʃip]	학문, 장학금 receive a **scholarship** 장학금을 받다	0568
sportsmanship [spɔ́ːtsmənʃip]	운동가 정신	0569

~sion

0570

allusion
[əlúːʒən]
암시 동 allude
give a person an allusion 암시를 주다

0571

apprehension
[æprihénʃən]
이해, 염려
동 apprehend 형 apprehensive
in my apprehension 내가 보는 바로는

0572

collision
[kəlíʒən]
충돌 동 collide
a head-on collision 정면 충돌

0573

comprehension
[kà(ɔ)mprihéʃən]
이해, 내포 동 comprehend
listening comprehension 청취력

0574

compulsion
[kəmpʌ́lʃən]
강요 동 compel
by compulsion 강제적으로

0575

conclusion
[kənklúːʒən]
결론, 결말 동 conclude 형 conclusive
come to a conclusion 결론에 이르다

0576

confusion
[kənfjúːʒən]
혼란, 혼동 동 confuse
Confusion! 제기랄, 야단났군

0577

conversion
[kənvə́ːrʃən]
전환 동 convert
the conversion of goods into money
상품의 현금화

corrosion [kəróuʒən]	부식, 침식 [동] **corrode**	0578
decision [disíʒən]	결정, 결심 [동] **decide** **make a decision** 결정하다	0579
delusion [dilúːʒən]	기만, 현혹, 망상 [동] **delude** [형] **delusive** **Rid yourself of all delusions.** 망상을 버려라	0580
dimension [diménʃən]	칫수, 차원, 넓이 [형] **dimensional** **of great dimensions** 매우 큰, 매우 중요한	0581
division [divíʒən]	분할, 분배, 구분 [동] **divide** [형] **divisional** **division of profit** 이익의 분배	0582
erosion [iróuʒən]	침식, 부식 [동] **erode** **wind erosion** 풍식 작용	0583
excursion [ikskə́ːʃən]	유람, 소풍 **go on an excursion** 소풍가다	0584
expansion [ikspǽnʃən]	팽창, 확장 [동] **expand** [형] **expansive** **the expansion of armaments** 군비 확장	0585
explosion [iksplóuʒən]	폭발, 파열 [동] **explode** [형] **explosive** **a population explosion** 인구 폭발	0586
extension [iksténʃən]	확장, 신장 [동] **extend** [형] **extensive** **May I have Extension** 223, **please?** 구내 223번을 부탁합니다	0587

fusion
[fjúːʒən]
0588
융합, 용해 동 **fuse**
the point of **fusion** 융해점

illusion
[ilúːʒən]
0589
환상, 환각 형 **illusive, illusory**
an optical **illusion** 착시

invasion
[invéiʒən]
0590
침략, 침입 동 **invade** 형 **invasive**
invasion of privacy 프라이버시 침해

occasion
[əkéiʒən]
0591
경우, 기회 형 **occasional**
on rare **occasion** 드물게
When the **occasion** offers 기회가 온다면

pension
[pénʃən]
0592
연금, 부양금
live on one's **pension** 연금으로 생활하다

persuasion
[pəswéiʒən]
0593
설득, 납득, 확신
동 **persuade** 형 **persuasive**
All our efforts in **persuasion** them were fruitless. 우리의 설득은 모두 허사였다.

provision
[prəvíʒən]
0594
설비, 식량, 준비 동 **provide**
run out of **provision** 식량이 떨어지다
make **provision** 준비하다

suspension
[səspénʃən]
0595
매달기, 정지 동 **suspend** 형 **suspensory**
the period of **suspension** 정지 기간

tension
[ténʃən]
0596
긴장
a high **tension** current 고압 전류

~sis

NO. 597~604

analysis [ənǽlisis] — 0597
분석, 분해 동 **analyze** 형 **analytic**
in the last analysis 결국

crisis [kráisis] — 0598
위기, (병의)고비 형 **critical**
come to crisis 위기에 달하다
financial crisis 금융위기

emphasis [émfəsis] — 0599
강조, 중요성 동 **emphasize** 형 **emphatic**
lay(put) emphasis on …에 역점을 두다

genesis [dʒénəsis] — 0600
기원, 내력

hypothesis [haipáθəsis] — 0601
가설, 가정 형 **hypothetical**
form a hypothesis 가설을 세우다

paralysis [pərǽlisis] — 0602
마비, 무력 동 **paralyze** 형 **paralytic**
moral paralysis 도덕적 불감증

parenthesis [pərénθəsis] — 0603
삽입 동 **parenthesize** 형 **parenthetic**
by way of parenthesis 말이 났으니 말이지

synthesis [sínθəsis] — 0604
합성, 종합
This is the age of synthetics.
현대는 합성물질의 시대이다.

		0605
bliss [blis]	희열 ⑧ bless ⑩ blissful **bliss** out 황홀해지다	

		0606
compass [kʌ́mpəs]	나침반, 한계 within the **compass** of …의 범위 내에	

		0607
congress [kɑ́(ɔ́)ŋgres]	국회 in **Congress** 국회 개회중	

		0608
cross [krɔːs]	십자가, 시련 No **cross**, no crown. 고난 없이 영광 없다	

		0609
distress [distrés]	고통, 빈곤 ⑩ distressful Don't **distress** yourself about the matter. 그 일로 걱정하지 마시오	

		0610
excess [eksés]	초과, 과다 ⑧ exceed ⑩ excessive in **excess** of …을 초과하여 go to excess 지나치게 하다	

		0611
loss [lɔːs]	손실, 분실, 감소 ⑧ lose at a **loss** 당황하여 without **loss** of time 지체없이, 당장	

		0612
moss [mɔː(ɔ)s]	이끼 ⑩ mossy A rolling stone gathers no **moss**. 구르는 돌에는 이끼가 끼지 않는다.	

83

press 0613
[pres]

인쇄, 출판

freedom of the press 출판의 자유

success 0614
[səksés]

성공, 달성 [동] **succeed** [형] **successful**

Nothing succeeds like success.

한 가지가 잘되면 만사가 잘된다.

~ssion

NO. 615~634

0615

admission
[ədmíʃən]

허가, 입장, 입학 동 admit 형 admissive
Admission by ticket. 입장권 소지자만 입장
admission fee 입장료

0616

aggression
[əgréʃən]

침략, 공격 동 aggress 형 aggression
an act of aggression 침략행위

0617

commission
[kəmíʃən]

위임, 임무, 위임장, 수수료 동 commit
go beyond one's commission
월권 행위를 하다
on commission 위탁을 받고

0618

compression
[kəmpréʃən]

압축, 요약 동 compress 형 compressive
a compression refrigeration machine
압축 냉동기

0619

confession
[kənféʃən]

고백, 자백 동 confess
make a confession 자백(참회)하다
go to confession 고해하다

0620

depression
[dipréʃən]

우울증, 불황 동 depress
nervous depression 신경쇠약

0621

dismission
[dismíʃən]

해고, 해산 동 dismiss
Dississ! 해산!

---

expression 0622
[ekspréʃən]
표현, 표정 图 express 图 expressive
beyond expression 말할 수 없이

---

impression 0623
[impréʃən]
인상, 감동 图 impress 图 impressive
the first impression 첫인상
make an impression …을 감동시키다

---

intermission 0624
[ìntərmíʃən]
중간휴식, 막간 图 intermit
without intermission 끊임없이

---

mission 0625
[míʃən]
임무, 사절단, 사명 图 missionize
图 missionary
Mission accomplished. 임무 완료
a mission school 전도 학교

---

omission 0626
[oumíʃən]
생략 图 omit 图 omissive
I will omit the details.
자세한 것은 생략하겠습니다.

---

oppression 0627
[əpréʃən]
압박, 억압 图 oppress 图 oppressive
a sense of oppression 압박감

---

passion 0628
[pǽʃən]
정열, 열정 图 passional, passionate
a passion of music 음악광(열)
with a passion purple 열광적으로

---

permission 0629
[pəmíʃən]
허락, 허가, 승인 图 permit 图 permissive
without permission 허락없이
You have my permission to do.
당신은 …해도 좋다

possession 0630
[pəzéʃən]

소유, 재산 [동] possess [형] possessive

take **possession** of …을 손에 넣다

Possession in nine point of the law.

손에 쥔 사람이 임자나 다름없다.

session 0631
[séʃən]

개회중, 회기

go into **session** 개회하다

submission 0632
[səbmíʃən]

복종, 굴복 [동] submit

with all due **submission** 공손히, 정중히

succession 0633
[səkséʃən]

계승, 연속

[동] succeed [형] successive, successional

by **succession** 세습에 의하여

transmission 0634
[trænsmíʃən]

전달, 전송 [동] transmit

transmission of news 뉴스 전송

an automatic **transmission** 자동 변속장치

~sure

NO. 635~642

0635

censure
[sénʃər]

비난, 책망

vote of censure 불신임 결의

0636

composure
[kəmpóuʒər]

침착, 평정 동 compose

keep one's composure 평정을 유지하다

0637

enclosure
[enklóuʒər]

포위, 둘러쌈 동 enclose

enclose house with a wall 집을 담으로 에워싸다

0638

exposure
[ekspóuʒər]

노출, 드러남, 폭로 동 expose

a house with a southern exposure 남향집

0639

leisure
[líːʒər]

자유시간, 틈, 여가 형 leisured, leisurely

at leisure 한가하여, 천천히
at one's leisure 한가한 때에

0640

pleasure
[pléʒər]

기쁨, 즐거움 동 please 형 pleasant

What is your pleasure?
(손님에게) 무엇을 보여드릴까요?
My pleasure. 천만의 말씀입니다.
with pleasure 기꺼이

0641

pressure
[préʃər]

압력, 억압 동 press

financial pressure 재정난
pressure of the times 불경기

0642

treasure
[tréʒər]

보물, 보배

national treasure 국보
cultural treasure 문화재

~sy

0643

controversy
[kά(ɔ́)ntrə̀və:si]

논쟁, 논의
(동) **controvert** (형) **controversial**
without controversy 논쟁의 여지없이

0644

courtesy
[kɔ́:rtəsi]

예의, 정중, 호의 (형) **courteous**
by courtesy 관례상
to return the courtesy 답례를 위하여, 답례로서

0645

ecstasy
[ékstəsi]

황홀경, 무아경, 환희 (형) **ecstatic**
be in ecstasies over …에 아주 정신이 팔리다

0646

fantasy
[fǽntəzi]

환상, 공상 (형) **fantastic**
live in fantasy world 상상의 세계에 살다

0647

hypocrisy
[hipά(ɔ́)krəsi]

위선 (형) **hypocritical**
Hypocrisy is my abhorrence.
나는 위선은 질색이다

0648

jealousy
[dʒéləsi]

질투, 시샘 (형) **jealous**
blinded by jealousy 질투에 눈이 멀어

~th

NO. 649~656

0649

breadth
[bredθ]

폭, 너비 동 **broaden** 형 **broad**
by a hair's breadth 아슬아슬하게

0650

depth
[depθ]

깊이 동 **deep** 형 **deepen**
in the depth of winter 한겨울에

0651

faith
[feiθ]

신념, 신뢰 형 **faithful**
by one's faith 맹세코, 단연코
faith, hope and charity 믿음, 소망, 사랑

0652

length
[léŋθ]

길이, 범위 동 **lengthen** 형 **long, lengthy**
부 **lengthwise**
at arm's length 거리를 두고
at length 드디어, 마침내
in length of time 시간을 두고

0653

myth
[miθ]

신화 형 **mythical**
the Greek myth 그리스 신화

0654

oath
[ouθ]

맹세, 선서
official oath 취임 선서

0655

path
[pæ(ɑ:)θ]

오솔길, 통로
a bicycle path 자전거 도로

0656

width
[widθ]

폭, 너비 동 **widen** 형 **wide**
It is 4 feet in width. 폭이 4피트이다

~tion

0657

abolition
[æbəlíʃən]

철폐, 폐지 동 abolish

the abolition of controls on rice 쌀 통제 철폐

0658

abortion
[əbɔ́ːrʃən]

낙태, 유산

have an abortion 유산(낙태)하다
procure abortion 낙태시키다

0659

abstraction
[æbstrǽkʃən]

추상적 개념

동명형 abstract 형 abstractive

with an air of abstraction 멍하니, …을 잃고

0660

addiction
[ədikʃən]

중독, 탐닉 동 addict

addiction to alcohol 알코올 중독

0661

addition
[ədíʃən]

추가, 부가 동 add 형 additional

in addition 게다가, 더구나
in addition to …에 더하여, …외에 또

0662

affection
[əfékʃən]

애정, 호의 동 affect 형 affectionate

the object of one's affections 사랑의 대상

0663

affliction
[əflíktʃən]

고통, 괴로움 동 afflict 형 afflictive

people in affliction 고통받는 사람들

0664

ambition
[æmbíʃən]

야망, 야심 형 ambitious

be full of ambitions 야망을 품다

		0665
assertion [əsə́ːʃən]	단언, 주장 동 **assert** 형 **assertive** self-**assertion** 자기주장	

		0666
assumption [əsʌ́mpʃən]	가정, 가설 동 **assume** 형 **assumptive** on that **assumption** that ~ …이라는 가정하에	

		0667
attraction [ətrǽkʃən]	유인, 끌어당김 동 **attract** 형 **attractive** chemical **attraction** (화학)친화력	

		0668
caution [kɔ́ːʃən]	경고, 조심 형 **cautious, cautionary** by way of **caution** 노파심에서, 만약을 위해서 with **caution** 조심하여	

		0669
collection [kəlékʃən]	수집, 채집 동 **collect** 형 **collective** stamp **collection** 우표수집	

		0670
combustion [kəmbʌ́stʃən]	연소, 산화 형 **combustive** spontaneous **combustion** 자연 발화	

		0671
competition [kɑ(ɔ)mpitíʃən]	경쟁 동 **compete** 형 **competitive** keen **competition** 치열한 경쟁	

		0672
conception [kənsépʃən]	개념, 구상, 임신 동 **conceive** a grand **conception** 웅대한 구상	

		0673
condition [kəndíʃən]	상태, 상황, 조건 형 **conditional** be in good(bad) **condition** 보존상태가 좋다(나쁘다) on this **condition** 이런 조건으로	

0674
connection
[kənékʃən]
연결, 연락, 관계
동 connect 형 connective
criminal connection 간통
in connection with …와 관련하여, …와 함께

0675
constitution
[kà(ɔ)nstətjúːʃən]
구성, 체질, 헌법
동 constitute 형 constitutional
by constitution 타고난 체질상

0676
construction
[kənstrʌ́kʃən]
건설, 구조 동 construct 형 constructive
steel construction 철골구조

0677
consumption
[kənsʌ́mpʃən]
소비, 소모
동 consume 형 consumptive
consumption goods 소비재
consumption tax 소비세

0678
contradiction
[kà(ɔ)ntrədíkʃən]
모순, 논박 동 contradict
a contradiction in terms 모순 논리
in contradiction to …와 정반대로

0679
contribution
[kàntrəbjúːʃən]
기여, 공헌, 기고 동 contribute
make a contribution to …에 기부(공헌)하다

0680
conviction
[kənvíkʃən]
유죄판결, 신념, 확신
동 convict, convince 형 convictive
carry conviction 설득력이 있다

0681
correction
[kərékʃən]
수정, 정정, 교정 동 correct 형 corrective
an orbit correction 괘도 수정

corruption 0682
[kərʌpʃən]
부패, 타락 동 corrupt 형 corruptive
the corruption of the body after death
타락하여 죽다

deception 0683
[disépʃən]
사기, 속임 동 deceive 형 deceptive
a piece of deception 사기행위

description 0684
[diskrípʃən]
묘사, 기술 동 describe 형 descriptive
be beyond description 이루 형용할 수 없다

destruction 0685
[distrʌkʃən]
파괴, 멸망 동 destroy 형 destructive
Women were his destruction.
여자 때문에 그는 신세 망쳤다

detection 0686
[ditékʃən]
탐지, 발견 동 detect 형 detective
the detection of cancer 암의 발견

devotion 0687
[divóuʃən]
헌신, 전념 동 devote 형 devotional
the devotion of a mother for the child
어머니의 자식에 대한 헌신적인 사랑

direction 0688
[dirékʃən]
방향, 지시 동 direct
형 directional, directive
in all directions = in every direction
사방팔방으로, 각 방면으로

disposition 0689
[dispəzíʃən]
처리, 배치, 배열, 성질 동 dispose
make one's dispositions 만반의 준비를 하다
disposition of province 신의 섭리, 하늘의 뜻

94

distribution [distrəbjúːʃən]	0690 분배, 분포 동 **distribute** 형 **distributive** **distribution** channel 유통경로
distraction [distrǽkʃən]	0691 주의 산만, 방심 동 **distract** **to distraction** 미친듯이
edition [idíʃən]	0692 (보급)판, 총서 동 **edit** **the first edition** 초판
election [ilékʃən]	0693 선거, 선임 동 **elect** 형 **elective** **general election** 총선거 **election campaign** 선거운동
emotion [imóuʃən]	0694 감정, 감동 동 **emote** 형 **emotional** **hide one's emotion** 감정을 숨기다
erection [irékʃən]	0695 직립, 기립 동 **erect** 형 **erectile, erective**
evolution [evəlúːʃən]	0696 진화, 발달 동 **evolve** 형 **evolutional, evolutionary** **human evolution** 인류의 진화
exception [eksépʃən]	0697 예외, 제외 동 **except** 형 **exceptional** **by way of exception** 예외로서 **The exception proves the rule.** 예외없는 규칙은 없다.
execution [èksəkjúːʃən]	0698 실행, 집행, 처형 동 **execute** 형 **executive** **carry into execution** 실행하다 **do execution** 위력을 발휘하다

exhibition [èksəbíʃən]	0699 진열, 전시, 전람 [동] **exhibit** **hold an exhibition** 전시회를 열다
expedition [èkspədíʃən]	0700 탐험, 원정 [동] **expedite** [형] **expeditionary, expeditious** **use expedition** 신속히 처리하다 **with expedition** 신속히
extinction [ikstíŋkʃən]	0701 멸종, 소화, 화재진화 [동] **extinct** [형] **extinctive**
fiction [fíkʃən]	0702 허구, 소설 [형] **fictional, fictitious, fictive** **science fiction** 공상과학소설
fraction [frǽkʃən]	0703 단편, 분수, 파편 **a decimal fraction** 소수 **a proper(complex) fraction** 진(가)분수
friction [fríkʃən]	0704 마찰, 불화 [형] **frictional** **avoid friction** 마찰을 피하다
function [fʌ́ŋkʃən]	0705 기능, 행사, 의식 [형] **functional** **the function of heart** 심장의 기능
ignition [igníʃən]	0706 점화, 점화장치 [동] **ignite** **start the ignition** 점화 스위치를 누르다
infection [infékʃən]	0707 감염 [동] **infect** [형] **infectious, infective** **viral infection** 병원균에 의한 감염

inflection
[inflékʃən]
0708
굴절, 어형변화 동 **inflect**
an **inflection** of irony 비꼬는 억양

infliction
[inflíkʃən]
0709
(고통, 벌, 타결을)가함 동 **inflect**
inflictions from Heaven(God) 천벌

inscription
[inskrípʃən]
0710
비문 동 **inscribe** 형 **inscriptive**

institution
[ìnstətjúːʃən]
0711
기관, 제도, 설립
동 **institute**
형 **institutional, institutionary**
a public **institution** 공공시설

instruction
[instrʌ́kʃən]
0712
지시, 교훈, 훈령
동 **instruct** 형 **instructive**
detailed **instructions** 상세한 설명

intention
[inténʃən]
0713
의도, 강도, 강화 동 **intend**
by **intention** 고의로

introduction
[ìntrədʌ́kʃən]
0714
소개, 도입, 서론
동 **introduce** 형 **introductive**
make an **introduction**
A to B A를 B에게 소개하다

intuition
[ìntjuíʃən]
0715
직관, 육감 형 **intuitional, intuitive**
by **intuition** 직감적으로

invention [invénʃən]	발명, 창안, 발명품 [동] invent [형] inventive **Necessity is the mother of invention.** 필요는 발명의 어머니 0716
motion [móuʃən]	운동, 동작, 움직임 [동] move [형] motional **make a motion** 몸으로 신호하다 0717
notion [nóuʃən]	개념, 관념 [형] notional **have no notion of doing** …할 생각이 없다 0718
nutrition [njuːtríʃən]	영양분 [형] nutritious, nutritive **disorder nutrition** 영양장애 0719
objection [əbdʒékʃən]	반대, 혐오 [동] object **feel an objection to doing** …하기가 싫다 **make an objection to** …에 이의를 제기하다 0720
obstruction [əbstrʌ́kʃən]	방해, 장애 [동] obstruct [형] obstructive **traffic obstruction** 교통장애 0721
opposition [ɑ(ɔ)pəzíʃən]	반대, 저항 [동] oppose [형] opposite **without opposition** 방해없이 **in opposition** 야당 0722
option [ɑ́(ɔ́)pʃən]	선택, 선택권 **have no option but to do** …하는 수밖에 없다 **make one's option** 선택하다 0723
perfection [pəfékʃən]	완전, 완벽, 완성 [동] perfect **be the perfection of** …의 극치이다 **come to perfection** 완성되다, 원숙해지다 0724

0725

persecution
[pə̀ːsikjúːʃən]

박해, 학대　동 **persecute**　형 **persecutive**

super **persecution**　박해를 받다

0726

petition
[pitíʃən]

탄원, 청원　형 **petitionary**

petition of appeal　공소장
petition in bankruptcy　파산 신청

0727

pollution
[pəlúːʃən]

오염, 공해　동 **pollute**

environmental **pollution**　환경오염

0728

position
[pəzíʃən]

위치, 장소, 근무처, 자세, 신분

in my **position**　내 입장으로는

0729

portion
[pɔ́ːʃən]

부분, 일부

a **portion** of land　약간의 토지

0730

precaution
[prikɔ́ːʃən]

예방 조치, 조심

형 **precautious, precautionary**
take **precautions** against　…을 경계하다

0731

prescription
[priskrípʃən]

처방, 규정, 법규

동 **prescribe**　형 **prescriptive**
legal **prescription**　법정 시효

0732

prevention
[privénʃən]

예방, 저지, 방해

동 **prevent**　형 **preventive**
by way of **prevention**　방지하기 위하여

0733

production
[prədʌ́kʃən]

생산, 제품　동 **produce**

film production　영화 제작
mass **production**　대량 생산

prohibition [pròuhibíʃən]	0734 금지, 금지령 [동] prohibit prohibition law 금주법
promotion [prəmóuʃən]	0735 승진, 촉진 [동] promote get promotion 승진하다 the health of promotion 건강 증진
proportion [prəpɔ́ːʃən]	0736 비율, 균형 [동] proportionate [형] proportional a sense of proportion 균형 감각 in proportion to …에 비례하여
protection [prətékʃən]	0737 보호, 후원 [동] protect live under the protection of …의 보호를 받고 살다 protection of possession 점유권
reaction [riǽkʃən]	0738 반응, 반작용 [동] react [형] reactionary an allergic reaction 알레르기 반응
reception [risépʃən]	0739 받음, 수령, 환영회 [동] receive [형] receptive a favorable reception 호평 a wedding reception 결혼 피로연
recognition [rekəgníʃən]	0740 인식, 승인 [동] recognize beyond recognition 옛 모습을 찾아볼 수 없을 정도로 in recognition of …을 인정하여, …의 보답으로
reduction [ridʌ́kʃən]	0741 감소, 축소 [동] reduce [형] reductive a reduction in value 가치의 감소

reflection [riflékʃən]	0742 반영, 반사 [동] reflect without reflection 생각해보지 않고, 경솔하게
repetition [rèpitíʃən]	0743 반복, 재연 [동] repeat [형] repetitive, repetitious a sign of repetition 반복기호
reproduction [rì:prədʌ́kʃən]	0744 재생, 번식 [동] reproduce [형] reproductive sound reproduction 소리의 재생
resolution [rezəlú:ʃən]	0745 결심, 결의, 해결 [동] resolve [형] resolute, resolutive New Year resolution 새해의 각오 make(form) a resolution 결심(각오)하다
restriction [ristríkʃən]	0746 제한, 한정 [동] restrict [형] restrictive parking restrictions 주차제한
revolution [revəlú:ʃən]	0747 혁명, 대변혁, 회전 [동] revolt, revolve [형] revolutionary an industrial revolution 산업혁명
satisfaction [sætisfǽkʃən]	0748 만족, 소원 성취 [동] satisfy [형] satisfactory demand satisfaction 배상을 요구하다 give satisfaction 만족시키다 with satisfaction (크게) 만족하여
selection [silékʃən]	0749 선택, 선발 [동] select [형] selective a careful selection 신중한 선택

solution [səlúːʃən]
0750
해결, 용해 동 solve
a problem capable of solution
해결 가능한 문제

subscription [səbskrípʃən]
0751
기부, 구독, (예약)신청
동 **subscribe** 형 **subscript**
subscription book 예약자 명부

suggestion [səg(sə)sʒéstʃən]
0752
제안, 암시, 연상
동 **suggest** 형 **suggestive**
make a suggestion 제안하다

superstition [sùː(sjuː)pərstíʃən]
0753
미신, 맹신 형 **superstitious**
break down superstitions 미신을 타파하다

tradition [trədíʃən]
0754
전통, 전설 형 **traditional, traditionary**
Tradition says that ～
…이라고 말로 전해 내려오다

~ture

NO. 755~777

adventure [ædvéntʃər] 모험, 희한한 사건 0755
[형] adventurous, adventuresome
What an adventure! 굉장한 사건이군!
spirit of adventure 모험심

architecture [ɑ́ːrkətektʃər] 건축학 0756
domestic architecture 주택 건축

agriculture [ǽgrikʌltʃər] 농업 0757
the Department of Agriculture
[미국] 농무부(略; DA)

culture [kʌ́ltʃər] 문화, 교양 0758
a man of culture 교양 있는 사람

departure [dipɑ́ːtʃər] 출발, 이탈 [동] depart 0759
on one's departure 출발하다, 떠나다

feature [fíːtʃər] 모양, 특색, 얼굴의 생김새 0760
a notable feature 현저한 특징

gesture [dʒéstʃər] 몸짓 0761
make a gesture of despair 절망적인 몸짓을 하다

lecture [léktʃər] 강의, 설교 0762
cut a lecture 강의를 빼먹다

0763
literature 문학 ⓗ **literary**
[lítərətʃər] take to literature 문학에 투신하다

0764
manufacture 제조, 제품
[mӕnjufӕktʃər] of domestic manufacture 국산의

0765
mixture 혼합, 혼합물
[míkstʃər] the mixture as before 구태의연한 짓

0766
moisture 수분, 습기
[mɔ́istʃər] remove moisture 수분을 없애다

0767
nature 자연, 본성
[néitʃər] the laws of nature 자연의 법칙

0768
posture 자세, 태도
[pá(ɔ)stʃər] change one's posture 자세를 바꾸다

0769
rapture 황홀, 환희
[rӕptʃər] ⓓ **enrapture** ⓗ **rapt, rapturous**
with rapture 황홀하여

0770
sculpture 조각 ⓓ **sculpt**
[skʌ́lptʃər] ancient sculpture 고대 조각

0771
signature 서명, 기호 ⓓ **sign** ⓗ **signatory**
[sígnətʃər] signature loan 무담보 대출, 신용 대출

0772
stature 키, 신장
[stӕtʃər] small in stature 작달막한

structure 0773
[strʌktʃər]
구조, 기구, 건물　(형) **structural**
the **structure** of government　정부의 조직

temperature 0774
[témpərətʃuər]
온도, 체온
atmospheric **temperature**　기온

texture 0775
[tékstʃəːr]
직물, 감촉, 조직
the **texture** of a society　사회 구조

torture 0776
[tɔ́ːtʃər]
고문, 심한 고통　(형) **torturous**
put to **torture**　고문하다
in **torture**　심한 고통을 받아

venture 0777
[véntʃər]
모험, 모험적 사업
at a **venture**　모험적으로, 운에 맡기고

~ty NO. 778~797

0778
anxiety
[æŋzáiəti]
걱정, 염원　혱 **anxious**
give **anxiety** to …에게 걱정을 끼치다
with **anxiety** 근심스럽게, 걱정하여

0779
booty
[búːti]
전리품, 부당이득
play **booty** 짜고 상대방을 속이다

0780
certainty
[sə́ːrtənti]
확실성, 확신　혱 **certain**
for a **certainty** 확실히
with **certainty** 확신을 갖고, 확실히

0781
cruelty
[krúːəlti]
잔혹, 잔혹한 행위　혱 **cruel**
cruelties to animals 동물 학대

0782
difficulty
[dífikəlti]
어려움, 곤란　혱 **difficult**
with **difficulty** 겨우, 간신히
without **difficulty** 어려움 없이, 수월히

0783
dynasty
[dáinəsti]
왕조, 왕가
the Tudor **dynasty** 튜더 왕조

0784
faculty
[fǽkəlti]
능력, 재능, 교직원　혱 **facultative**
one's **faculty** of observation 관찰력

0785
honesty
[á(ɔ́)nisti]
정직, 성실　혱 **honest**
He is the best policy **honesty**.
정직은 최선의 방책

liberty 0786
[líbəti]
자유, 해방
at liberty 자유로, 마음대로
What a liberty! 정말 제멋대로군!

loyalty 0787
[lɔ́iəlti]
충성, 충실 (형) loyal
excessive loyalty 과잉 충성

majesty 0788
[mǽdʒisti]
위엄, 폐하 (형) majestic
Your Majesty 폐하

modesty 0789
[má(ɔ́)disti]
겸손, 정숙 (형) modest
in all modesty 자랑은 아니지만

penalty 0790
[pénəlti]
형벌, 벌금, 처벌 (형) penal
on(under) penalty of
위반하면 …의 형에 처하는 조건으로

poverty 0791
[pá(ɔ́)vəti]
가난, 빈곤 (형) poor
fall into poverty 가난해지다
poverty of blood 빈혈

property 0792
[prá(ɔ́)pəti]
재산, 특성, 부동산
literary property 저작권

propriety 0793
[prəpréiəti]
교양, 타당, 적당 (형) proper
with propriety 예정대로, 적당히

royalty 0794
[rɔ́iəlti]
왕위, 인세, 사용료 (형) royal
pay royalties on one's book
…의 저작에 인세를 지불하다

		0795
safety [séifti]	안전, 무사 형 **safe** **Safety first.** 안전제일 **with safety** 안전하게	

		0796
specialty [spéʃəlti]	특질, 전문, 전공분야 형 **special** **make a specialty** …을 전문으로 하다	

		0797
treaty [trí:ti]	조약, 협정 동 **treat** **make up a treaty** 조약을 맺다	

~um

NO. 798 ~ 813

aquarium [əkwɛ́əriəm]	수족관	0798
auditorium [ɔːditɔ́ːriəm]	강당	0799
curriculum [kəríkjuləm]	교과과정	0800
equilibrium [ìːkwəlíbriəm]	평형, 균형 **in equilibrium** 균형이 잡혀	0801
forum [fɔ́ːrəm]	공개토론회, 공공 광장 **the forum of conscience** 양심의 심판	0802
gum [gʌm]	잇몸, 껌	0803
gymnasium [dʒimnéiziəm]	체육관	0804
maximum [mǽksiməm]	최고점, 극대 [형] **maximal** **the maximum water temperature** 최고 수위	0805
medium [míːdiəm]	중간, 매개물 **by the medium of** …의 매개로	0806

minimum [mínimәm]	최소 한도, 최소량 [형] minimal to a minimum 최소한도로 momentum 타성, 운동량	0807
opium [óupiәm]	아편	0808
pendulum [péndʒә(dju)lәm]	시계추 the swing of the pendulum 세력의 성쇠	0809
petroleum [pitróuljәm]	석유 raw petroleum 원유	0810
platinum [plǽtinәm]	백금	0811
tedium [tíːdiәm]	지루함, 권태 [형] tedious	0812
vacuum [vǽkjuәm]	진공 [형] vacuous The loss left a vacuum in his heart. 상실감으로 그의 마음에 구멍이 생겼다	0813

0814

census
[sénsəs]

인구조사
take a census of the population
인구를 조사하다

0815

focus
[fóukəs]

초점
bring… into focus …에 초점을 맞추다
in(out of) focus 초점이 맞아(맞지 않아)

0816

nucleus
[njú:kliəs]

핵, 핵심 동 **nucleate** 형 **nuclear**
a cell nucleus 세포핵

0817

surplus
[sə́:pləs]

잉여, 나머지
a surplus population 과잉 인구

기타 명사 NO. 818～1310

abdomen [ǽbdəmən]	(사람의) 배, 복부 [형] abdominal put one's strength in the abdomen 배에 힘을 주다	0818
abyss [əbís]	심연, 혼돈 the abyss of despair 절망의 구렁텅이	0819
academy [əkǽdəmi]	학원, 전문학교, 협회 an academy of music 음악 학교	0820
access [ékses]	접근, 출입 [형] accessible a man of difficult access 접근하기 어려운 사람	0821
adult [ədʌ́lt, ǽdʌlt]	성인, 어른 Adults Only 미성년자 사절	0822
adultery [ədʌ́ltəri]	간통, 부정 commit adultery 간통하다	0823
affair [əfέə]	일, 사건 That's my affair. 네가 알 바 아니다 Mind your own affair. 네 일이나 해라	0824
agony [ǽgəni]	심한 고통 in agonies of pain 고통에 몸부림치며	0825

		0826
analogy [ənǽlədʒi]	유사, 비슷함　(형) **analogous**	

		0827
anarchy [ǽnəki]	무정부 상태	

		0828
anecdote [ǽnikdòut]	일화, 비화 **an amusing** anecdote　재미있는 일화	

		0829
angel [éindʒəl]	천사, 수호신 **Fools rush in wher** angels **fear to tread.** 하룻강아지 범 무서운 줄 모른다	

		0830
anger [ǽŋgər]	화, 노여움 **He felt the** anger **rise in him.** 그는 화가 치밀어 오르는 것을 느꼈다	

		0831
animal [ǽniməl]	동물, 짐승 **wild** animal　야수	

		0832
anthem [ǽnθəm]	성가, 찬송가 **national** anthem　애국가	

		0833
appendix [əpéndiks]	부가물, 부속물 (동) **append**　(형) **appendant**	

		0834
apposition [æ̀pəzíʃən]	동격, 병렬　(형) **appositive** **in** apposition **with**　…와 동격인	

0835
attitude
[ǽtitju:d]
소질, 적성 형 apt
have an **attitude** for …하는 재주가 있다

0836
architecture
[ɑ́:rkətektʃər]
건축술, 건축학 형 architectural

0837
area
[ɛ́əriə]
범위, 지역, 부분 형 areal
a free parking **area** 무료 주차 지역

0838
article
[ɑ́:tikl]
기사, 물품, 조항
an **article** of clothing 의류 한 점
article by **article** 조목조목

0839
aspect
[ǽspekt]
외관, 관점, (사물의) 면
consider a question in all its **aspect**
문제를 모든 각도에서 고찰하다

0840
astronomy
[əstrá(ɔ́)nəmi]
천문학 형 astronomical

0841
attention
[əténʃən]
주의, 배려 동 attend 형 attentive
Attention, Please! 여러분께 알려드립니다
May I have your **attention**. 잠시 실례합니다

0842
attitude
[ǽtitju:d]
태도, 자세
one's **attitude** of mind 마음가짐

0843
auction
[ɔ́:kʃən]
경매, 공매
a public **auction** 경매

114

		0844
audience [ɔ́ːdiəns]	청중, 관중 ㉻ **audient** There was a large audience. 청중이 많았다	

		0845
autocracy [ɔːtá(ɔ́)krəsi]	독재 정치, 절대 권력 ㉻ **autocratic**	

		0846
avenue [ǽvənjùː]	대로, (도시의)큰 가로 an avenue of success 성공에의 길	

		0847
backbone [bǽkbòun]	등뼈, 기골 have backbone 기골이 있다	

		0848
background [bǽkgraund]	배경 a man of with a good family background 가문이 좋은 사람	

		0849
baggage [bǽgidʒ]	수화물 baggage tag 수화물 꼬리표	

		0850
bank [bæŋk]	은행, 둑 a savings bank 저축 은행 Got any bank? 돈 가지고 있니?	

		0851
banner [bǽnər]	기, 기치, 현수막 under the banner of …의 기치아래	

		0852
bargain [báːgin]	싼 물건, 거래 A bargain's a bargain. 약속은 약속이다 That's a bargain. 그것으로 결정이 났다.	

barometer [bərɑ́(ɔ́)mitər]	기압계 [형] **barometric** **a barometer stock** 표준주(증권)	0853
barrel [bǽrəl]	통 **be in the barrel** 빈털터리다	0854
basin [béisn]	대야, 웅덩이, 분지 **the Tames basin** 템스강 유역	0855
bastard [bǽstərd]	서자, 사생아 **Tom, you old bastard!** 이봐 톰	0856
battle [bǽtl]	전투, 싸움, 투쟁 **Youth is half the battle.** 젊음이 무기다	0857
bay [bei]	만 **the Wonsan Bay** 원산만	0858
bean [biːn]	콩 **Every bean has its black.** 사람에겐 누구나 결점이 있다 **spill the bean** 비밀을 털어놓다	0859
bear [bɛər]	곰 **a regular bear** 우락부락한 놈	0860
beast [biːst]	짐승, [형][부] **beastly** **a wild beast** 야수 **Don't be a beast.** 심술 부리지 마라	0861

belly [béli]	배, 복수 an empty belly 공복	0862
benefit [bénifit]	이익, 구제 휑 beneficial be of benefit to …에 이롭다	0863
bill [bil]	계산서, 지폐 collect a bill 수금하다 a bill of credit 신용장	0864
biology [baiəlá(ɔ)dʒi]	생물학, 생태학 휑 biologic	0865
biography [baiá(ɔ)grəfi]	전기, 일대기 휑 biographic	0866
birth [bə:θ]	탄생, 출생 the date of one's birth 생년월일	0867
birthday [bə́:θdei]	생일, 탄생일 When your birthday? 생일이 언제지?	0868
blast [blæ(ɑ:)st]	한 줄기 강한 바람, 폭풍 at a blast 단숨에 Blast him! 망할 놈	0869
blaze [bleiz]	불꽃, 섬광 Go to blazes! 빌어먹을, 뒈져라 What the blazes do you mean? 대관절 무슨 말이냐?	0870

0871

bomb [bɑ(ɔ)m]

폭탄, 핵무기

an A-bomb 핵폭탄

look like a bomb hit it (방이) 돼지우리 같다

0872

bone [boun]

뼈, 골격 [형] bony

a bone of contention 불화의 원인

No bones broken! 대단한 것이 아냐, 괜찮아

0873

bosom [búzəm]

가슴, 흉부 [형] bosomy

in the bosom of one's family

한 가족이 단란하게

0874

bottom [bɑ́(ɔ́)təm]

밑(바닥), 기초

Bottom up! 건배

0875

bowl [boul]

사발, 공기

over the bowl 술을 마시면서, 술자리에서

0876

brain [brein]

뇌, 두뇌 [형] brainy

He hasn't much brain.

그는 머리가 좋지 못하다

0877

branch [bræ(ɑː)ntʃ]

가지, 지맥

a branch of study 한 학파

0878

bread [bred]

빵, 생계

earn one's bread 생활비를 벌다

0879

breakfast [brékfəst]

아침 식사, 조반

have a good breakfast 충분한 아침식사

breast
[brest]
0880
가슴, 유방
the mountain's breast 산중턱

breeze
[briːz]
0881
산들바람, 미풍
fresh breeze 시원한 바람

bridge
[bridʒ]
0882
다리, 교량, 중매
Don't cross the bridge until you come to it.
미리 공연한 걱정을 하지 말라

bridle
[bráidl]
0883
굴레, 속박
bite on the bridle 안달복달하다

brim
[brim]
0884
(잔 등의) 가장자리, 언저리
full to the brim 넘칠 만큼, 가득 찬

bud
[bʌd]
0885
싹, 눈
a flower bud 꽃눈

bug
[bʌg]
0886
곤충, 결점, 열광
a movie bug 영화광

bull
[bul]
0887
황소, 수컷
a bull market 강세 시장

bundle
[bʌ́ndl]
0888
묶음, 꾸러미
a bundle of clothes 한 보따리의 옷

burden
[bɔ́ːdn]
0889
무거운 짐, 부담
be a burden to …이 부담이 되다

bush [buʃ]	관목, 덤불 **Good wine needs no bush.** 술이 좋으면 간판이 필요 없다	0890
business [bíznis]	사무, 직업, 용무 **What is your business here?** 무슨 일로 오셨습니까? **What a business it is?** 참 귀찮은 일이로군	0891
bypass [báipæ(ɑː)s]	(자동차용) 우회로, 측로 **bypass operation** 혈관 이식 수술	0892
campaign [kæmpéin]	운동, 유세 **an election campaign** 선거 운동	0893
capacity [kəpǽsəti]	수용력, 용적 [형] **capacious** **a capacity of a friend** 친구로서	0894
caricature [kǽrikətʃùər]	풍자 만화	0895
carnival [kɑ́ːnivəl]	사육제 **the carnival of bloodshed** 유혈의 광란	0896
carpenter [kɑ́ːpəntər]	목수 **a carpenter's shop** 목공소	0897
catalogue [kǽtəlɔː(ɔ)g]	목록, 일람표 **a library catalogue** 도서 목록	0898

cell [sel]	세포, 작은 방 **cells of the brain** 뇌세포	0899
century [séntʃuri]	1세기, 100년 [형] **centurial**	0900
ceremony [sérəməni]	의식 **a wedding ceremony** 결혼식	0901
certificate [sətífikət]	증명서, 수료증, 면허증 **a certificate of birth** 출생 증명서	0902
chain [tʃein]	쇠사슬, 일연, 연쇄 **a chain of mountains** 산맥	0903
chamber [tʃéimbər]	방, 침실 **the Chamber of Horror** 공포의 방	0904
chance [tʃæ(ɑː)ns]	기회, 가망 **the chance of lifetime** 일생에 다시없는 기회 **by chance** 우연히	0905
channel [tʃǽnəl]	수로, 해협, 경로 **a reliable channel** 믿을 만한 소식통	0906
cheek [tʃiːk]	뺨, 볼 **None of your cheek!** 건방진 소리 마라	0907
chemistry [kémistri]	화학 [형] **chemical** **applied chemistry** 응용화학	0908

chest [tʃest]	가슴, 흉곽 a cold on the **chest** 기침이 나는 감기	0909
chicken [tʃíkin]	병아리, 닭고기 He is no **chicken**. 그는 이제 어린애가 아니다	0910
chill [tʃil]	냉기, 한기 a **chill** in the air 쌀쌀한 날씨	0911
chin [tʃin]	턱, 오만 **Chin** up! 힘내라	0912
chorus [kɔ́:rəs]	합창 sing in **chorus** 합창하다	0913
chronicle [krɑ́(ɔ́)nikl]	연대기 a **chronicle** of the war 전기(戰記)	0914
circle [sə́:kl]	원, 집단, 범위 the upper **circle** 상류 사회	0915
circuit [sə́:kit]	순회, 범위 [형] circuitous go the **circuit** of …을 한바퀴 돌다	0916
clause [klɔ:z]	절, 조항 clause by **clause** 한 조목 한 조목씩	0917
climate [kláimit]	기후 a **climate** of opinion 여론(輿論)	0918

coal [koul]	석탄 **hard coal** 무연탄	0919
coast [koust]	연안, 해안 **Clear the coast!** 비켜라	0920
code [koud]	신호법, 암호, 법전 **civil code** 민법	0921
column [ká(ɔ́)ləm]	기둥, (신문 등의) 난 **advertisement columns** 광고란	0922
continent [ká(ɔ́)ntinənt]	대륙, 육지 [형] **continental** **the New Continent**	0923
cord [kɔːd]	끈, 새끼 **the spinal cord** 척추	0924
corn [kɔːn]	곡물, 낟알 **Up corn, down horn.** 곡식 값이 오르면 쇠고기 값이 내린다	0925
corporation [kɔːəréiʃən]	법인, 주식회사 **a trade corporation** 무역 회사	0926
cost [kɔːst]	비용, 원가 [형] **costly** **at any cost** 어떻게 해서든지	0927
costume [ká(ɔ́)stjuːm]	복장, 옷차림 **a street costume** 외출복	0928

0929
country
[kʌ́ntri]
지역, 나라, 국가
a developing country 개발 도상국

0930
couple
[kʌ́pl]
둘, 한 쌍
a married couple 결혼한 두 사람, 부부

0931
course
[kɔːs]
진행, 진로, 과정
keep on the course 진행을 계속하다
the course of nature 자연의 추세

0932
cousin
[kʌ́zn]
사촌, 친척
first cousin 사촌
second cousin 육촌

0933
crack
[kræk]
갈라진 금, 틈, 결점
Open the window a crack.
창문을 조금만 열어라
the crack of thunder 벼락 소리

0934
cradle
[kréidl]
요람, 어린 시절
from the cradle to the grave
요람에서 무덤까지

0935
craft
[kræ(ɑː)ft]
기능, 재주　형 crafty
by craft 음모[술책(術策)]에 의하여

0936
crop
[krɑ(ɔ)p]
농작물, 수확물
an abundant crop 풍작
a bad crop 흉작

124

| | | 0937 |

custom
[kʌ́stəm]

풍습, 관습, 단골, 관세　ⓗ **customary**
customs official　세관원

| | | 0938 |

cycle
[sáikl]

순환, 주기　ⓗ **cyclic**
move in a cycle　주기적으로 순환하다

| | | 0939 |

death
[deθ]

죽음, 사망　ⓥ **die**　ⓗ **dead**
to the death　최후까지

| | | 0940 |

debt
[det]

빚, 부채
bad debt　회수 불가능한 빚

| | | 0941 |

degree
[digrí:]

정도, 단계, 학위
take the doctor's degree in economics
경제학 박사 학위를 받다
by degrees　점차로

| | | 0942 |

delight
[diláit]

기쁨, 즐거움
take a great delight in teasing others
다른 사람을 놀리는 것을 큰 낙으로 삼다

| | | 0943 |

deluge
[délju:dʒ]

대홍수, 범람
receive a deluge of complaints
엄청난 불평을 받다

| | | 0944 |

den
[den]

굴, 밀실
a gambling den　도박꾼의 소굴

| | | 0945 |

destination
[dèstinéiʃən]

목적지, 행선지　ⓥ **destine**

0946
detail
[díteil]
세부, 항목
Bur that is a detail.
그러나 그것은 사소한 일이잖아요

0947
device
[diváis]
고안, 장치
a safety device 안전장치

0948
devil
[devl]
악마, 사탄
a poor devil 불쌍한 녀석

0949
diary
[dáiəri]
일기, 일지
keep a diary 일기를 쓰다

0950
dictionary
[díkʃənəri]
사전
look up a word in a dictionary
단어를 사전에서 찾아보다

0951
disease
[dizí:z]
병, 질병
a serious disease 중병
a family disease 유전병

0952
disgrace
[disgréis]
불명예, 망신 형 **disgraceful**
fall into disgrace 망신당하다

0953
dishonor
[disánər]
불명예, 망신
He is a dishonor to his family.
그는 가족의 수치이다

0954
distance
[dístəns]
거리, 먼 거리 형 **distant**
at a distance 거리를 두고, 좀 떨어져서

district [dístrikt]	지구, 지역 **the business district** 상업 지구	0955
divorce [divɔ́:s]	이혼, 분리 **get a divorce** 이혼하다	0956
dream [dri:m]	꿈, 몽상 **sweet dreams!** 안녕히 주무세요	0957
duty [djú:ti]	의무, 임무 **as in duty bound** 의무상	0958
earth [ə:θ]	지구, 대지 [형] earthly **the whole earth** 전세계의 사람	0959
ebb [eb]	썰물, 간조 **the ebb and flow** 조수의 간만, 썰물과 밀물	0960
edge [edʒ]	가장자리, 끝, 날 **have no edge** 날이 들지 않다	0961
effort [éfərt]	노력, 수고 **make an effort** 노력하다, 애쓰다	0962
elbow [élbou]	팔꿈치 **More power to your elbow!** 더욱 성공하시기를 빕니다	0963
enemy [énəmi]	적, 원수 **a lifelong enemy** 평생의 원수	0964

		0965
energy [énərdʒi]	정력, 힘 ⑧ **energetic** **full of energy** 정력이 넘쳐	
environment [inváirənmənt]	환경, 주위의 상황 ⑧ **environmental** **social environment** 사회적 환경	0966
essence [ésəns]	본질, 정수, 진수 ⑧ **essential** **God is an essence.** 신은 실재이다	0967
estate [estéit]	소유지, 재산 **real estate** 부동산 **personal estate** 동산	0968
event [ivént]	사건, 행사 **Coming events cast their shadows before.** 일이 생기려면 조짐이 나타나는 법이다	0969
example [egzǽ(áː)mpl]	보기, 견본, 모범 **give an example** 예를 들다 **by way of example** 한 예로서 **for example** 예컨대, 이를테면	0970
exercise [éksəsaiz]	운동, 연습 **lack of exercise** 운동부족 **take exercise** 운동하다	0971
expert [ékspəːt]	숙련가, 전문가 **an expert in economics** 경제학의 전문가	0972

eyesight [áisait]	0973 시력 lose one's **eyesight** 실명하다
fable [féibl]	0974 우화, 전설 a wild **fable** 황당무계한 이야기
fact [fækt]	0975 사실 [형] factual a straight **fact** 틀림없는 사실 as a matter of **fact** 사실상, 사실은
factory [fǽktəri]	0976 공장 operate a **factory** 공장을 경영하다
fame [feim]	0977 명성, 명예, 인기 [형] famous come to **fame** 유명해지다
fare [fɛər]	0978 운임, 요금 a single **fare** 편도 요금 a double **fare** 왕복 요금
fate [feit]	0979 운명, 숙명, 죽음 [형] fatal accept one's **fate** 운명에 맞기다
fault [fɔːlt]	0980 결점, 흠 [형] faulty a man with many **faults** 결점이 많은 사람
feather [féðə]	0981 깃털, 조류 Fine **feathers** make fine birds. 옷이 날개다

fellow [félou]	사람, 자네, 녀석 poor fellow! 불쌍한 녀석 a fellow passenger 동승자	0982
fee [fiː]	보수, 요금, 수업료 tuition fees 수업료 an admission fee 입장료	0983
female [fíːmeil]	여성, 암컷 a female screw 암나사	0984
fence [fens]	울타리 a master of fence 토론의 명수	0985
fiber [fáibər]	섬유, 소질 nerve fiber 신경 섬유	0986
field [fiːld]	들판, 벌판, 경기장 a field of snow 설원	0987
figure [fígjər]	숫자, 인물상 double figures 두 자리(수) a prominent figure 거물	0988
film [film]	엷은 막, 영화 a film of grease 엷은 지방막 a film actor 영화 배우	0989
finance [finǽns]	재정, 재무, 융자 [형] financial public finance 국가 재정	0990

fist [fist]	주먹 **Give us your fist.** 손을 내놓으시오(악수하자)	0991
flake [fleik]	얇은 조각, 파편 **flakes of stone** 돌의 파편	0992
flame [fleim]	불꽃, 화염 ⑧ **flamy** **an old flame of his** 그의 옛날 애인	0993
flank [flæŋk]	옆구리, 측면 **cover the flank** 측면을 엄호하다	0994
flock [flɑ(ɔ)k]	떼, 무리 **a flock of ideas** 많은 아이디어	0995
floor [flɔər]	방바닥, 층 **the upper floor** 위층	0996
flower [fláuər]	꽃, 화초 **artificial flowers** 조화 **a bunch of flower** 꽃 한 다발	0997
fog [fɑ(ɔ)g]	안개, 연무 ⑧ **foggy** **a dust fog** 자욱한 먼지	0998
folk [fouk]	사람들, 여러분 **old folks** 노인네들	0999

food [fuːd]	음식, 식량 **food** and drink 음식물 **health food** 건강식품	1000
fool [fuːl]	바보, 광대 (형) **foolish** More **fool** you for believing him. 그의 말을 믿다니 자네도 어리석군	1001
force [fɔːs]	힘, 세력, 폭력 use all one's **force** 온 힘을 다하다 the **forces** of nature 자연의 힘	1002
forest [fɔ́ː(ó)rist]	숲, 삼림 not to see the **forest** for the trees 나무만 보고 숲을 보지 못한다	1003
form [fɔːm]	꼴, 형태 good **form** 예절 바름 as a matter of **form** 형식상	1004
formula [fɔ́ːmjulə]	판에 박은 말, 방식 (형) **formulaic** a structural **formula** 구조식	1005
fowl [faul]	가금 wild **fowl** 엽조	1006
frame [freim]	창틀, 틀, 뼈대 have a large **frame** 체격이 좋다	1007
fright [frait]	공포, 경악 (동) **frighten** (형) **frightful** in a **fright** 소스라쳐, 가슴이 털썩 내려앉아	1008

1009
frost
[frɔː(ɔ)st]
서리, 결빙 휑 **frosty**
There was a heavy frost. 된서리가 내렸다

1010
fruit
[fruːt]
과일, 열매
fruits in season 제철 과일

1011
fuel
[fjúːəl]
연료
oil fuel 석유 연료
fuel for debate 열의 있는 토론

1012
fume
[fjuːm]
연기, 김
exhaust fumes 배기 가스

1013
fund
[fʌnd]
자금, 기금, 공채
a relief fund 구제 기금
a fund of knowledge 지식의 축적

1014
future
[fjúːtʃər]
미래, 장래
a man with a future 전도 유망한 사람
in the future 앞으로, 장차

1015
gap
[gæp]
갈라진 틈, 격차, 두절
a sex gap 남녀차

1016
geology
[dʒiá(ɔ́)lədʒi]
지질학 휑 **geologic**
economic geology 경제 지질학

1017
ghost
[goust]
유령, 망령 휑 **ghostly**
have not tie ghost of chance
조금도 가망이 없다

gleam 어스레한 빛, 미광 1018
[gliːm] a gleam of hope 한줄기 희망

glow 백열, (몸의)달아오름 1019
[glou] the glow of sunset 저녁놀

goal 목적, 목적지, 결승점 1020
[goul] one's goal in life 인생의 목표

gossip 잡담, 한담, 사십 1021
[gά(ɔ́)sip] a good old gossip 반가운 옛날 이야기

grape 포도 1022
[greip] the juice of the grape 포도주

gratitude 감사 1023
[grǽtətjuːd] with gratitude 감사해서

grave 무덤, 죽음 1024
[greiv] dig one's own grave
스스로 무덤을 파다, 자멸하다

gray 회색, 쥐색 1025
[grei] in the gray of the daybreak 여명에

group 떼, 무리 1026
[gruːp] in a group 떼 지어

habit 버릇, 습관 [형] habitual 1027
[hǽbit] by habit 습관으로

health [helθ]	건강, 안정 [형] **healthful, healthy** **public health** 공중 위생 **be out of health** 건강이 좋지 않다	1028
heart [hɑ:t]	심장, 마음, 가슴 [형] **hearty** **move one's heart** 마음을 움직이다, 감동시키다	1029
heaven [hévn]	하늘, 천국 [형] **heavenly** **By heaven!** 꼭, 맹세코 **for heaven's sake** 제발, 아무쪼록	1030
hedge [hedʒ]	산울타리, 경계 **a hedge of convention** 인습의 장벽 **make a hedge** 양다리 걸치다	1031
height [hait]	높이, 신장, 절정 [형] **high** [동] **heighten** **height above sea level** 해발 **What is your height?** 신장이 얼마입니까	1032
heir [ɛə]	상속인 **an heir to property** 유산 상속인	1033
hell [hel]	지옥, 악마 **Go to hell!** 뒈져라	1034
herd [həːd]	무리, 가축의 떼 **a herd of cattle** 소의 떼	1035
hog [hɑ(ɔ)g]	돼지, 욕심꾸러기 **eat like a hog** 돼지같이 먹다 **an awful hog** 지독한 욕심쟁이	1036

hole [houl] 1037
구멍, 함정 [형] holey
dig a hole 구멍을 파다
hole and wall 샅샅이, 구석구석

homework [hóumwə̀:k] 1038
숙제, 예습
do one's homework 숙제를 하다

honor [ánər] 1039
명예, 영광 [형] honorable
earn a position of honor 명예로운 지위를 얻다

hope [houp] 1040
희망, 소망, 기대 [형] hopeful
All hope is gone. 모든 희망이 사라졌다
What a hope! 전혀 가망이 없어!

idea [aidíə] 1041
생각, 의견 [형] ideal
I have no idea that you were coming.
네가 올 줄은 전혀 생각지 못했다
What's the idea? 어쩔 작정이냐

imitation [imitéiʃən] 1042
모방, 모조 [형] imitative [동] imitate
give an imitation of …의 흉내를 내다

immunity [imjú:nəti] 1043
면제, 면역 [형] immune
immunity from taxation 면세

implication [ìmplikéiʃən] 1044
연루, 함축, 내포 [동] implicate
by implication 함축적으로, 넌지시

impulse [ínpʌls] 1045
충격, 충동 [형] impulsive
be swayed by impulse 충동에 좌우되다

income
[ínkʌm]

수입, 소득

a gross income 총수입
live within one's income
수입에 맞는 생활을 하다

1046

index
[índeks]

색인, 집게손가락

Style is an index of the mind.
글은 마음의 거울이다
an index of growth 성장률

1047

inflation
[infléiʃən]

인플레인션, 통화팽창 동 **inflate**
runaway inflation 급진적 인플레

1048

inhibition
[inhəbíʃən]

억제, 억압, 금지 동 **inhibit**
act without inhibition 거침없이 행동하다

1049

injunction
[indʒʌ́ŋkʃən]

명령, 지령 동 **injunct**
the injunctions of the Lord 신의 명령

1050

intellect
[íntəlèkt]

지력, 지성, 사고력 형 **intellectual**
the intellect of the age 당대의 지식인들

1051

intensity
[inténsəti]

강렬, 격렬, 집중 형 **intense**
with intensity 열심히

1052

interest
[íntərist]

관심, 흥미, 중요성

형 **interested, interesting**
This has no interest for me.
이것은 나에게 흥미가 없다

1053

		1054
interrogation [intərəgéiʃən]	질문, 심문 동 **interrogate** 형 **interrogative** **ask in a tone of** interrogation 심문조로 묻다	
interval [íntəvəl]	간격, 틈 **after a long** interval 오랫동안에 **at** intervals 띄엄띄엄, 이따금	1055
itch [itʃ]	가려움, 갈망 **have an** itch **for** …하고 싶어 못 견디다	1056
item [áitem]	항목, 조목 items **of business** 영업 종목	1057
jail [dʒeil]	교도소, 구치소 **break** jail 탈옥하다	1058
jaw [dʒɔː]	턱 **the lower(upper)** jaw 아래(위) 턱	1059
jest [dʒest]	농담, 익살 **speak half in** jest**, half in earnest** 반은 농담 반은 진담으로 말하다	1060
job [dʒɑ(ɔ)b]	일, 직업 **do a good** job 훌륭히 임무를 수행하다	1061
joke [dʒouk]	농담, 재담, 익살 형 **joky** **It is no** joke. 농담이 아니다	1062

journal 1063
[dʒə́:nəl]
일지, 잡지, 신문
monthly journal 월간 잡지

journey 1064
[dʒə́:ni]
여행, 여정
be on a journey 여행중이다
A pleasant journey to you! 잘 다녀오시오

justice 1065
[dʒʌ́stis]
정의, 공정, 사법
with justice 공평하게

knot 1066
[nɑ(ɔ)t]
매듭, 무리
make a knot 매듭을 짓다

language 1067
[lǽŋgwidʒ]
언어, 국어
a dead language 사어(死語)
the finger language 수화(手話)

lapse 1068
[læps]
착오, 실수, 경과
a lapse of the tongue 실언

latitude 1069
[lǽtətjù:d]
위도
the north latitude 북위

leaf 1070
[li:f]
잎, 한 장
come into leaf 잎이 피기 시작하다

league 1071
[li:g]
동맹, 연맹
a league match 리그전

legend 1072
[lédʒənd]
전설 [형] legendary

level [lévl]	수평, 높이 **the level of sea** 해면 **on the level** 공명정대하게, 정직하게	1073
license [láisəns]	면허, 승낙 **under license** 허락을 받고	1074
loan [loun]	대부 **get a loan of money from a person** …에게 돈을 빌리다 **raise a loan** 공채를 모집하다	1075
luck [lʌk]	운, 행운 [형] lucky **Good luck!** 행운을 빕니다	1076
lump [lʌmp]	덩어리, 집합체 **a lump of sugar** 각설탕	1077
lung [lʌŋ]	폐, 허파 **a lung disease** 폐질환	1078
lust [lʌst]	정욕, 강한 욕망 [형] lusty **the lusts of the flesh** 정욕	1079
mankind [mæ̀nkáind]	인류, 인간 **love for all mankind** 인류애	1080
manner [mǽnər]	방법, 풍습, 예의 범절 **manners and customs** 풍속과 관습	1081

1082

manuscript [mǽnjuskrìpt]

원고, 사본

The book is still in **manuscript**.

그 작품은 아직 미발표작이다

1083

marble [mɑ́:bl]

대리석, 구슬

play **marbles** 구슬치기하다

a heart of **marble** 무정한 마음

1084

margin [mɑ́:dʒin]

가장자리, 이윤 [형] marginal

by a narrow **margin** 아슬아슬하게, 간신히

1085

market [mɑ́:kit]

시장, 시황, 시세

at the **market** 시가로

1086

mass [mæs]

큰 덩어리, 모임 [형] massive, massy

a **mass** of errors 많은 실수

1087

material [mətíəriəl]

재료, 물질

[동] materialize [부] materially

writing **material** 필기구

1088

mathematics [mæ̀θəmǽtiks]

수학자, 수학 [형] mathematical

applied **mathematics** 응용수학

1089

matter [mǽtər]

물질, 재료, 제재, 문제

a trivial **matter** 사소한 일

It is no **matter**. 아무 일 아니다

1090

meantime [mí:ntàim]

그 동안

for the **meantime** 우선, 당장

meat [miːt]	1091 고기, 골자 [형] meaty the story of meat 이야기의 골자
medicine [médəsin]	1092 약, 의학 [형] medical clinical medicine 임상 의학 take medicine 약을 복용하다
member [mémbər]	1093 일원, 회원 a Member of Congress 국회의원
merchandise [mə́ːrtʃəndàiz]	1094 상품, 제품 general merchandise 잡화
meridian [merídiən]	1095 자오선, 경선, 절정 the meridian of life 장년기, 한창 때
mess [mes]	1096 혼란, 더러운 것 go into a mess 곤란에 빠지다
message [mésidʒ]	1097 전갈, 메시지, 통신 a congratulatory message 축전, 축사
metal [métəl]	1098 금속, 합금 [형] metallic base metal 비금속
method [méθəd]	1099 방법, 순서 after the American 미국식으로
metropolis [mitrɑ́(ɔ́)pəlis]	1100 수도, 중심지 [형] metropolitan the music metropolis of France 프랑스 음악의 중심지

microscope
[máikrəskòup]

현미경

an electronic **microscope** 전자 현미경

1102

mill
[mil]

제조 공장, 제분기

a paper **mill** 제지 공장
draw water to one's **mill** 아전인수하다

1103

mind
[maind]

마음, 정신

mind and body 심신
bear in **mind** 잊지 않다. …을 마음에 간직하고 있다

1104

minister
[mínistər]

성직자, 장관, 공사

a **minister** of religion 목사

1105

mischief
[místʃif]

장난, 해악 (형) **mischievous**

full of **mischief** 장난기로 가득찬

1106

misfortune
[misfɔ́ːrtʃən]

불운, 불행

One **misfortune** rides upon another's back.
엎친데 덮친격, 설상가상

1107

mode
[moud]

기분, 감정

He was in no **mood** for joking.
그는 농담할 기분이 아니었다

1108

motive
[móutiv]

동기

a **motive** of the crime 범죄의 동기

1109

mouse
[maus]

생쥐, 겁쟁이

like a drowned **mouse** 물에 빠진 생쥐모양

mouth 1110
[mauθ]
입, 식구
Good medicine is bitter to the mouth.
좋은 약은 입에 쓰다

multitude 1111
[mʌltitjuːd]
군중, 다수
the stars in multitude 무수한 별들

muscle 1112
[mʌsl]
근육, 근력
not move a muscle 꼼짝도 하지 않다

nail 1113
[neil]
손톱, 발톱, 못
do one's nail 손톱을 손질하다
Don't take any wooden nails!
정신차려, 속으면 안돼!

needle 1114
[níːdl]
바늘
needle of haystack 헛수고하다

neighbor 1115
[néibər]
이웃, 동료　®neighborly
a next-door neighbor 이웃집 사람

neighborhood 1116
[néibərhùd]
이웃, 근처, 이웃 사람들
fashionable neighborhood 상류층 거주 지역

nerve 1117
[nəːv]
신경, 용기　®nervous
a man of nerve 배짱이 있는 사나이
a war of nerves 신경전

network 1118
[nétwəːrk]
조직, 연락망, 방송망
a network of railroad 철도망

neurosis [njuəróusis]	노이로제, 신경증 [형] **neurotic**	1119
noise [nɔiz]	소음, 잡음 [형] **noisy** [부] **noisily** **Hold Your noise!** 입 닥쳐!	1120
nonsense [ná(ɔ́)nsens]	무의미한 말, 허튼소리 **None of your nonsense now!** 이젠 바보같은 짓 그만 해라	1121
obstacle [á(ɔ́)bstəkl]	장애(물), 방해(물) **an obstacle to success** 성공의 장애물	1121
ocean [óuʃən]	해양, 대양 [형] **oceanic** **ocean bed** 해저	1122
office [ɔ́ː(ɔ́)fis]	사무소, 직무, 관청 [형] **official** **go to the office** 출근하다 **take office** 취임하다	1123
officer [ɔ́ː(ɔ́)fisər]	장교, 사관, 공무원 **a public officer** 공무원	1124
omen [óumən]	전조, 조짐 [형] **ominous** **be of good omen** 조짐이 좋다	1125
onion [ʌ́njən]	양파, 머리 **know one's onions** 자기 전문분야에 능통하다, 유능하다	1126

1127
opinion [əpínjən]
의견, 견해
in one's opinion …의 의견으로는

1128
origin [ɔ́ridʒin]
기원, 출처, 가문 [형] original [동] originate
the origin of civilization 문명의 기원

1129
outlook [áutluk]
조망, 경치
the political outlook 정치적 전망

1130
output [áutput]
생산, 생산고
a sudden output of energy 별안간 힘을 냄

1131
oyster [ɔ́istər]
굴, 진주조개
an oyster of a man 말이 없는 사람, 과묵한 사람

1132
palm [pɑːm]
손바닥
read a person's palm …의 손금을 보다

1133
parachute [pǽrəʃuːt]
낙하산
a parachute descent 낙하산 강하

1134
paradise [pǽrədàis]
천국, 낙원
an Earthly paradise 지상의 낙원

1135
paragraph [pǽrəgræ̀(ɑː)f]
절, 단락 [형] paragraphic
an editorial paragraph 짧은 사설

1136
parcel [pɑ́ːsl]
꾸러미, 소포
parcel paper 포장지
a parcel of lies 거짓말투성이

1137

parlor

[pá:rlər]

응접실, 거실

a beauty **parlor** 미장원

1138

partner

[pá:tnər]

동료, 상대

a **partner** of crime 공범자

1139

passenger

[pǽsindʒər]

승객, 여객

a **passenger** boat 여객선

1140

passport

[pǽ(á:)spɔ:t]

여권, 통행증

a **passport** to his favor 그의 환심을 사는 수단

1141

patch

[pætʃ]

헝겊 조각, 단편, 얼룩

in **patches** 부분적으로, 군데군데

1142

pattern

[pǽtən]

도안, 무늬, 견본

the behavior **patterns** of teenage

10대들의 행동양식

1143

peach

[pi:tʃ]

복숭아 [형] peachy

a **peach** of a cook 훌륭한 요리사

1144

peak

[pi:k]

뾰족한 끝, 산꼭대기, 절정

the **peak** of traffic 최대 교통량

1145

pearl

[pə:rl]

진주 [형] pearly

throw **pearls** before swine

돼지한테 진주를 던져주다

1146

peasant

[pézənt]

농부, 소작농

a poor **peasant** 영세 농민

pedestrian [pədéstriən]	보행자, 도보 여행자 a pedestrian tour 도보 여행	1147
perch [pəːrtʃ]	횃대, 높은 지위 Come off your perch. 비싸게 굴지 마라	1148
peril [péril]	위험, 위태 [형] perilous at one's peril 위험을 각오하고	1149
period [píəriəd]	기간, 시대, 마침표 [형] periodic a period of social unrest 사회 불안의 시기 by periods 주기적으로	1150
phase [feiz]	상, 면, 양상 [형] phasic a problem with many phases 많은 면을 가진 문제	1151
philosophy [filá(ɔ́)səfi]	철학, 원리 [형] philosophic metaphysical philosophy 형이상학	1152
phrase [freiz]	구, 숙어, 말씨 [형] phrasal a set phrase 관용구	1153
picture [píktʃər]	그림, 영화, 사진 [형] pictorial silent picture 무성 영화 out of picture 동떨어진	1154
piece [piːs]	조각, 일부분 a piece of paper 한 장의 종이 come to piece 산산조각이 나다	1155

pirate [páirit]	1156 해적, 표절자　휑 **piratical** a **pirate** label　해적판 레코드	
plague [pleig]	1157 역병, 전염병 What a **plague**!　도대체, 저런	
plane [plein]	1158 평면, 수준, 비행기 a horizontal **plane**　수평면 by **plane**　비행기로	
plantation [plæntéiʃən]	1159 농원, 재배지 a coffee **plantation**　커피 재배지	
platform [plǽtfɔːm]	1160 연단, 플렛폼 an arrival **platform**　도착 플렛폼	
pledge [pledʒ]	1161 맹세, 담보, 보증 as a **pledge** of friendship　우정의 표시로서	
plenty [plénti]	1162 많음, 대량　휑 **plentiful** in **plenty** of time　시간이 넉넉하여, 일찌감치	
plot [plɑ(ɔ)t]	1163 음모, 줄거리 The **polt** thickens.　사건이 재미있게 되어 간다	
poison [póizn]	1164 독, 해독　휑 **poisonous** a deadly **poison**　극약 What's your **poison**?　무슨 술을 마시려나?	

1165

posterity [pɑ(ɔ)stérəti]
자손, 후세
leave one's name on posterity
후세에 이름을 남기다

1166

prank [præŋk]
농담, 희롱 [형] **prankish**
play on prank …을 조롱하다

1167

precept [príːsept]
교훈, 훈시 [형] **preceptive**
Precept is better than precept.
실행은 교훈보다 낫다

1168

prejudice [prédʒudis]
편견, 선입관
without prejudice 편견없이

1169

premium [príːmiəm]
상금, 할증금, 사례금
at a premium 프리미엄이 붙어

1170

premise [prémis]
전제
a major premise 대 전제

1171

presence [prézəns]
존재, 출석 [형] **present**
presence of mind 태연 자약, 침착

1172

prestige [préstidʒ]
위신, 명성
national prestige 국위

1173

prey [prei]
먹이, 희생
become prey to …의 희생이 되다

price 1174
[prais]
값, 시세
a cash **price** 현찰가
a net **price** 정가
What is the **price** of this? 이 값은 얼마입니까?

pride 1175
[praid]
자존심, 자만 [형] proud
keep one's **pride** 자존심을 잃지 않다

prison 1176
[prízn]
교도소, 감옥
a convict **prison** 형무소
a **prison** without bars 창살 없는 감옥

privilege 1177
[prívilidʒ]
특권, 명예
the **privilege** of equality 평등권

problem 1178
[prá(ɔ́)bləm]
문제, 의문
a social **problem** 사회문제
No **problem**. 문제없어, 괜찮아

progress 1179
[prá(óu)gres]
전진, 진보, 향상 [형] progressive
the **progress** of science 과학의 진보

project 1180
[prədʒékt]
계획, 기획
draw up a **project** 계획을 세우다

proof 1181
[pru:f]
증명, 증거 [동] prove
capable of **proof** 사실을 증명할 수 있는

propaganda 1182
[prɑ̀(ɔ)pəgǽndə]
선전, 선전 단체
make **propaganda** for …을 선전하다

1183

proverb 속담, 격언

[prá(ɔ́)vəːb] as the proverb goes 속담에 이른바

1184

province 지방, 분야 [형] provincal

[prá(ɔ́)vins] Seoul and the provinces 수도 서울과 지방

1185

pulse 맥박, 파동

[pʌls] His pulse is still beating.

그의 맥박은 아직 뛰고 있다

1186

purse 돈주머니, 지갑

[pəːs] the public purse 국고

1187

race 경주, 인종, 민족 [형] racial

[reis] an arms race 군비 경쟁

the Korean race 한민족

1188

rat 쥐, 변절자

[ræt] as drunk as a rat 곤드레만드레 취해서

1189

ray 광선, 빛, 서광

[rei] a ray of sunlight 한 줄기의 빛

1190

realm 왕국, 범위, 영역

[relm] the realm of dreams 꿈의 영역

1191

refuge 피난, 도피, 피난처

[réfjudʒ] the last refuge 최후의 수단

1192

region

[ríːdʒən]

지방, 지역 (형) **regional**

a tropical **region** 열대 지방

1193

rein

[rein]

고삐, 통제 수단

on a long **rein** 고삐를 늦추어

1194

resource

[risɔ́ːs]

자원, 수단 (형) **resourceful**

natural **resource** 천연자원

1195

result

[rizʌ́lt]

결과, 성과

give instant **results** 즉효가 있다

1196

risk

[risk]

위험, 모험

at any **risk** 어떤 위험을 무릅쓰고라도, 기어이

1197

rogue

[roug]

악당, 건달 (형) **roguish**

play the **rogue** 사기 치다

1198

route

[ruːt]

길, 노정

take a different 다른 경로를 취하다

1199

sale

[seil]

판매, 매출액 (동) **sell** (형) **salable**

for(on) **sale** 팔려고 내놓은

a **sale** on credit 외상 판매

1200

sally

[sǽli]

출격, 반격

make a **sally** 반격하다

make a **sally** into 소풍가다

salvage [sǽlvidʒ]	구조, 조난 a **salvage** campaign 폐품 수집 운동	1201
sample [sǽ(ɑ́ː)mpl]	견본, 표본 buy by **sample** 견본을 보고 사다	1202
satellite [sǽtilait]	위성, 인공위성 **satellite** hookup 위성 중계	1203
sauce [sɔːs]	소스, 양념 Hunger is the best **sauce**. 시장이 반찬	1204
scandal [skǽndəl]	치욕, 추문, 악평 동 scandalize 형 scandalous talk **scandal** 중상하다 a political **scandal** 정치적 스캔들	1205
scar [skɑː]	흉터, 자국 leave a **scar** on one's good name 명성에 오점을 남기다	1206
scene [siːn]	장면, 경치, 무대 형 scenic a love **scene** 러브 신 shift the **scenes** 배경을 바꾸다	1207
schedule [skédʒuːl (ʃédjuːl)]	예정(표), 계획, 시간표 a publishing **schedule** 출간 예정 according to **schedule** 예정대로	1208

scheme 1209
[skiːm]
계획, 음모, 조직
adopt a scheme. 계획을 채택하다

scissors 1210
[sízəːrz]
가위
a pair of scissors 가위 한 자루
work scissors 다리 가위 지르기를 걸다

scope 1211
[skoup]
범위, 영역, 여지
beyond one's scope
자기의 능력이 미치지 않는 곳에
within the scope of …의 범위 내에

score 1212
[skɔ́ːr]
득점, 점수, 이유
win by a score 2 to 1 2대 1로 이기다
the average score 평균점

scrap 1213
[skræp]
한 조각, 파편, 토막
a scrap of paper 종이 한 조각
I don't care a scrap. 조금도 상관 않는다

screen 1214
[skriːn]
병풍, 방충망, 스크린
lay down a smoke screen 연막을 치다

season 1215
[síːzn]
계절, 철, 한창 때 [형] seasonal
the four seasons 사계절
out of season 철이 지난, 한물 지나

section 1216
[sékʃən]
부분, 구역, (신문, 잡지의)난
a section of pie 파이 한 조각
residential section 주거지역

1217
semblance [sémbləns]
외형, 유사
under the semblance of …을 가정하여
a manly semblance 남성적인 모습

1218
series [síəri:z]
일련, 연속물 [형] serial
a series of victories 연승

1219
servant [sə́:vənt]
하인, 부하, 공무원
a female servant 하녀
a public servant 공무원

1220
shape [ʃeip]
모양, 형태, 모습
What shape is it? 어떻게 생겼니?

1221
shot [ʃɑ(ɔ)t]
발포, 발사, 탄환 [동] shoot
out of shot 사정밖에
a dead shot 백발백중의 명사수

1222
shoulder [ʃóuldə:r]
어깨
from the shoulder 솔직하게, 서슴없이

1223
sight [sait]
시각, 시계, 조망 [동] see [형] sightly
have good sight 시력이 좋다
Out of my sight! 꺼져라

1224
skeleton [skélətn]
해골, 골격, 뼈대
be reduced to a skeleton 피골이 상접하게 되다

1225
slice [slais]
조각, 일부분
a slice of life 인생의 한 단면
a slice of bread 빵 한 조각

1226
span [spæn]
한 뼘, 기간
the span of life 사람의 일생

1227
species [spíːʃiːz]
(분류상의) 종, 종류 [형] specific
The Origin of Species 종의 기원

1228
speed [spiːd]
속력, 빠름 [형] speedy
the speed of light 광속
Full speed ahead! 전속력으로

1229
sphere [sfiəːr]
구체, 구, 천체
sphere of influence 세력의 범위
[형] sphery, spherical

1230
spice [spais]
양념, 향신료 [형] spicy
a fragrant spice 향이 진한 향신료

1231
spite [spait]
악의, 심술, 원한 [형] spiteful
have a spite against …에 대하여 원한을 품다
in spite of …에도 불구하고

1232
sponsor [spɑ́(ɔ́)nsəːr]
보증인, 후원자 [형] sponsorial
a sponsor program 상업방송 프로그램

1233
square [skwɛə]
정사각형, 광장
by the square 정확하게, 정밀하게

1234
staff [stæ(ɑː)f]
직원, 참모
Bread is the staff of life. 빵은 생명의 양식이다

stage [steidʒ]	1235 단계, 무대　형 **stagy** **by** stage 점차, 서서히 **go on the** stage 배우가 되다	
stain [stein]	1236 얼룩, 떼, 오점 **a** stain **on one's reputation** 명성의 오점	
standard [stǽndəːrd]	1237 표준, 기준　동 **standardize** **join the** standard **of** …의 깃발아래 모여들다	
state [steit]	1238 상태, 형편, 국가　형 **stately** **a** state **of affairs** 정세, 사태	
station [stéiʃən]	1239 위치, 정거장, (관청, 시설 등의) 서 형 **stationary** **a police** station 경찰서 **a gus** station 주유소	
statue [stǽtʃuː]	1240 상, 조상　형 **statuary**	
stead [sted]	1241 대신. 대리　형 **steady**　부 **instead** **in the** stead **of** …의 대신에	
stigma [stígmə]	1242 오명, 치욕, (병의)증상　형 **stigmal**	
stomach [stʌ́mək]	1243 위, 복부, 배　형 **stomachic** **be sick to one's** stomach 속이 메슥거리다 **stay one's** stomach 허기를 채우다	

strait [stréit]	해협, 곤경, 궁핍 [형] **straiten** **be in great straits** 몹시 고생하다, 곤경에 있다	1244
streak [stri:k]	줄, 경향 **have a streak of** …의 기미가 있다 **like a streak** 번개같이	1245
strength [streŋθ]	힘, 세기 [형] **strong** [동] **strengthen** **What is your strength?** 네 편은 몇 사람인가? **Give me strength!** 손들었어, 이제 그만 해 줘	1246
stuff [stʌf]	재료, 물질, 소질 [형] **stuffy** **Do your stuff.** 네 특기를 발휘해보아라 **That's the stuff!** 당연한 조치다	1247
stump [stʌmp]	그루터기, 꼭지 **Your head is full of stump water.** 골 빈 녀석	1248
suburb [sʌ́bə:b]	교외, 시외 [형] **suburban** **in a suburb of Seoul** 서울 교외에	1249
surface [sə́:fis]	표면, 외면 **below the surface** 내면은, 속으로는	1250
surfeit [sə́:fit]	폭식, 폭음, 과다 **to surfeit** 물릴 정도로, 넌더리날 만큼	1251
surgery [sə́:rdʒəri]	외과, 수술실 [형] **surgical** **plastic surgery** 성형 외과	1252

sweat [swet]	땀, 고역 [형] sweaty night sweats 식은땀, 불안	1253
symptom [símptəm]	징후, 조짐 [형] symptomatic allergic symptoms 알레르기 증상	1254
taboo [təbúː]	금기, 꺼림 put under taboo 엄금하다, 터부로 하다	1255
task [tæ(ɑː)sk]	직무, 힘든 일 task force 특별 자문 위원회, 대책본부	1256
tear [tɛər]	눈물, 비애 [형] tearful, teary bored to tears 몹시 지루한	1257
telegraph [téləgrǽ(ɑː)f]	전신, 전보 [형] telegraphic a telegraph office 전신국	1258
term [təːrm]	말, 술어, 기간, 조건 scientific terms 과학 용어	1259
testimony [téstəmòuni]	증언, 증명 [형] testimonial give testimony in court 법정에서 증언하다	1260
thread [θred]	실, 요소 [형] thready a thread of light 한 줄기 광명	1261
thrill [θril]	스릴, 전율 Big thrill! 거 참 감격스런 일이군	1262

1263
throat [θrout]
목구멍 [형] throaty
A lump was in my throat.
나는 북받치는 감정으로 목이 메었다

1264
thumb [θʌm]
엄지손가락
Thumb up! 기운 내라, 잘한다

1265
ticket [tíkit]
표, 승차권, 정가표
a season ticket 정기권
That's the ticket. 그게 제격이다
What's the ticket? 어떻게 할 참이냐?

1266
tide [taid]
조수, 풍조 [형] tidal
ebb tide 썰물 flood tide 밀물

1267
token [tóukn]
표, 증거, 유물 [동] betoken
in token of …의 표시(증거)로

1268
tongue [tʌŋ]
혀, 언어, 발언
a long tongue 수다
Watch your tongue. 말조심하시오

1269
topic [tá(ɔ́)pik]
화제, 주제 [형] topical
current topic 오늘의 화제

1270
torrent [tːá(ɔ́)rənt]
급류, 억수 [형] torrential
torrents of rain 억수같은 비

1271
trace [treis]
자취, 발자국
traces of an old civilization 문명의 발자취

traffic [trǽfik]	교통, 왕래, 통행량 **heavy traffic** 격심한 교통량	1272
tragedy [trǽdʒədi]	비극 ⑧ **tragic** **The tragedy of it!** 아, 이 무슨 비극이냐	1273
trend [trend]	경향, 추세, 방향 **follow the trend** 유행을 따르다	1274
tribe [traib]	부족, 종족 ⑧ **tribal** **the tribe of players** (직업) 선수들	1275
tribute [tríbjuːt]	감사, 공물 ⑧ **tributary** **triumph** 승리, 대성공 ⑧ **triumphant**	1276
tune [tjuːn]	곡조, 가락 ⑧ **tuneful**, **tuny** **tyranny** 전제 정치, 포학 ⑧ **tyrannical**	1277
umpire [ʌ́mpaiə]	심판, 판정자 **a ball umpire** 야구 구심	1278
vegetable [védʒətəbl]	야채, 채소 **live on vegetables** 채식하다	1279
vein [vein]	정맥, 혈관, 기질 **a vein of humor** 유머 기질	1280
vengeance [véndʒəns]	복수 ⑧ **avenge** **carry out one's vengeance** 복수를 하다	1281

162

venom [vénəm]	독액 [형] venomous spit out the words with venom 독설을 내뱉다	1282
verge [vəːdʒ]	가장자리, 변두리 on the verge starvation 아사 직전에	1283
vessel [vésl]	배, 용기 a blood vessel 혈관	1284
vestige [véstidʒ]	자취, 흔적 not a vestige of evidence 증거가 조금도 없다	1285
vine [vain]	줄기, 덩굴, 포도나무 [형] vineous rose vines 덩굴장미	1286
vinegar [vínigər]	식초, 찡그린 표정, 활기 full of vinegar 활기가 넘치는	1287
virgin [vəːdʒin]	처녀, 동정녀 [형] virginal the Virgin Mary 동정녀 마리아	1288
volume [vá(ɔ́)ljum]	책, 권, 부피 [형] voluminous a volume of mail 다량의 우편물 in volume 다량으로	1289
wager [weidʒəːr]	내기, 노름 lay a wager 내기를 걸다	1290
ward [wɔːd]	구, 병동, 감시 an isolation ward 격리 병동	1291

1292
weather
[wéðər]
날씨, 기상
weather observation 기상 관측
in all weathers 비가 오나 눈이 오나

1293
weed
[wiːd]
잡초, 담배
run to weeds 잡초가 우거지다

1294
welfare
[wélfɛ̀əːr]
복지, 복리
public welfare 공공 복리

1295
whale
[hweil]
고래
It is very like a whale. 암 그렇고 말고

1296
wheel
[hwiːl]
바퀴, 수레바퀴, 자전거
Fortune's wheel 운명의 수레바퀴

1297
widow
[wídou]
미망인, 과부
a fishing widow 낚시 과부

1298
wire
[wáiə]
철사, 전신
a length of wire 철사 한 가닥

1299
wit
[wit]
지혜, 기지
have quick wits 재치가 있다

1300
witch
[witʃ]
마녀, 마법
put the witches on …에 마법을 걸다
a white witch 착한 마녀

1301
witness
[wítnis]
목격자, 증거
God's my witness. 맹세코

1302
woe
[wou]
불행, 재난 [형] woeful
Woe bo me! 오 슬프도다

1303
wizard
[wízəd]
마법사, 요술쟁이
a wizard at the piano 피아노의 귀재

1304
word
[wə:rd]
말, 낱말 [형] wordy
a good word 좋은 소식
put into words 말로 표현하다

1305
world
[wə:rld]
세계, 천지, 세상 [형] worldly
as the world goes 통례대로 말하면
How goes the world with you?
지내시기가 어떻습니까?

1306
worm
[wə:rm]
벌레
Even a worm will turn.
지렁이도 밟으면 꿈틀거린다

1307
worship
[wə́:rʃip]
예배, 숭배
attend worship 예배에 참석하다

1308
wound
[wu:nd]
상처, 부상, 손해
a wound to one's pride 자존심이 상하게 하는 것

1309
wreck
[rek]
난파, 충돌
the wreck of one's life 인생의 파멸

1310
wrist
[rist]
손목, 관절
take a person by the wrist …의 손목을 잡다

Can do!

수능 영단어

형용사

772

Chapter 2

~able

NO. 1~34

acceptable
[ækséptəbl]

0001
받아들일(수락할) 수 있는, 훌륭한
동 accept 명 acceptability

admirable
[ǽdmirəbl]

0002
존경할 만한, 칭찬할 만한
동 admire

agreeable
[əgríːəbl]

0003
기분 좋은, 유쾌한, 기꺼이 동의하는 동 agree
be agreeable to (제안 등에) 기꺼이 응하다
agreeable to (규칙, 이론 등)에 따라, …대로

amiable
[éimiəbl]

0004
상냥한, 붙임성 있는
make oneself amiable to a person
…에게 상냥하게 대하다

appreciable
[əpríːʃiəbl]

0005
평가할 수 있는, 분명한 동 appreciate
an appreciable change 뚜렷한 변화

available
[əvéiləbl]

0006
이용할 수 있는 동 avail
available energy 유효 에너지

bearable
[bɛ́ərəbl]

0007
견딜 수 있는 동 bear

capable
[kéipəbl]

0008
할 수 있는, 유능한
a man of capable anything
무슨 짓이든 할 사람

comfortable [kʌ́mfətəbl]	안락한, 편안한 [동] **comfort** **in comfortable circumstance** 편안한 환경에	0009
comparable [kɑ́(ɔ́)mpərəbl]	비교할 수 있는 [동] **compare**	0010
considerable [kənsídərəbl]	상당한, 중요한 [동] **consider** **a considerable sum of money** 상당한 액수의 돈	0011
countable [káuntəbəl]	셀 수 있는 [동] **count** **a countable noun** 가산 명사	0012
desirable [dizáirəbl]	바람직한 [동] **desire** **desirable surroundings** 바람직한 환경	0013
fashionable [fǽʃənəbl]	최신 유행의, 사교계의 [명] **fashion** **the fashionable world** 사교계	0014
favorable [féivərəbəl]	호의적인 [동][명] **favor** **compare favorable with** …에 필적하다	0015
formidable [fɔ́:midəbl]	위협적인, 무서운 **a formidable enemy** 강적	0016
hospitable [hɑ́(ɔ́)spitəbl]	환대하는, 대접이 좋은 [명] **hospitality** **a hospitable welcome** 따뜻한 환영	0017
lamentable [lǽməntəbl]	슬픈, 유감스러운, 한탄스러운 [동] **lament**	0018

0019
miserable [mízərəbl]
비참한, 불쌍한
Go and be miserable. 이 자식아 꺼져
lead a miserable 비참한 생활을 보내다

0020
movable [mú:vəbl]
이동할 수 있는 [동] move
movable property 동산

0021
multipliable [mʌ̀ltiplaiə̀bəl]
배가되는, 증식 가능한, 곱할 수 있는
[동] multiply

0022
obtainable [əbtéinəbəl]
얻을 수 있는, 손에 넣을 수 있는
[동] obtain

0023
observable [əbzə́:rvəbl]
관찰할 수 있는, 식별 가능한
[동] observe

0024
portable [pɔ́:təbl]
들고 다닐 수 있는, 휴대가능한
a portable telephone 휴대전화

0025
preferable [préfərəbl]
선호하는, 오히려 나은 [동] prefer
Which of the two colors is preferable?
그 두 색 중 어느 쪽이 더 마음에 드십니까?

0026
profitable [prɑ́(ɔ́)fitəbl]
이로운, 유리한 [명] profit
a profitable deal 유리한 거래

0027
reasonable [rí:znəbl]
합리적인, 온당한, 과하지 않은 [명] reason
at a reasonable price 적당한 가격으로
a reasonable excuse 이치에 맞는 변명

		0028
regrettable [rigrétəbəl]	후회할 만한, 유감스러운 동 **regret** a most **regrettable** mistake 매우 후회스러운 실수	

		0029
reliable [riláiəbl]	믿을 수 있는 동 **rely** He is to be a **reliable** man. 그는 믿음직한 사람이다.	

		0030
remarkable [rimá:kəbl]	현저한, 주목할 만한 동 **remark**	

		0031
suitable [sú:təbl]	적당한 동명 **suit** **suitable** to the occasion 시기에 적합한	

		0032
tolerable [tá(ɔ́)lərəbl]	참을 수 있는, 견딜 수 있는 동 **tolerate**	

		0033
valuable [væljuəbl]	귀중한, 값비싼 명 **value** **valuable** papers 유가증권 **valuable** information 유익한 정보	

		0034
variable [vέəriəbl]	변하기 쉬운 동 **vary** **variable** capital 유동 자본	

~al

NO. 35~129

0035

abnormal
[æbnɔ́ːməl]

비정상의, 예외적인
(명) abnormity, abnormality
abnormal behavior 이상한 행동

0036

accidental
[æ̀ksidéntl]

우연의, 비본질적인 (명) accident
an accidental death 불의의 죽음
accidental homicide 과실 치사

0037

additional
[ədíʃənəl]

추가의, 부가적인 (명) addition
an additional charge 할증요금

0038

aerial
[ɛ́əriəl]

공기의, 대기의 (명) aeriality
an aerial attack 공습

0039

aural
[ɔ́ːrəl]

청력의, 귀의
an aural aid 보청기

0040

bridal
[bráidəl]

신부의 (명) bride
a bridal costume 신부의상

0041

brutal
[brúːtəl]

냉혹한, 잔인한 (명) brute
show the brutal side 잔인성을 드러내다

0042

capital
[kǽpitəl]

주요한, 자본의, 대문자의
a capital city 수도

172

0043
casual [kǽʒuəl]
우연의, 무관심한, 격식이 없는
a casual remark 무심코 한 말
casual wear 평상복

0044
central [séntrəl]
중심의, 중심적인 [동] centralize [명] center
the central figure 주요 인물

0045
conditional [kəndíʃənəl]
조건부의 [명] condition
a conditional contract 조건부 계약, 가계약

0046
confidential [kɑ̀(ɔ)nfidénʃəl]
기밀의, 심복의
Strictly confidential 극비(편지 겉봉투에 쓰이는 말)

0047
controversial [kɑ̀(ɔ)ntrəvə́ːʃəl]
논쟁의, 논쟁을 좋아하는 [명] controversy
a heated controversy 열띤 논쟁

0048
conventional [kənvénʃənəl]
관습의, 전통적, 틀에 박힌
[동] conventionalize [명] convention
conventional phrase 상투어
conventional weapon 재래식 병기

0049
cordial [kɔ́ːdiəl]
진심어린, 마음에서 우러난
[명] cordiality [부] cordially

0050
criminal [kríminəl]
범죄의, 괘씸한 [명] crime [동] criminate
a criminal offense 형사 범죄
a criminal operation 낙태

0051
cultural [kʌ́ltʃurəl]
문화의, 교양적인 [명] culture
cultural exchange 문화교류

		0052
dental [déntəl]	이의, 치과의 **dental** caries 충치 **dental** hygiene 치과 위생	

		0053
editorial [editɔ́:riəl]	편집의, 사설의 몡 **editor** 툉 **editorialize** an **editorial** office 편집실 an **editorial** article 사설	

		0054
environmental [inváirənmèntl]	환경의 몡 **environment** **environmental** assessment 환경 영양 평가 **environmental** biology 생태학	

		0055
equal [í:kwəl]	평등한, 같은 툉 **equalize** 몡 **equality** on **equal** terms …와 같은 조건으로, 대등하게 other things being **equal** 다른 조건이 같다고 하면	

		0056
eternal [itə́:nəl]	영원한, 영구한, 불후의 툉 **eternize** 몡 **eternity** **eternal** truth 영원한 진리 **eternal** life 영원한 생명	

		0057
experimental [ikspèriméntl]	실험의, 실험적인 몡 **experiment** 툉 **experimentalize** an **experimental** science 실험과학	

		0058
external [ikstə́:rnəl]	외부의, 밖의 툉 **externalize** 몡 **externality** **external** trade 대외무역	

		0059
factual [fǽktʃuəl]	실제의, 사실의 몡 **fact** a **actual** report 사실에 근거한 보고	

fatal 0060
[féitəl]
운명의, 치명적인
명 fate, fatality 부 fatally
a fatal disease 불치의 병
a fatal wound 치명상

feudal 0061
[fjúːdəl]
봉건적인, 영지(봉토)의
명 feud, feudality 동 feudalize
the feudal age 봉건 시대

floral 0062
[flɔ́ːrəl]
꽃의, 식물의
a floral design 꽃무늬

formal 0063
[fɔ́ːməl]
형식을 갖춘, 형식적인, 표면적인 명 form
be formal about …에 대하여 꼼꼼하다
a formal visit 의례적인 방문

fraternal 0064
[frətə́ːrnəl]
형제의, 우애의
명 fraternity 동 fraternize
fraternal love 형제애

fundamental 0065
[fʌndəméntəl]
근본적인, 기본적인, 중요한
fundamental colors 원색
the fundamental form 기본형

funeral 0066
[fjúːnərəl]
장례의
funeral ceremony 장례식

genial 0067
[dʒíːniəl]
인정있는, 정다운, 온화한
a genial disposition 싹싹한 성질

		0068
global [glóubəl]	지구의, 세계적인 our **global** problem 광범위한 문제	
gradual [grǽdʒuəl]	점진적인, 단계적인 (부) **gradually** **gradual** improvement in health 건강이 점점 회복하다	0069
habitual [həbítʃuəl]	습관적인, 상습적인 (명) **habit** a **habitual** topic 가십거리	0070
horizontal [həː(ɔ)rizá(ɔ́)ntəl]	수평의, 지평선의 (명) **horizon** a **horizontal** movement 수평 운동	0071
ideal [aidíəl]	이상적인, 상상의 (명) **idea** (부) **ideally** the **ideal** and the real 이상과 현실	0072
immoral [imɔ́ː(ɔ́)rəl]	부도덕한, 품행이 나쁜 (명) **immorality** an **immoral** man 부도덕한 사람	0073
immortal [imɔ́ːtəl]	불멸의, 영원한 (동) **immortalize** (명) **immortality** (부) **immortally**	0074
impartial [impáːrʃəl]	공정한, 치우치지 않은 an **impartial** judge 공정한 재판관	0075
incidental [insidéntl]	우연의, (…에) 부수하여 일어나는 (명) **incident** an **incidental** image 잔상	0076

0077	
individual [indivídʒu(dju)əl]	개인의, 독특한 몡 **individuality** 동 **individualize** the rights of individual 개인의 권리 individual difference 개인차

0078	
industrial [indʌ́striəl]	산업의, 공업의 몡 **industry** 동 **industrialize** an industrial exhibition 산업박람회

0079	
influential [influénʃəl]	영향력이 있는, 세력이 있는 몡 **influence** be influential with …의 영향력이 있다

0080	
informal [infɔ́:məl]	격식이 없는, 비공식의 몡 **informality** informal English 알기 쉬운 영어

0081	
initial [iníʃəl]	처음의, 최초의 동 **initiate** the initial stage 초기, 제1기 an initial letter 첫글자

0082	
instrumental [ìnstruméntəl]	수단이 되는, 도구의, 악기의 몡 **instrument**

0083	
internal [intə́:nəl]	내부의, 내면적인 몡 **internality** internal troubles 내분

0084	
legal [lí:gəl]	합법적인, 법률(상)의 몡 **legality** 동 **legalize** the legal limit (of speed) 허용 최고 속도

0085	
liberal [líbərəl]	자유주의의, 관대한 몡 **liberty** 동 **liberate, liberalize**

literal [lítərəl]	글자대로의, 문자(상)의 literal meaning 글자 그대로의 뜻	0086
manual [mǽnjuəl]	손의, 수동의 a manual worker 육체 노동자	0087
maternal [mətə́:nəl]	모성의, 어머니의 maternal instincts 모성 본능	0088
medieval [medií:vəl]	중세(풍)의 동 **medievalize** medieval history 중세사	0089
memorial [mimɔ́:riəl]	기념의, 추모의 명 **memory** 동 **memorialize**	0090
mental [méntəl]	정신의, 마음의 명 **mentality** make a mental note of …을 외워 (기억해)두다	0091
minimal [mínəməl]	최소의, 극소의 명 **minimum** 동 **minimize**	0092
monumental [mà(ɔ)njuméntəl]	기념비의, 불멸(불후)의 명 **monument** a monumental work 불후의 작품	0093
moral [mɔ́:(ɔ́)rəl]	도덕의, 윤리의 명 **morality** 동 **moralize** 부 **morally** moral character 덕성, 품성	0094

178

mortal
[mɔ́:təl]

0095

죽어야 할 운명의, 치명적인
몡 mortality 봄 mortally
mortal fear 죽음의 공포
in an mortal funk 완전히 겁에 질려

---

national
[nǽʃənəl]

0096

국가의, 국민의
몡 nation, nationality 통 nationalize
national debt 국가 채무, 국채
national anthem 국가(國歌)

---

natural
[nǽtʃurəl]

0097

자연의, 천연의, 타고난
몡 nature 통 naturalize 봄 naturally
the natural world 자연계
natural gas 천연가스

---

neutral
[njú:trəl]

0098

중립의, 공평한 몡 neuter, neutrality
통 neutralize

---

normal
[nɔ́:məl]

0099

정상적인, 표준의
통 normalize 몡 normality, normalcy

---

occasional
[əkéiʒənəl]

0100

때때로의, 가끔의
몡 occasion 봄 occasionally
an occasional stomachache 이따금씩의 복통

---

occupational
[ɑ(ɔ)kjupéiʃənəl]

0101

직업의, 생업의 몡 occupation
occupational disease 직업병

---

optional
[ɑ́(ɔ́)pʃənəl]

0102

선택의, 임의의 몡 option
It is optional with you.
그것은 당신의 마음대로 입니다.

179

		0103
original [ərídʒinəl]	최초의, 원시의, 독창적인 몡 **origin, originality**	
parental [pəréntəl]	부모의, 어버이의 몡 **parent** **parental** authority 친권	0104
partial [pá:ʃəl]	불공평의, 일부분의 몡 **part** 뿐 **partially** a **partial** eclipse of the sun 부분 일식	0105
pastoral [pǽ(á:)stərəl]	목가적인, 전원생활의, 유목의 몡 **pastor** **pastoral** life 전원생활	0106
paternal [pətə́:nəl]	아버지의 몡 **pater, paternity** **paternal** love 부성애	0107
personal [pə́:sənəl]	개인의, 본인의 몡 **person, personality** 뿐 **personally** a **personal** favor 개인적인 호의	0108
principal [prínsipəl]	주요한, 주된 뿐 **principally** a **principal** cause of his failure 그가 실패한 주요 원인	0109
professional [prəféʃənəl]	전문적인, 직업의 몡 **profession** **professional** spirit 직업정신	0110
punctual [pʌ́ŋktʃuəl]	시간을 엄수하는 몡 **punctuality** **punctual** to the minute 1분도 어기지 않는, 꼭 제시간에	0111

180

rational
[rǽʃənəl]

합리적인, 이성의 동 **rationalize**
a **rational** decision 이성적인 결정

0113

real
[ríːəl]

실제의, 진짜의, 현실의, 부동산의
동 **realize** 명 **reality** 부 **really**
for **real** 진짜의, 정말의

0114

royal
[rɔ́iəl]

왕의, 왕실의 명 **royalty**
have a **royal** time 즐거운 시간을 보내다
in **royal** spirits 아주 기운차게

0115

rural
[rúːrəl]

시골의, 전원의, 촌스러운
동 **ruralize** 명 **rurality**
a **rural** community 농촌

0116

sensational
[sènséiʃənəl]

선풍적 인기의, 선정적인
명 **sensation** 동 **sensationalize**

0117

sentimental
[sèntiméntəl]

감상적인, 감정적인 명 **sentiment**
a **sentimental** journey 향수 어린 여행

0118

several
[sévrəl]

몇몇의, 수 개의
every(each) **several** 각각의, 각자의
Several men, several minds. 각인 각색

0119

spiritual
[spíritʃuəl]

정신(상)의, 정신적인 명 **spirit**
one's **spiritual** presence 정신적 존재

0120

substantial
[səbstǽnʃəl]

많은, 상당한, 실체의
명 **substance** 동 **substantiate**

		0121
terminal [tə́ːminəl]	끝의, 종점의 명 **terminus** 동 **terminate** a **terminal** station 종착역	

		0122
tidal [táidəl]	조수의, 간만의 명 **tide** **tidal** current 조류(潮流)	

		0123
traditional [trədíʃənəl]	전통의, 전설의 명 **tradition** a **traditional** dance 전통 무용	

		0124
trivial [tríviəl]	사소한, 하찮은 명 **triviality** 동 **trivialize** **trivial** round of daily life 평범한 일상생활	

		0125
unnatural [ʌnnǽtʃurəl]	부자연한, 이상한 die an **unnatural** death 비명횡사하다	

		0126
unusual [ʌnjúːʒuəl]	보통이 아닌, 별난 an **unusual** hobby 별난 취미	

		0127
virtual [və́ːtʃuəl]	사실상의, 실질상의 명 **virtuality** 부 **virtually**	

		0128
visual [víʒuəl]	시각의, 눈에 보이는 동 **visualize** 명 **vision** 부 **visually** **visual** acuity 시력	

		0129
vital [váitəl]	생생한, 중요한, 치명적인 동 **vitalize** 명 **vitality** 부 **vitally** **vital** power 생명력	

~ant

NO. 130~150

---

abundant 0130
[əbʌ́ndənt]
풍부한, 많은 동 **abound** 명 **abundance**
an **abundant** harvest 풍작

---

anticipant 0131
[æntísəpənt]
예상하는, 기대하는 동 **anticipate**
명 **anticipation**

---

arrogant 0132
[ǽrəgənt]
거만한, 오만한 명 **arrogance, arrogancy**
He is **arrogant** toward everyone.
그는 누구에게나 거만하다.

---

assistant 0133
[əsístənt]
도와주는, 보조의 명 **assistance** 동 **assist**
an **assistant** professor 조교수

---

attendant 0134
[əténdənt]
시중드는, 수행하는 명 **attendance**
attendant circumstances 부대상황

---

brilliant 0135
[bríljənt]
빛나는, 훌륭한, 선명한
명 **brilliance, brilliancy**
a **brilliant** performance 멋진 연주(연기)

---

constant 0136
[kɑ́(ɔ́)nstənt]
임없이 계속하는, 불변의
명 **constancy** 부 **constantly**
be in **constant** pain 통증이 계속되다

---

defiant 0137
[difáiənt]
도전적인, 반항적인 동 **defy** 명 **defiance**
be **defiant** of …을 무시하다
with a **defiant** air 반항적인 태도로

183

		0138
extravagant [ikstrǽvəgənt]	사치스런, 낭비하는 몡 **extravagance**	
fragrant [fréigrənt]	향기로운, 향긋한 몡 **fragrance** a **fragrant** rose 향기로운 장미	0139
hesitant [hézitənt]	주저하는, 우유부단한 동 **hesitate** 몡 **hesitation** be **hesitant** about …에 대해서 망설이다	0140
ignorant [ígnərənt]	무지한, 무례한 동 **ignore** 몡 **ignorance** I am **ignorant** in classical music. 나는 고전 음악에는 무지하다. **ignorant** behavior 무례한 행동	0141
important [impɔ́:tənt]	중요한, 중대한 몡 **importance** The matter is **important** to us. 그 문제는 우리에게 중요하다. look **important** 으스대다	0142
infant [ínfənt]	유아의, 초기의 몡 **infancy** **infant** mortality rate 유아 사망율	0143
instant [ínstənt]	즉시의, 긴급한 뷔 **instantly** **instant** coffee 인스턴트 커피 **instant** death 즉사	0144
observant [əbzə́:vənt]	주의 깊은, 엄수하는 동 **observe** 몡 **observation**, **observance** He is **observant** of rules. 그는 규칙을 잘 지킨다	0145

184

reluctant
[rilʌ́ktənt]

0146

꺼리는, 마음 내키지 않는

몡 reluctance, reluctancy
She seemed to reluctant go with him.
그녀는 그와 함께 가고 싶은 마음이 없는 것 같다

repentant
[ripéntənt]

0147

후회하는, 뉘우치는

동 repent 몡 repentance
a repentant mood 후회의 기분

significant
[signífikənt]

0148

중요한, 의미 있는 몡 significance

a significant day 중요한 날
a significant change 현저한 변화

tolerant
[tá(ɔ́)lərənt]

0149

관대한, 아량이 있는

동 tolerate 몡 tolerance
be tolerant of …을 견뎌 내다

vigilant
[vídʒələnt]

0150

경계하는, 자지 않고 지키는

몡 vigil, vigilance
vigilant soldiers 불침번 병

~ar

NO. 151~162

0151

familiar
[fəmíljər]

친숙한, 잘 알고 있는
몡 familiarity 통 familiarize
a familiar voice 귀에 익은 목소리
make oneself familiar with …에 정통하다

0152

lunar
[lúːnər]

달의, 음력의
lunar calendar 태음력

0153

molecular
[moulékjulər]

분자의 몡 molecule
molecular structure 분자구조

0154

particular
[pətíkjulər]

독특한, 특별한 뭐 particularly
be particular about …에 까다롭게 굴다
in particular 특히, 상세히

0155

peculiar
[pikjúːljər]

기묘한, 이상한, 특이한 몡 peculiarity
a peculiar smell 묘한 냄새

0156

peninsular
[pinínsjulər]

반도의
the korean peninsular 한반도

0157

polar
[póulər]

남(북)극의, 극지방의 몡 pole, polarity
a polar beaver 수염이 흰 사람

---

popular
[pá(ɔ́)pjulər]

0158

인기 있는, 민중의

동 popularity 부 popularly
popular opinion 여론
in popular language 쉬운 말로

regular
[régjulər]

0159

정규적인, 규칙적인 부 regularly
a regular customer 단골 손님
regular verb 규칙동사

secular
[sékjulər]

0160

세속의, 속인의
명 secularity 동 secularize
secular affair 속사(俗事)
the secular bird 불사조

similar
[símilər]

0161

유사한, 비슷한 명 similarity, similitude
similar tastes 비슷한 취미

vulgar
[vʌ́lgər]

0162

저속한, 통속적인
명 vulgarity 동 vulgarize
the vulgar tongue 자기 나라 말

~ary

NO. 163~183

		0163
arbitrary [ɑ́:bitrəri]	임의의, 멋대로의, 독단적인 (부) **arbitrarily** an **arbitrary** decision 임의의 결정	

0164

complementary
[kàmpləméntəri]

보충의, 보완적인 (명) **complement**
complementary color 보색

0165

complimentary
[kɑ(ɔ)mpliméntəri]

칭찬하는, 무료의 (명) **compliment**
complimentary address 축사
a **complimentary** ticket 우대권, 초대권

0166

contemporary
[kəntémpərèri]

동시대의, 현대의
contemporary literature 현대문학

0167

customary
[kʌ́stəmèri]

관습적인, 습관적인 (명) **custom**
a **customary** law 관습법

0168

disciplinary
[dísəplinèri]

훈련상의, 규율상의 (명) **discipline**
a **disciplinary** committee 징계위원회

0169

elementary
[èliméntəri]

초보의, 기본이 되는 (명) **element**
elementary school 초등학교

0170

imaginary
[imǽdʒinèri]

상상의, 가공의
(명) **imagination** (동) **imagine**
an **imaginary** enemy 가상의 적
imaginary number 허수

188

0171
legendary
[légzəndèri]
전설(상)의 명 legend
a **legendary** hero 전설적인 영웅

0172
literary
[lítərəri]
문학의 명 literature
literary agency 저작권 대리점(업)

0173
military
[mílitəri]
군(대)의, 육군의 동 militarize
military academy 육군사관학교

0174
momentary
[móuməntèri]
순간의, 찰나의 명 moment
a **momentary** impulse 순간적인 충동

0175
ordinary
[ɔ́:dinəri]
보통의, 평범한 부 ordinarily
in the **ordinary** way 보통은, 평상대로
out of **ordinary** 보통과 다른, 드문

0176
preliminary
[prilímineri]
예비의, 임시의
without **preliminaries** 단도직입적으로

0177
primary
[práiməri]
제1의, 초기의, 초등의
primary industry 1차 산업
primary color 원색

0178
reactionary
[ri:ǽkʃənèri]
반응의, 반동의 명 reaction 동 react

0179
revolutionary
[rèvəlú:ʃənəri]
혁명의, 대변혁의
명 revolution 동 revolt, revolve

0180

sanitary
[sǽnitəri]
위생의, 위생상의 동 **sanitate**
sanitary science 공중위생학

0181

secondary
[sékəndèri]
제2위의, 부차적인 부 **secondarily**
be **secondary** to …에 버금가다
secondary industry 2차 산업

0182

solitary
[sá(ɔ́)litəri]
외로운, 혼자의 명 **solitude**
a **solitary** sell 독방
There is not a **solitary** exception.
단 하나의 예외도 없다.

0183

temporary
[témpərèri]
일시적인, 임시의 동 **temporize**
temporary employment 임시고용

~ate

NO. 184~201

0184

accurate
[ǽkjurit]
정확한, 용의주도한　몡 **accuracy**
to be accurate 정확히 말해서

0185

adequate
[ǽdikwit]
적당한, 알맞은　몡 **adequacy**
adequate to one's post 그 자리를 감당할 만한

0186

affectionate
[əfékʃənit]
애정이 깊은, 자애로운
몡 **affection**　동 **affect**
Your affectionate brother
친애하는 형으로부터(편지의 맺는 말)

0187

appropriate
[əpróuprièit]
적당한, 알맞은　몡 **appropriation**
appropriate to the occasion 그 경우에 어울리는

0188

approximate
[əpɑ́(ɔ́)ksəmèit]
대략적인　몡 **approximation**
The gas approximates air.
가스는 공기와 비슷하다.

0189

delicate
[délikit]
섬세한, 우아한
몡 **delicacy**　부 **delicately**
be in a delicate condition 임신 중이다

0190

duplicate
[djúːplikit]
복제의, 중복의
duplicate copy 복제품, 사본

0191

elaborate
[ilǽbərit]
공들인, 정교한　몡 **elaboration**
Don't elaborate 너무 공들이지 마라

immediate [imí:diit] | 당장의, 즉시의 (부) **immediately** | 0192
immediate cash 즉시 지불금
immediate reply 즉답

intimate [íntimit] | 친밀한, 친숙한 (명) **intimacy** (부) **intimately** | 0193
be intimate with …와 친하다

intricate [íntrikit] | 얽힌, 복잡한 (명) **intricacy** | 0194
The plot of this story is very intricate.
이 소설의 줄거리는 복잡하다.

moderate [má(ɔ)dərit] | 적당한, 절제있는 | 0195
(명) **moderation** (부) **moderately**
moderate prices 알맞은[싼] 값

obstinate [á(ɔ)bstinit] | 고집센, 완고한 (명) **obstinacy** | 0196
as obstinate as a mule 몹시 고집불통인

private [práivit] | 사적인, 사립의 (명) **privacy** | 0197
one's private life 사생활

subordinate [səbɔ́:dinit] | 하위의, 하급의 | 0198
subordinate clause 종속절

temperate [témpərit] | 절제하는, 삼가는, 온화한 (명) **temperance** | 0199
a temperate climate 온화한 기후

ultimate [ʌ́ltimit] | 궁극적인, 최후의 (명) **ultimatum** | 0200
the ultimate end of life 인생의 궁극적인 목적

unfortunate [ʌ̀nfɔ́:tʃunit] | 불행한, 불운한 | 0201
make un unfortunate remark 실언하다

~cal

NO. 202~239

0202

botanical
[bətǽnikəl]

식물의, 식물학(상)의 명 **botany**
botanical garden 식물원

0203

chemical
[kémikəl]

화학의, 화학적인 명 **chemistry**
a **chemical** reaction 화학반응
chemical weapon 화학무기

0204

classical
[klǽsikəl]

고전적인, 고전의, 전통적인 명 **classic**
the **classical** languages 고전어

0205

clinical
[klínikəl]

임상의, 병상의 명 **clinic**
a **clinical** thermometer 체온계
clinical pathology 임상병리학

0206

critical
[krítikəl]

비판의, 위기의 명 **critic**
I am nothing, if not **critical**.
입바른 것밖에는 보잘 것 없는 나다.
be in a **critical** condition 중태이다

0207

cynical
[sínikəl]

냉소적인, 빈정대는 명 **cynic**
a **cynical** smile 냉소를 띠다

0208

economical
[iːkəná(ɔ́)mikəl]

절약하는, 경제적인 명 **economy**
be **economical** of …을 절약하다

0209

focal
[fóukəl]

촛점의, 진원의 명 **focus**
the **focal** depth 진원의 깊이

193

		0210
grammatical [grəmǽtikəl]	문법의, 문법에 맞는 몡 **grammar** a **grammatical** category 문법적 범주 **grammatical** speaking 문법적으로 말하면	

		0211
historical [histá(ɔ́)rikəl]	역사상의, 역사적인 몡 **history** a **historical** novel 역사 소설 **historical** evidence 실화	

		0212
hypocritical [hìpəkrítikəl]	위선의, 위선적인 몡 **hypocrisy** **hypocritical** action 위선적인 행동	

		0213
hypothetical [hàipəθétikəl]	가설의, 가정의 몡 **hypothesis** **hypothetical** reasoning 가설적 추론	

		0214
hysterical [histérikəl]	히스테리성이, 이성을 잃은 몡 **hysteria**, **hysteric** a **hysterical** temperament 히스테리성 기질	

		0215
identical [aidéntikəl]	동일한, 동등한 몡 **identity** **identical** twin 일란성 쌍둥이	

		0216
ironical [airánikəl]	비꼬는, 반어의 몡 **irony** **Don't be so ironical.** 그렇게 비꼬지 마라.	

		0217
local [lóukəl]	공간의, 지방의 몡 **locality** 통 **locate**, **localize** 부 **locally** **local** government 지역자치	

		0218
logical [lá(ɔ́)dʒikəl]	논리적인 몡 **logic** **logical** thinking 논리적 사고	

0219

magical [mǽdʒikəl]

마술의, 마법의 [명] magic

Its effect was magical. 그 효과는 신기했다

0220

mechanical [mikǽnikəl]

기계의, 기계적인 [명] mechanic

mechanical pressure 물리적 압력

0221

medical [médikəl]

의학의, 의술의

the medical art 의술

medical attendant 주치의

0222

optical [ɑ́(ɔ́)ptikəl]

눈의, 시각(시력)의 [명] optic

optical fiber 광섬유

optical illusion 착시, 착각

0223

paradoxical [pæ̀rədɑ́ksikəl]

모순의, 역설의 [명] paradox

It may sound paradoxical, but-

역설적으로 들릴지 모르지만

0224

physical [fízikəl]

육체의, 물질의

a physical checkup 건강 진단

physical labor 육체 노동

0225

poetical [pouétikəl]

시의 [명] poet, poem

poetical works 시집

0226

political [pəlítikəl]

정치의, 정치상의 [명] politics

a political view 정견

0227

practical [prǽktikəl]

실제의, 실용적인 [명] practice [부] practically

for practical purposes 실제(적으)로는

		0228
radical [rǽdikəl]	급진적인, 근본적인, 과격한 뗑 **radix**, **radicalism** 뛰 **radically** a **radical** difference 근본적인 차이점	

		0229
satirical [sətírikəl]	풍자적인, 비꼬는 뗑 **satire** a **satirical** poem 풍자시	

		0230
skeptical [sképtikəl]	회의적인, 의심 많은 be **skeptical** about …을 의심하다	

		0231
symmetrical [simétrikəl]	대칭의, 균형이 잡힌 뗑 **symmetry** a **symmetrical** point 대칭점	

		0232
systematical [sistimǽtikəl]	체계적인, 조직적인 뗑 **system** **systematical** habits 규칙적인 습관	

		0233
technical [téknikəl]	기술적인, 전문적인 뗑 **technique** **technical** skill 기교	

		0234
theoretical [θiːərétikəl]	이론상의 뗑 **theory** a **theoretical** 이론적 연구	

		0235
tropical [trá(ɔ́)pikəl]	열대의 뗑 **tropic** **tropical** aquarium 열대 수족관 **tropical** fish 열대어	

		0236
typical [típikəl]	전형적인, 대표적인 뗑 **type** be **typical** of …을 대표하다	

196

vertical
[vɔ́:tikəl]

수직의　명 vertex
a **vertical** line 수직선

vocal
[vóukəl]

음성의, 목소리의　명 voice
the **vocal** organs 발음기관
vocal music 성악

zoological
[zouəlá(ɔ́)dʒikəl]

동물학의　명 zoology
a **zoological** garden 동물 공원

~**cial**

NO. 240~0249

		0240
artificial [ɑːtifíʃəl]	인공의, 인조의 몡 **artifice** **artificial flowers** 조화 **artificial rain** 인공 강우	

0241
beneficial
[benifíʃəl]
이로운, 유익한 몡 **benefit**
Sunshine is beneficial to health.
햇빛은 건강에 이롭다.

0242
commercial
[kəmə́ːʃəl]
상업상의, 영리적인 몡 **commerce**
a **commercial transaction** 상거래
commercial college 상과 대학

0243
facial
[féiʃəl]
얼굴의, 안면의 몡 **face**
facial expression 얼굴의 표정

0244
official
[əfíʃəl]
공식적인, 공무상의 몡 **office**
an **official price** 공정 가격

0245
provincial
[prəvínʃəl]
지방의, 시골의 몡 **province**
provincial news papers 지방 신문

0246
racial
[réiʃəl]
인종의, 종족의 몡 **race**
relation racial 인종 관계

0247
sacrificial
[sæ̀krifíʃəl]
희생의, 희생적인 몡 **sacrifice**
sacrificial prices 투매 가격

0248

special
[spéʃəl]

특별한, 특수한, 전공의
명 specialty 부 specially
a special flavor 독특한 향기
the special theory of relativity 상대성 이론

0249

superficial
[suː(sjuː)pəfíʃəl]

표면의, 외견상의 명 superficies
a superficial wound 외상

~ed

NO. 250~278

0250

accomplished
[əkɑ́(ɔ́)mpliʃt]

교양있는, 성취(완성)된

동 accomplish 명 accomplishment
an accomplished fact 기정 사실

0251

acquainted
[əkwéintid]

안면있는, 정통한

동 acquaint 명 acquaintance
be(get) acquainted with …와 아는 사람이다

0252

acquired
[əkwáiərd]

후천적인, 획득한

동 acquire 명 acquirement

0253

admitted
[ædmítid]

명백한, 공인된

동 admit 명 admittance, admission

0254

aged
[eidʒd]

나이든, 늙은 명 age
an aged man 노인

0255

armed
[ɑ:md]

무장한 명 arm
Armed Forces Day 국군의 날

0256

bored
[bɔəd]

지루한, 따분한

동 bore 명 boredom
I am bored to death. 지루해 죽겠다.

0257

celebrated
[séləbrèitid]

유명한, 저명한

a celebrated writer 유명한 작가

0258

concerned
[kənsə́:nd]

걱정하는, 관련된

(동) **concern** (명) **concernment**
be **concerned** about …에 관심을 가지다
be **concerned** with …에 관계가 있다
I am not **concerned** with it. 내 알 바 아니다.

0259

confused
[kənfjú:zd]

혼란스러운, 당황한

(동) **confuse** (명) **confusion**
I was **confused** by her sudden anger.
그녀가 갑자기 화를 내는 바람에 어리둥절했다

0260

decided
[disáidid]

단호한, 결정적인 (부) **decidedly**
a **decided** man 과단성 있는 사람

0261

determined
[ditə́:mind]

결연한, 굳게 결심한 (동) **determine**
a **determinded** resolution 굳은 결심

0262

educated
[édʒukeitid]

교양이 있는, 교육받은

(명) **education** (동) **educate**
an **educated** guess 경험에서 나온 추측

0263

frightened
[fráitnd]

깜짝 놀란, 겁먹은 (동) **frighten**
be **frightened** death 까무러칠 만큼 놀라다
be **frightened** of …을 무서워하다

0264

intoxicated
[intá(ɔ́)ksikeitìd]

술 취한 (동) **intoxicate**
an **intoxicated** man 술 취한 사람

0265

irritated
[íriteitìd]

짜증난, 신경질이 난 (동) **irritate** (명) **irritation**
He was **irritated** with you.
그는 당신에게 화나 있었다

0266

isolated [áisəlèitid]

격리된, 고립된 [동] isolate [명] isolation

an isolated house 외딴집

0267

learned [lə́:rnid]

학식이 있는, 박식한 [동] learn

be learned in …에 조예가 깊다

my learned friend 박식한 친구

0268

naked [néikid]

벌거숭이의, 나체의

go naked 벌거벗고 살다

strip a person naked …를 벌거벗기다

0269

pleased [pli:zd]

기뻐하는, 만족스러운 [동] please

I am pleased about it. 그게 마음에 든다

0270

pretended [priténdid]

가장한, 거짓의 [동] pretend

pretended illness 꾀병

0271

reserved [rizə́:vd]

보유한, 예약된

reserved money 예비금

a reserved seat 예약석

0272

sacred [séikrid]

신성한, 성스러운

be scared stiff 질겁하다

0273

satisfied [sǽtisfaid]

만족한, 흡족한 [동] satisfy

be satisfied with …에 만족하다

0274

terrified [térifaid]

무서워하는, 겁먹은 [동] terrify [명] terror

be terrified out of one's senses 놀라서 혼비백산하다

0275

unexpected [ʌ̀nekspéktid]

예기치 않는, 뜻밖의

an unexpected visitor 불시의 방문객

0276

united [juːnáitid]

단합된, 합병한 [동] unite [명] unity

break into a united laugh

일제히 웃음을 터뜨리다

0277

wicked [wíkid]

사악한, 심술궂은

wicked habits 나쁜 습관

0278

wretched [rǽtʃid]

비참한, 불쌍한 [명] wretch

What wretched weather! 정말 지독한 날씨로군.

~ent

NO. 279~321

0279
ancient [éinʃənt]
고대의, 옛날의
ancient civilization 고대 문명

0280
apparent [əpǽrənt]
명백한, 또렷이 보이는 [동] appear
[명] appearance [부] apparently
apparent to the naked eye 육안으로 보이는

0281
ardent [ɑ́:dənt]
열심인, 열렬한
an ardent patriot 열렬한 애국자

0282
benevolent [binévələnt]
자비로운, 호의적인 [명] benevolence
the benevolent art 인술(仁術)

0283
competent [kɑ́(ɔ́)mpitənt]
유능한, 능력이 있는 [명] competence
the competent minister 주무장관

0284
confident [kɑ́(ɔ́)nfidənt]
자신이 있는, 신뢰하는
[명] confidence [동] confide

0285
content [kəntént]
만족한 [명] contentment
cry content with …에 만족하다
live content 만족하고 살다

0286
convenient [kənví:njənt]
편리한
[명] convenience [부] conveniently
make it convenient to do 형편을 보아 …을 하다

		0287
current [kə́ː(ʌ)rənt]	유통하는, 지금의 뗑 **currency** 뛰 **currently** **pass(go, run) current** 일반에 통용되다	

		0288
deficient [difíʃənt]	부족한, 불완전한 뗑 **deficiency, deficit** **a mental deficient** 정신박약자	

		0289
dependent [dipéndənt]	의지하는 뙤 **depend** 뗑 **dependence** **Crops are dependent upon weather.** 수확은 날씨에 좌우된다.	

		0290
different [dífərənt]	다른, 별개의 뙤 **differ** 뗑 **difference** **It is a different matter.** 그것은 별개의 문제다.	

		0291
disobedient [disəbíːdiənt]	말을 듣지 않는, 순종하지 않은 뙤 **disobey**	

		0292
efficient [ifíʃənt]	유능한, 능률적인 뗑 **efficiency** **a fuel efficient** 연비가 좋은 엔진	

		0293
eminent [éminənt]	유명한, 현저한 뗑 **eminence** **an eminent writer** 저명한 작가	

		0294
equivalent [ikwívələnt]	대등한, 동등한 뗑 **equivalence** **graduated from high school or equivalent** 고등학교 졸업 또는 동등의 학력	

		0295
excellent [éksələnt]	우수한, 뛰어난 뗑 **excellence** 뙤 **excel** **be excellent in** …을 뛰어나게 잘하다	

fluent [flúːənt]	유창한 몡 **fluency** **fluent** speech 능변 a **fluent** speaker 말이 유창한 사람
imminent [íminənt]	절박한, 긴박한 몡 **imminence** Her death is **imminent**. 그녀는 지금이라도 죽을 듯하다
impatient [impéiʃənt]	성급한, 참을성이 없는 몡 **impatience** be **impatient** of …을 참을 수 없다
independent [ìndipéndənt]	독립된, 자립의 몡 **independence, independency** an **independent** country 독립국
indifferent [indífərənt]	무관심한, 중요치 않은 몡 **indifference** a matter of **indifferent** 아무래도 좋은 일
indulgent [indʌ́ldʒənt]	탐닉하는, 관대한 몡 **indulgence** 동 **indulge** be **indulgent** of a person's mistake …의 잘못을 너그러이 봐주다
innocent [ínəsənt]	결백한, 순진한 몡 **innocence, innocency** play **innocent** 결백한 체하다
insistent [insístənt]	주장하는, 강요하는 동 **insist** 몡 **insistence** an **insistent** demand 끈질긴 요구
intelligent [intélidʒənt]	영리한, 이해력이 있는 몡 **intelligence** an **intelligent** reply 재치있는 답변

0296 · 0297 · 0298 · 0299 · 0300 · 0301 · 0302 · 0303 · 0304

magnificent [mægnífəsnt]	장엄한, 훌륭한 [명] magnificence a **magnificent** opportunity 절호의 기회	0305
negligent [néglidʒənt]	소홀히 하는, 태만한 [명] negligence a **negligent** way of speaking 아무렇게나 하는 (난폭한) 말투.	0306
obedient [oubíːdiənt]	순종하는, 충실한 [동] obey [명] obedience [부] obediently an **obedient** horse 순종하는 말	0307
opponent [əpóunənt]	적대하는, 반대의 [동] oppose a political **opponent** 정적(政敵)	0308
patent [pǽtənt]	특허의, 명백한 a **patent** mistake 명백한 잘못	0309
persistent [pəsístənt]	고집하는, 집요한 [동] persist [명] persistence a **persistent** headache 계속적인 두통	0310
prevalent [prévələnt]	널리 퍼진, 유행하는 [명] prevalence The sort of opinion is prevalent among young people. 그와 같은 의견이 젊이들 사이에 유행하고 있다.	0311
proficient [prəfíʃənt]	숙달된, 능숙한 [명] proficiency **proficient** in speaking English 영어회화에 능숙하다	0312

prominent [prá(ɔ́)minənt]	현저한, 두드러진 圐 **prominence** a **prominent** writer 특출한 작가	0313
prudent [prú:dənt]	신중한, 세심한 圐 **prudence** a **prudent** women 신중한 여자	0314
recent [rí:sənt]	최근의, 근래의 圐 **recently** a **recent** event 최근의 사건	0315
resident [rézidənt]	거주하는 圐 **residence** 圐 **reside** a power **resident** in the people 국민에 내재하는 힘	0316
silent [sáilənt]	고요한, 조용한 圐 **silence** **silent** pictures 무성영화 a **silent** volcano 휴화산	0317
sufficient [səfíʃənt]	충분한, 족한 圐 **sufficiency** 圐 **sufficiently** 圐 **suffice** Not **sufficient**! (은행) 자금부족(부도수표에 쓰이는 말)	0318
transparent [trænspέərənt]	투명한 圐 **transparence** **transparent** colors 투명 그림물감	0319
urgent [ə́:dʒənt]	긴급한, 다급한 圐 **urgency** 圐 **urge** on **urgent** business 급한 볼일로	0320
violent [váiələnt]	격렬한, 난폭한 圐 **violence** a **violent** death 횡사, 변사 in a **violent** temper 격노하여	0321

~ful

NO. 322~354

awful [ɔ́ːfəl]	무서운, 지독한 몡 awe 뷔 **awfully** He is very awful mad. 그는 매우 노하고 있다	0322
boastful [bóustfəl]	허풍떠는, 자랑하는 툉 boast	0323
careful [kέəfəl]	조심스러운, 주의 깊은 몡 care 뷔 **carefully** careful of your health 몸조심하시오	0324
cheerful [tʃíəfəl]	쾌활한, 명랑한, 지독한(반어) 몡 cheer That's a cheerful remark. 그것은 지독한 말인데.	0325
colorful [kʌ́ləfəl]	다채로운, 화려한 몡 color a colorful design 화려한 도안	0326
doubtful [dáutfəl]	의심스러운 툉 doubt The outcome is doubtful. 결과는 어찌 될지 모른다	0327
faithful [féiθfəl]	충실한, 성실한 몡 faith 뷔 **faithfully** a very faithful source 믿을만한 근거	0328
forgetful [fəɡétfəl]	잊기 쉬운 툉 forget be forgetful of others 다른 사람 따위를 상관하지 않다	0329

209

		0330
graceful [gréisfəl]	우아한 몡 **grace** a **graceful** apology 솔직한 사과	

		0331
grateful [gréitfəl]	감사하는, 사의를 표하는 몪 **gratefully** a **grateful** letter 감사의 편지	

		0332
harmful [há:mfəl]	해로운, 유해한 몡 **harm** be **harmful** to health 건강에 해롭다	

		0333
helpful [hélpfəl]	도움이 되는, 유익한 동 **help** **helpful** comments 유익한 비평	

		0334
hopeful [hóupfəl]	희망적인, (전도가)유망한 몡 **hope** 몪 **hopefully** a young **hopeful** 장래가 촉망되는 젊은이	

		0335
joyful [dʒóifəl]	즐거운, 기쁜 몡 **joy** be **joyful** of …을 기뻐하다	

		0336
merciful [mə́:sifəl]	자비로운 몡 **mercy** He is **merciful** to others. 그는 남에게 인정이 많다	

		0337
mindful [máindfəl]	주의 깊은, 염두에 두는 몡 **mind** Be **mindful** to follow my advice. 정신을 차려서 내 충고를 따르도록 하여라	

		0338
mouthful [máuθfəl]	한입 가득한 몡 **mouth** make a **mouthful** of …을 단숨에 삼키다 at a **mouthful** 한 입에	

painful 0339
[péinfəl]
고통스러운, 아픈 명 **pain** 부 **painfully**
a **painful** life 고통스러운 생활

peaceful 0340
[píːsfəl]
평화로운, 평온한 명 **peace**
peaceful use of …의 평화적 이용

powerful 0341
[páuəfəl]
강력한, 강한
명 **power** 부 **powerfully**
a **powerful** lot of 굉장히 많은

regretful 0342
[rigrétfəl]
후회하는, 뉘우치는 동 **regret**
a **regretful** face 서운해하는 표정

respectful 0343
[rispéktfəl]
존경하는, 공손한
동 **respect** 부 **respectfully**
be **respectful** of tradition 전통을 존중하다

skillful 0344
[skílfəl]
숙련된, 능숙한 명 **skill** 부 **skillfully**
a **skillful** production 잘 만들어진 작품

sorrowful 0345
[sá(ɔ́)rəfəl]
슬퍼하는, 비탄에 잠긴 명 **sorrow**
a **sorrowful** sight 슬픈 광경

successful 0346
[səksésfəl]
성공적인 동 **succeed** 명 **success**
a **successful** candidate 당선자

thankful 0347
[θǽŋkfəl]
감사하는 동 **thank** 부 **thankfully**
with a **thankful** heart 감사하는 마음으로

		0348

thoughtful
[θɔ́ːtfəl]

사려 깊은, 생각이 깊은 몡 **thought**
How thoughtful of you!
정말로 당신은 인정이 많으시군요.

		0349

truthful
[trúːθfəl]

정직한 몡 **truth**
a truthful portrait 실제를 그대로 그린 초상화

		0350

ungrateful
[ʌngréitfəl]

배은망덕한
an ungrateful task 싫은 일

		0351

useful
[júːsfəl]

유용한, 쓸모 있는 통 **use**
make oneself generally useful
이모저모로 도움이 되다

		0352

wistful
[wístfəl]

탐내는, 동경하는
in a wistful mood 생각에 잠겨서

		0353

wonderful
[wʌ́ndəfəl]

놀라운, 멋진
a wonderful view 훌륭한 경치

		0354

youthful
[júːθfəl]

젊은, 팔팔한 몡 **youth**
youthful enthusiasm 청년다운 열정

~ible

accessible 0355
[æksésəbl]
접근하기 쉬운 명 access
accessible to bribery 뇌물에 약한

compatible 0356
[kəmpǽtəbl]
양립할 수 있는
compatible computer 호환성 컴퓨터

comprehensible 0357
[ka(ɔ)mprihénsəbl]
이해할 수 있는
동 comprehend 명 comprehension

contemptible 0358
[kəntémptəbl]
경멸할 만한, 비열한 명 contempt
You are a contemptible worm!
너는 경멸할 만한 비열한 녀석이다

convertible 0359
[kənvə́:təbl]
전환할 수 있는, 바꿀 수 있는 동 convert
convertible terms 동의어

credible 0360
[krédibl]
믿을 만한 명 credit

edible 0361
[édəbl]
먹을 수 있는
edible oil 식용 기름

eligible 0362
[élidʒəbl]
적격의, 자격이 있는
He is not eligible to enter the games.
그는 경기에 참가할 자격이 없다

0363
forcible
[fɔ́ːsəbl]
강제적인, 억지로 하는 몡 **force**
a **forcible** speaker 열변가

0364
horrible
[hɔ́ː(ɔ́)rəbl]
무서운, 끔직한 몡 **horror** 뷔 **horribly**
a **horrible** sight 끔찍한 광경

0365
illegible
[ilédʒəbl]
읽기 어려운
illegible handwriting 읽기 어려운 필체

0366
responsible
[rispá(ɔ́)nsəbl]
책임이 있는 몡 **responsibility**
feel oneself **responsible** for …의 책임을 느낀다

0367
sensible
[sénsəbl]
분별력이 있는 몡 **sense, sensibility**
a **sensible** improvement 눈에 띄는 진전

0368
terrible
[térəbl]
무서운, 무시무시한 몡 **terror** 뷔 **terribly**
in a **terrible** hurry 몹시 서둘러서
terrible man to drink 술고래

0369
visible
[vízəbl]
눈에 보이는, 명백한
몡 **visibility** 동 **visualize**
the **visible** nerve 시신경
visible acuity 시력(視力)

~ic

NO. 370~439

		0370

academic
[ӕkədémik]

학구적인, 대학의 몡 academy
an academic degree 학위

		0371

aesthetic
[esθétik]

미(美)의, 심미적인
the aesthetic school 심미파

		0372

alcoholic
[ӕlkəhá(ɔ)lik]

알코올성의 몡 alcohol
alcoholic poisoning 알코올 중독

		0373

analytic
[ӕnəlítik]

분석적인 동 analyze 몡 analysis

		0374

antagonistic
[ӕntӕgənístik]

반대의, 적의 몡 antagonist
be antagonistic to religion 종교와 서로 상극이다

		0375

antarctic
[ӕntá:ktik]

남극의

		0376

arctic
[á:ktik]

북극의

		0377

aristocratic
[ərìstəkrӕtik]

귀족의 몡 aristocracy, aristocrat

		0378

artistic
[a:tístik]

예술의, 예술적인 몡 artist
He is the artistic type.
그는 예술가 기질이 있는 사람이다.

215

athletic [æθlétik]	0379 운동경기의 [명] **athlete, athletics**
atmospheric [æ̀tməsférik]	0380 대기의, 대기로 인한 [명] **atmosphere** **an atmospheric depression** 저기압
atomic [ətά(ɔ́)mik]	0381 원자의 [명] **atom** **atomic bomb** 원자폭탄 **atomic energy** 원자력
authentic [ɔːθéntik]	0382 믿을만한 [동] **authenticate** **an authentic information** 확실한 보도
basic [béisik]	0383 기초의, 근본적인 [명] **base, basis** [부] **basically** **basic colors** 염기성 색소
ceramic [sərǽmik]	0384 도자기의 **the ceramic industry** 요업
characteristic [kæ̀riktərístik]	0385 독특한, 우수한 [명] **character** [동] **characterize** **be characteristic of** …의 특성을 나타내고 있다
classic [klǽsik]	0386 고전의, 고전적인 [명] **classic** **the classic languages** 고전어
cosmic [kά(ɔ́)zmik]	0387 우주의 [명] **cosmos** **cosmic ray** 우주 광선

cubic 0388
[kjúːbik]
입방체의 몡 **cube**
cubic content 용적, 체적

diplomatic 0389
[dìpləmǽtik]
외교의, 외교상의 몡 **diplomacy**
diplomatic immunity 외교 면책 특권

dogmatic 0390
[dɔː(ɔ)gmǽtik]
독단적인, 교의상의 몡 **dogma**
dogmatic assertion 독단적 발언

dramatic 0391
[drəmǽtik]
희극의, 극적인
몡 **drama** 뷔 **dramatically**
a **dramatic** event 극적인 사건

eccentric 0392
[ekséntrik]
별난, 괴벽스러운 몡 **eccentricity**
an **eccentric** person 괴벽스러운 사람, 기인

economic 0393
[iːkəná(ɔ́)mik]
경제의, 경제학의 몡 **economy**
economic power 경제 대국

electric 0394
[iléktrik]
전기의, 전기를 띤
electric car 전기 자동차
electric current 전류

electronic 0395
[ilèktránik]
전자의 몡 **electronic**
electronic game 전자 게임

energetic 0396
[ènədʒétik]
정력적인, 활동적인 몡 **energy**
an **energetic** person 정력가

217

geometric 0397
[dʒiəmétrik]
기하학적인 몡 geometry
Population increases by geometric progression.
인구는 기하급수적으로 불어난다.

heroic 0398
[hiróuik]
영웅의 몡 hero
heroic mythology 영웅 신화

historic 0399
[histá(ɔ́)rik]
역사적인, 역사에 남을 몡 history
the historic scenes 자적, 유적

hygienic 0400
[haidʒiénik]
위생적인, 위생학의 몡 hygiene
hygienic packing 위생적인 포장

linguistic 0401
[liŋgwístik]
언어의, 말의
linguistic change 언어의 변화

lyric 0402
[lírik]
서정시의 몡 lyre
lyric drama 가극

magnetic 0403
[mægnétik]
자석의 몡 magnet
magnetic card 자기 카드
magnetic force 자기력

majestic 0404
[mədʒéstik]
위엄이 있는, 장엄한 몡 majesty

mimic 0405
[mímik]
흉내의, 모방의 몡 mimicry
mimic tears 거짓 눈물

		0406
manifest [mǽnəfèst]	명백한, 분명한 명 **manifestation** a **manifest** error 명백한 실수	

		0407
mythic [míθik]	신화의, 비법의 동 **mystic** a **mythic** world 신화의 세계	

		0408
narcotic [nɑ:rkátik]	마취성의, 마취약의 명 **narcosis** a **narcotic** drug 마(취)약	

		0409
optic [á(ɔ́)ptik]	눈의, 시력의 an **optic** angle 시각(視角)	

		0410
optimistic [á(ɔ́)ptimistik]	낙천적인 명 **optimism** an **optimistic** view 낙관적 견해	

		0411
organic [ɔːgǽnik]	유기체의, 유기적인 명 **organ** 동 **organize** **organic** food 자연식품	

		0412
panic [pǽnik]	당황한, 미친 듯한 **panic** haste 몹시 허둥댐	

		0413
pathetic [pəθétik]	가련한, 애상적인 명 **pathos** a **pathetic** sight 슬픈 광경	

		0414
patriotic [pei(æ)triá(ɔ́)tik]	애국적인 명 **patriot** a **patriotic** song 애국가	

		0415
periodic [piəriá(ɔ́)dik]	주기적인, 정기의 명 **period** a **periodic** wind 계절풍	

		0416
pessimistic [pèsimístik]	염세적인, 비관적인 명 **pessimism** take a **pessimistic** view of …을 비관하다	

		0417
phonetic [fənétik]	음성의 **phonetic** transcription 발음기호	

		0418
photographic [fòutəgrǽfik]	사진의 명 **photograph** a **photographic** studio 촬영소	

		0419
plastic [plǽstik]	플라스틱의, 조형의 a **plastic** operation 성형수술	

		0420
prophetic [prəfétik]	예언의 명 **prophet, prophecy** 동 **prophesy** **prophetic** inspiration 예언자의 영감	

		0421
poetic [pouétik]	시의, 낭만적인 명 **poet, poem** **poetic** drama 시극(詩劇)	

		0422
politic [pá(ɔ́)litik]	정치의, 분별있는 명 **policy** a **politic** reply 현명한 대답	

		0423
prehistoric [pri:histɔ́:(ɔ́)rik]	선사시대의, 유사이전의 명 **prehistory**	

		0424
public [pʌ́blik]	대중의, 공중의 명 **publicity** make **public** 공표(발표)하다 a **public** bath 공중목욕탕	

realistic [ríːəlistik]	0425 현실적인, 현실주의의 [명] realist, realism a realistic novel 사실주의 소설
romantic [roumǽntik]	0426 낭만적인, 신비적인 [명] romance marry for romantic love 열렬한 연애 결혼을 하다
rustic [rʌ́stik]	0427 시골의, 전원생활의 rustic simplicity 순진한 소박함
sarcastic [saːrkǽtik]	0428 풍자적인, 빈정대는 [명] sarcasm a sarcastic comment 비꼬는 말
scenic [síːnik]	0429 경치의, 풍경의 [명] scene scenic effects 무대 효과
scientific [saiəntífik]	0430 과학의, 과학적인 [명] science scientific theory 과학 이론
specific [spisífik]	0431 구체적인, 독특한 [명] species [동] specify a specific medicine 특효약
strategic [strətíːdʒik]	0432 전략상의 [명] strategy a strategic retreat 전략적 후퇴
symbolic [simbɑ́(ɔ́)lik]	0433 상징적인, 표상하는 [명] symbol be symbolic of …을 상징하다
sympathetic [sìmpəθétik]	0434 동감하는, 동정심 있는 [명] sympathy a sympathetic environment 마음에 드는 환경

systematic [sìstəmǽtik] 0435
체계적인, 계통적인 [명] system
systematic habit 규칙적인 습관

terrific [terífik] 0436
굉장한, 무시무시한 [명] terror [동] terrify
at terrific speed 맹렬한 속력으로

toxic [tάksik] 0437
독성의, 유독한
toxic smoke 독가스

tropic [trά(ɔ́)pik] 0438
열대의, 회귀선
the Tropic of Cancer 북회귀선

volcanic [vα(ɔ)lkǽnik] 0439
화산의 [명] volcano
volcanic activity 화산활동
a volcanic rage 격노

~ing

0440

amazing
[əméiziŋ]

놀라운, 굉장한 동 amaze
amazing talent 놀라운 솜씨

0441

amusing
[əmjú:ziŋ]

재미있는, 즐거운 동 amuse
an amusing speaker 말솜씨가 좋은 사람

0442

appalling
[əpɔ́:liŋ]

소름끼치는, 무시무시한 동 appall
He developed an appalling toothache.
그에게 지독한 치통이 생겼다

0443

astonishing
[əstá(ɔ́)niʃiŋ]

놀라운, 눈부신 동 astonish
astonishing news 놀라운 소식

0444

catching
[kǽtʃiŋ]

전염성의, 매력적인 동 catch
This disease is catching. 이 병은 전염한다.

0445

charming
[tʃá:miŋ]

매력적인 명 charm
Seoul is charming place for tourists.
서울은 관광객에게 매력있는 곳이다.

0446

loving
[lʌ́viŋ]

정다운, 애정 있는 동 love
Your loving friend. 그대의 친애하는 벗으로부터

0447

missing
[mísiŋ]

행방불명의, 없어진 동 miss
a missing child 미아

0448

outstanding
[àutstǽndiŋ]

두드러진 동 outstand
an outstanding figure 두드러진 인물, 걸물

223

prevailing [privéiliŋ]	0449 우세한, 유력한 [동] **prevail** [명] **prevalent** **the prevailing opinion** 일반적인 의견
promising [prá(ɔ́)misiŋ]	0450 장래가 밝은 [동] **promise** **The weather is promising.** 날씨가 좋아질 것 같다 **in a promising state** 가망이 있는
ranking [rǽŋkiŋ]	0451 뛰어난, 탁월한 [명] **rank** **high-ranking** 고위의
revolving [rivá(ɔ́)lviŋ]	0452 회전하는 [동] **revolve** **a revolving stage** 회전 무대
shocking [ʃá(ɔ́)kiŋ]	0453 충격적인 [동][명] **shock** **a shocking accident** 충격적인 사건
threatening [θrétniŋ]	0454 위협적인 [동] **threaten** **a threatening note** 협박장
touching [tʌ́tʃiŋ]	0455 감동적인 [동] **touch** **a touching story** 감동적인 이야기
trembling [trémbliŋ]	0456 떨리는 [동] **tremble** **in fear and trembling** 공포
willing [wíliŋ]	0457 기꺼이 ...하는 [부] **willingly** **I am quite willing to do anything for you.** 당신을 위해서라면 무엇이든 기꺼이 하렵니다 **willing or not** 좋든 싫든 간에

~less

NO. 458～472

aimless 0458
[éimlis]
목적이 없는 [명] aim
an aimless existence 막연한 삶

boundless 0459
[báundlis]
근거가 없는, 무한한 [명] bound

breathless 0460
[bréθlis]
숨이 찬, 숨가쁜
[명] breath [동] breathe
with breathless anxiety 조마조마하여
with breathless interest 숨을 죽이고

countless 0461
[káuntlis]
셀 수 없이 많은 [동] count

doubtless 0462
[dáutlis]
의심 없는, 확실한 doubt
I shall doubtless see you tomorrow.
내일은 아마 만나 뵐 수 있을 것입니다

groundless 0463
[gráundlis]
근거 없는 [명] ground
groundless fears 근거없는 공포

helpless 0464
[hélplis]
무력한, 속수무책인 [동] help
helpless with laughter
아무래도 멈춰지지 않는 웃음

lifeless 0465
[láiflis]
생명이 없는 [명] life
fall lifeless 까무러치다

		0466
mindless [máindlis]	분별없는, 어리석은 명 **mind** **mindless** violence 어리석은 폭력행위	

		0467
regardless [rigá:dlis]	부주의한, 관심이 없는 명 **regard** **regardless** of age or sex 남녀노소 구별 없이	

		0468
restless [réstlis]	불안한, 침착하지 못한 명 **rest** spend a **restless** night 잠 못 이루는 밤을 지내다	

		0469
stainless [steinlis]	녹슬지 않는 명 **stain**	

		0470
thoughtless [θɔ́:tlis]	경솔한, 생각이 없는 명 **thought** be **thoughtless** of one's health 자신의 건강에 주의하지 않다	

		0471
weightless [weitlis]	무중력의 명 **weight** Man is **weightless** in space 사람은 우주에서는 무중력 상태가 된다	

		0472
wireless [waiə:rlis]	무선의 명 **wire** a **wireless** set 무전기	

~ly

NO. 473~490

0473
chilly
[tʃíli]
차가운, 쌀쌀한, 냉담한　몡 **chill**
feel **chill**　오한이 나다

0474
curly
[kə́ːrli]
곱슬머리의　동 **curl**
She has **curly** hair.　그 여자는 곱슬머리다.

0475
daily
[déili]
매일의, 일상의
daily newspaper　일간신문

0476
friendly
[fréndli]
다정한, 친한　몡 **friend**
have **friendly** relations with　…와 친하다
on **friendly** terms　사이가 좋은

0477
holy
[hóuli]
신성한, 성스러운
몡 **holiness**　부 **holily**
the **holy** ground　성지

0478
likely
[láikli]
가능한, … 할 것 같은　동 **like**
more **likely** than not　어느 쪽이냐 하면, 아마
Not **likely**!　어림없는 소리
likely enough　아마(그럴 것이다)

0479
lively
[láivli]
생기가 있는, 활기찬　몡 **live**
lively imagination　왕성한 상상력

0480
lonely
[lóunli]
외로운, 고독한
feel **lonely**　쓸쓸하다, 외롭다

		0481
lovely [lʌ́vli]	사랑스런, 즐거운 몡 **love** **lovely** weather 매우 좋은 날씨	

		0482
manly [mǽnli]	남자다운 몡 **man** a **manly** bearing 남자다운 태도	

		0483
melancholy [mélənkàli]	우울한, 슬픈 **melancholy** mood 침울한 분위기	

		0484
orderly [ɔ́ːdəli]	질서정연한, 정돈된 몡 **order** an **orderly** desk 잘 정돈된 책상	

		0485
silly [síli]	어리석은, 저능의 **Don't be silly.** 바보 같은 소리 마라.	

		0486
sly [slai]	교활한 a **sly** dog 교활한 녀석 **on the sly** 남몰래, 살짝	

		0487
timely [táimli]	적시의 몡 **time** **timely** hit 적시 안타	

		0488
ugly [ʌ́gli]	추한, 불쾌한 an **ugly** task 싫은 일	

		0489
unlikely [ʌnláikli]	불가능한, 있음직 하지 않은 **in the unlikely of** 만일 …할 경우에는	

		0490
worldly [wə́ːldli]	세속적인, 세상의 몡 **world** **worldly** pleases 현세의 즐거움	

~ory

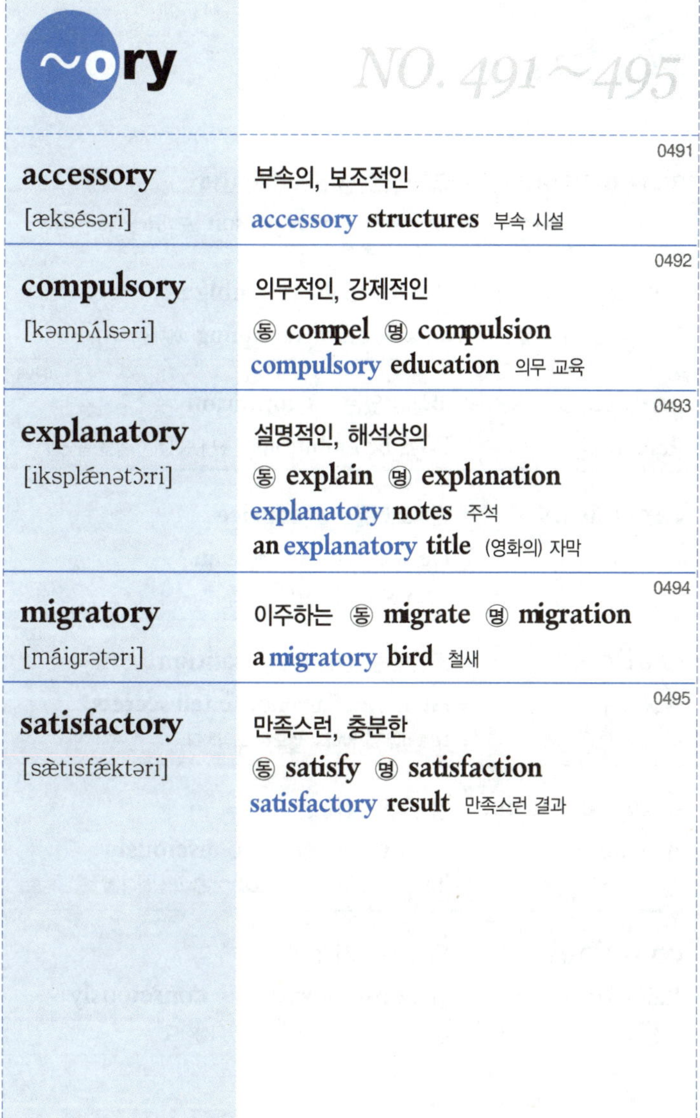

0491

accessory
[æksésəri]

부속의, 보조적인

accessory **structures** 부속 시설

0492

compulsory
[kəmpʌ́lsəri]

의무적인, 강제적인

동 **compel** 명 **compulsion**
compulsory **education** 의무 교육

0493

explanatory
[iksplǽnətɔ̀ːri]

설명적인, 해석상의

동 **explain** 명 **explanation**
explanatory **notes** 주석
an **explanatory** **title** (영화의) 자막

0494

migratory
[máigrətəri]

이주하는 동 **migrate** 명 **migration**
a **migratory** **bird** 철새

0495

satisfactory
[sæ̀tisfǽktəri]

만족스런, 충분한

동 **satisfy** 명 **satisfaction**
satisfactory **result** 만족스런 결과

~ous

NO. 496~549

0496

adventurous
[ædvéntʃərəs]
모험적인 몡동 adventure
an **adventurous** person 모험을 좋아하는 사람

0497

ambiguous
[æmbíguəs]
애매한, 모호한 몡 ambiguity
an **ambiguous** meaning 애매한 의미

0498

ambitious
[æmbíʃəs]
야심이 있는 몡 ambition
Boys be **ambitious**! 소년들이여 야망을 품어라!

0499

capricious
[kəpríʃəs]
변덕스러운 몡 caprice
He was **capricious** man.
그는 변덕스러운 사람이다.

0500

cautious
[kɔ́ːʃəs]
조심하는, 신중한 몡 caution
He is **cautious** not to tell secrets.
그는 비밀을 말하지 않도록 조심하다

0501

conscientious
[kà(ɔ)nʃiénʃəs]
양심적인, 성실한
몡 conscience 부 consciously
be **conscientious** of …을 의식하다

0502

conscious
[ká(ɔ)nʃəs]
의식하는, 지각 있는
몡 consciousness 부 consciously
be **conscious** of …을 의식하다

230

continuous
[kəntínjuəs]

0503

연속의, 끊임없는

동 continue 명 continuity

be **continuous** with …와 연관되어 있다

---

credulous
[krédʒələs]

0504

쉽게 믿는, 속기 쉬운 명 credulity

She is very **credulous**.

그녀는 남의 말을 쉽게 믿는다.

---

dangerous
[déindʒərəs]

0505

위험한, 위태한 명 danger

It is **dangerous** to swim in this river.

이 강에서 헤엄치는 것은 위험하다

---

delicious
[dilíʃəs]

0506

맛있는, 유쾌한

a **delicious** moment 통쾌한 순간

---

desirous
[dizáirəs]

0507

바라는, 소망하는 동 desire

He is **desirous** to know the truth about the affair. 그는 사건의 진상을 알고 싶어한다

---

disastrous
[dizæ(á:)strəs]

0508

재앙의, 비참한 명 disaster

---

enormous
[inɔ́:məs]

0509

막대한, 거대한 명 enormity

an **enormous** difference 엄청난 차이

---

envious
[énviəs]

0510

부러워하는, 시기하는 명 envy

be **envious** of another's luck

남의 행운을 시기하다

0511

famous
[féiməs]
유명한 ㉼ **fame** ㉿ **famously**
a **famous** write 유명한 작가
famous for scenery 경치로 유명한

0512

fictitious
[fiktíʃəs]
허구의, 소설적인 ㉼ **fiction**
a **fictitious** character 가공인물

0513

furious
[fjú:riəs]
분노하는, 격노한 ㉼ **fury**
a **furious** quarrel 맹렬한 언쟁
grow fast and **furious** (환락 등이) 한창 무르익다

0514

generous
[dʒénərəs]
관대한 ㉼ **generosity**
generous remarks 관대한 말

0515

glorious
[glɔ́:riəs]
영광스런, 빛나는
㉼ **glory** ㉾ **glorify**
die a **glorious** death 명예롭게 죽다

0516

gorgeous
[gɔ́:dʒəs]
멋진, 화려한
a **gorgeous** room 화려한 방

0517

harmonious
[hɑ:móuniəs]
조화된 ㉼ **harmony**

0518

humorous
[hjú:mərəs]
유머가 있는, 해학적인 ㉼ **humor**

0519

industrious
[indʌ́striəs]
근면한, 부지런한 ㉼ **industry**
The koreans are an **industrious** people.
한국인은 근면한 국민이다.

232

injurious
[indʒúːriəs]
해로운　명 **injury**　동 **injure**
be **injurious** to the health　건강이 나쁜

0521
jealous
[dʒéləs]
샘이 많은, 질투가 많은　명 **jealousy**
a **jealous** disposition　샘이 많은 기질

0522
laborious
[ləbɔ́ːriəs]
힘드는, 어려운　명 **labor**

0523
luxurious
[lʌgʃúːriəs]
호화스러운, 사치스러운　명 **luxury**
a **luxurious** harvest　풍작

0524
malicious
[məlíʃəs]
악의 있는, 심술궂은　명 **malice**
malicious words　악의에 찬 말

0525
marvelous
[máːrvələs]
놀라운, 믿기 어려운　명 **marvel**
a **marvelous** show　멋진 쇼

0526
momentous
[mouméntəs]
중대한
a **momentous** decision　중대한 결정

0527
monotonous
[məná(ɔ́)tənəs]
단조로운, 지루한
monotonous work　단조로운 일

0528
mysterious
[mistíəʃriəs]
신비한, 불가사의한　명 **mystery**
a **mysterious** event　불가사의한 사건

0529
nervous
[náːrvəs]
초조한, 신경질적인　명 **nerve**
a **nervous** moment　불안한 순간

0530
numerous
[njúːmərəs]
무수히 많은, 다수의 몡 number, numeral
the **numerous** voice of the people 여론

0531
obvious
[á(ɔ)bviəs]
명백한, 분명한 뷰 obviously
Is she so **obvious** sick?
그녀는 눈에 띌 정도로 아픕니까?

0532
poisonous
[pɔ́izənəs]
유독한, 해로운 몡 poison
poisonous air 유독 가스

0533
precious
[préʃəs]
소중한, 값비싼 몡 preciosity
a **precious** deal 대단히

0534
previous
[príːviəs]
이전의, 앞의
a **previous** engagement 선약

0535
prosperous
[prá(ɔ)spərəs]
번영하는, 순조로운
몡 prosperity 동 prosper
in a **prosperous** hour 마침 좋은 때에

0536
religious
[rilídʒəs]
종교의, 종교적인 몡 religion
a **religious** war 종교 전쟁

0537
ridiculous
[ridíkjuləs]
어리석은, 웃기는 몡 ridicule
Don't be **ridiculous**. 바보같은 소리하지 마라.

0538
simultaneous
[sìməltéiniəs]
동시의, 동시에 일어나는
simultaneous interpretation 동시 통역

0539
spontaneous
[spɑ(ɔ)ntéiniəs]
자발적인, 임의의
a **spontaneous** cure 자연 치유

234

superstitious 0540
[sù:(sju:)pəstíʃəs]
미신의, 미신적인 몡 **superstition**
superstitious tail 미신적 이야기

suspicious 0541
[səspíʃəs]
수상한, 의심 많은 몡 **suspicion** 됭 **suspect**
suspicious behavior 의심스런 행동

tremendous 0542
[triméndəs]
엄청난, 무서운
a **tremendous** fact 놀랄만한 사실

unanimous 0543
[ju:nǽniməs]
만장일치의, 합의의 몡 **unanimity**
We are **unanimous** for reform.
우리는 개혁에 대해 찬성이다

various 0544
[vέəriəs]
다양한, 가지각색의 몡 **variety** 됭 **vary**
a man of **various** talent 다재다능한 사람

vicious 0545
[víʃəs]
악의 있는, 나쁜 몡 **vice**
a **vicious** temper 잔인한 성질

victorious 0546
[viktɔ́:riəs]
승리의 몡 **victory**
a **victorious** army 승리군

vigorous 0547
[vígərəs]
정력적인, 원기 왕성한 몡 **vigor**
a **vigorous** personality 개성이 강한 사람

virtuous 0548
[və́:tʃuəs]
선한, 덕망 있는 몡 **virtue**
lead a **virtuous** life 고결한 생애를 보내다

zealous 0549
[zéləs]
열심인, 열광적인
make a **zealous** efforts 열심히 노력하다

~sh

childish
[tʃáildiʃ]
유치한, 어린이 같은 명 child
a **childish** idea 유치한 생각

0550

harsh
[hɑːʃ]
가혹한, 거친
harsh punishment 엄벌

0551

lavish
[lǽviʃ]
낭비하는, 아끼지 않은
lavish expenditure 낭비

0552

rash
[ræʃ]
경솔한, 성급한
in a **rash** moment 경솔하게

0553

selfish
[sélfiʃ]
이기적인, 자기 본위의 명 self
the **selfish** theory of morals 이기설

0554

~sive

0555

aggressive
[əgrésiv]

공격적인, 침략적인

동 **aggress**　명 **aggression**

an **aggressive** war　침략전쟁
take the **aggressive**　공세를 취하다

0556

apprehensive
[æprihénsiv]

우려하여, 염려하여

동 **apprehend**　명 **apprehension**

be **apprehensive** of　…을 두려워하다

0557

decisive
[disáisiv]

결정적인, 중대한　동 **decide**　명 **decision**

a **decisive** ballot　결선 투표
decisive evidence　결정적 증거

0558

defensive
[difénsiv]

방어하는, 변호하는　동 **defend**

take **defensive** measures　방어책을 강구하다

0559

impulsive
[impʌ́lsiv]

충동적인　명 **impulse**

an **impulsive** action　충동적인 행동
impulsive force　추진력

0560

intensive
[inténsiv]

집중적인, 강한　명 **intensity**

intensive agriculture　집약 농업

0561

massive
[mǽsiv]

육중한, 큼직한　명 **mass**

a **massive** forehead　넓은 이마

offensive [əfénsiv]	0562 공격적인, 무례한 동 **offend** 명 **offense** **offensive** to the ear 귀에 거슬리는
passive [pǽsiv]	0563 소극적인, 수동적인 **passive** smoking 간접흡연
persuasive [pərswéisiv]	0564 설득력이 있는 동 **persuade** 명 **persuasion** a **persuasive** argument 설득력 있는 논쟁
responsive [rispánsiv]	0565 응답하는, 이해가 빠른 명 **response** 동 **respond** a **responsive** smile 대답을 나타내는 미소
successive [səksésiv]	0566 연속적인, 계속적인 동 **succeed** 명 **succession** It rained three **successive** days. 3일 계속해서 비가 왔다

		0567
handsome [hǽnsəm]	멋진, 잘생긴 **Handsome is that handsome does.** 하는 짓이 훌륭하면 미목도 아름답다	

		0568
lonesome [lóunsəm]	외로운, 쓸쓸한 **an evening lonesome at home** 집에서의 쓸쓸한 저녁	

		0569
meddlesome [médlsəm]	참견하는, 간섭하는 동 **meddle**	

		0570
tiresome [táiəsəm]	귀찮은, 싫증나게 하는 동 **tire** **How tiresome! I have left my watch behind.** 제기랄! 시계를 두고 왔군	

		0571
troublesome [trʌ́blsəm]	힘든, 성가신 **a troublesome woman** 성가신 여자	

		0572
wearisome [wíərisəm]	지겨운, 피곤하게 하는 명 **weary**	

~tive

NO. 573~621

0573

active
[ǽkitv]

활동적인, 활발한
⒨ activity ⒟ act, activate
take an **active** part in ···에서 활약하다

0574

affirmative
[əfə́:mətiv]

긍정의, 단정적인 ⒟ affirm
an **affirmative** sentense 긍정문

0575

alternative
[ɔ:ltə́:nətiv]

양자택일의 ⒟ alternate ⒨ alternation
There is no **alternative**. 달리 방도가 없다

0576

appreciative
[əprí:ʃièitiv]

감사하는, 감상할 줄 아는
⒟ appreciate ⒨ appreciation
be **appreciative** of ···을 감사하고 있다

0577

assertive
[əsə́:tiv]

단정적인, 독단적인
⒟ assert ⒨ assertion

0578

attentive
[ətέntiv]

주의 깊은, 친절한
⒟ attend ⒨ attention

0579

attractive
[ətrǽktiv]

매력적인, 사람의 마음을 끄는
⒟ attract ⒨ attraction

0580

collective
[kəléktiv]

집단적인, 집합적인
⒟ collect ⒨ collection
collective ownership 공동 소유권

---

combative [kəmbǽtiv]	호전적인 명 combat	0581
comparative [kəmpǽrətiv]	비교의 동 compare with comparative ease 비교적 쉽게	0582
competitive [kəmpétətiv]	경쟁의, 경쟁적인 동 compete 명 competition a competitive price 경쟁 가격	0583
congestive [kəndʒéstiv]	혼잡한 동 congest 명 congestion	0584
conservative [kənsɜ́ːvətiv]	보수적인 동 conserve 명 conservation a conservative estimate 줄잡은 어림	0585
constructive [kənstrʌ́ktiv]	건설적인, 구조적인 동 construct 명 construction constructive criticism 건설적인 비판	0586
cooperative [kouá(ɔ́)pərətiv]	협동적인, 협동의 동 cooperate 명 cooperation	0587
creative [kriéitiv]	창조적인, 독창적인 동 create 명 creation be creative of …을 창조하다	0588
deceptive [diséptiv]	속이는 동 deceive 명 deception	0589
defective [diféktiv]	결점 있는 명 defect a defective car 결함차	0590

0591
derivative
[diskríptiv]
파생된, 끌어낸 동 derive 명 derivation
a derivative word 파생어

0592
descriptive
[diskríptiv]
묘사적인, 기술(서술)적인
동 describe 명 description

0593
destructive
[distrʌ́ktiv]
파괴적인, 해를 끼치는
동 destroy 명 destruction
a habit destructive to health 건강에 해로운 습관

0594
detective
[ditéktiv]
탐정의 동 detect 명 detection
a private detective 사립탐정

0595
digestive
[dɑidʒéstiv]
소화력이 있는 동 digest 명 digestion
digestive organs 소화 기관

0596
distinctive
[distíŋʃktiv]
독특한, 특유의
동 distinct 명 distinction

0597
effective
[iféktiv]
효과적인, 유효한 동 effect
become effective 효력이 생기다
effective demand 유효 수요

0598
eliminative
[ilímənèitiv]
제거할 수 있는
동 eliminate 명 elimination
eliminative waste matter from the system
노폐물을 몸에서 배설하다

0599
eruptive
[irʌ́ptiv]
분출하는, 폭발하는 동 erupt 명 eruption
eruptive fever 발진열(熱)

0600

executive
[egzékjutiv]

실무의, 실행의 동 execute 명 execution

an executive committee 집행 위원회

0601

exhaustive
[egzɔ́ːstiv]

고갈되는, 철저한

동 exhaust 명 exhaustion

0602

festive
[féstiv]

festive 축제의 명 festival

a festive season 명절

0603

imaginative
[imǽdʒinətiv]

상상의, 공상의

동 imagine 명 imagination

an imaginative tale 상상의 이야기

0604

initiative
[iníʃiətiv]

처음의, 발단의 동 initiate 명 initiation

initiative steps 제1단계

0605

instinctive
[instíŋʃktiv]

본능적인, 직관적인 명 instinct

instinctive behavior 본능적 행동

0606

instructive
[instrʌ́ktiv]

교육적인, 교훈적인

동 instruct 명 instruction

an instructive experience 유익한 경험

0607

intuitive
[intjúːitiv]

직관적인 명 intuition

intuitive power 직관력

0608

investigative
[invéstgèitiv]

조사의 동 investigate 명 investigation

narrative [nǽrətiv]	이야기식의 [동] **narrate** [명] **narration**	0609
native [néitiv]	본토박이의, 출생지의 **one's native place** 출생지, 고향 **native ability** 천부적인 재능	0610
negative [négətiv]	소극적인, 부정적인 [동] **negate** [명] **negation** **a negative vote** 반대 투표 **on negative lines** 소극적으로	0611
objective [əbdʒéktiv]	객관적인, 목적의 [부] **objectively** **the objective world** 외계	0612
positive [pɑ́(ɔ́)zətiv]	적극적인, 긍정적인 **positive proof** 확증 **positive growth** 플러스 성장	0613
primitive [prímətiv]	원시의 초기의 **a primitive society** 원시 사회	0614
productive [prədʌ́ktiv]	생산적인 [동] **produce** [명] **production** **a productive society** 생산 조합	0615
prospective [prəspéktiv]	기대되는, 예기된 [동] **prospect** **a prospective writer** 작가 지망생	0616
reflective [rifléktiv]	반사하는, 반영하는 [동] **reflect** [명] **reflection** **a reflective surface** 반사면	0617

0618
respective
[rispéktiv]
각자의 ⑨ respectively
the **respective** countries 각 나라들

0619
sensitive
[sénsətiv]
민감한 ⑨ sense
sensitive paper 감광지

0620
subjective
[səbdʒéktiv]
주관적인, 개인적인
a **subjective** evaluation 개인적 평가

0621
suggestive
[sədʒéstiv]
암시하는, 생각나게 하는
⑧ suggest ⑨ suggestion
a **suggestive** critical essay 시사적인 비평

~y

		0622
airy [ɛ́əri]	가벼운, 공허한　명 **air** **airy** dreams 허황된 꿈	

		0623
almighty [ɔːlmáiti]	전능한, 만능의 **Almighty** God. 전능하신 하나님 **almighty** dollar 황금만능	

		0624
balmy [bάːmi]	향기로운, 온화한　명 **balm**　부 **balmily** **balmy** weather 온화한 날씨	

		0625
bloody [blʌ́di]	피투성이의, 유혈의　명 **blood**　동 **bleed** get a **bloody** nose 자존심에 손상을 입다 not a **bloody** one 단 하나도 …없다(않다)	

		0626
crazy [kréizi]	미친 be **crazy** to do 꼭 …하고 싶어하다	

		0627
dirty [də́ːti]	더러운, 불결한　명 **dirt** do the **dirty** on …에게 비열한 짓을 하다	

		0628
dizzy [dízi]	어지러운, 현기증 나는	

		0629
downy [dáuni]	솜털 같은, 폭신폭신한 do the **downy** 자고 있다	

		0630
dusty [dʌ́sti]	먼지투성이의　명 **dust** It's not so **dusty**. 과히 나쁘지 않다	

		0631
fiery [fáiəri]	불의, 불같은 a **fiery** taste 허가 얼얼할 정도의 (매운)맛	

		0632
foggy [fá(ɔ́)gi]	안개 낀 명 **fog** a **foggy** morning 안개낀 아침	

		0633
gloomy [glú:mi]	침울한, 어두운 a **gloomy** prospect 암담한 전망	

		0634
greedy [grí:di]	탐욕스러운, 욕심 많은 명 **greed** a man **greedy** of money 돈 욕심내는 사람	

		0635
guilty [gílti]	유죄의 명 **guilt** be not **guilty** 무죄이다 a **guilty** conscience 양심에 가책	

		0636
hairy [hɛ́əri]	털이 많은 명 **hair** a **hairy** problem 어려운 문제	

		0637
handy [hǽndi]	솜씨 좋은, 편리한 명 **hand** come in **handy** 여러모로 편리하다	

		0638
haughty [hɔ́:ti]	거만한, 오만한 have **haughty** a air 불손한 태도	

		0639
hasty [héisti]	급한, 바삐 서두르는 동 **hasten** 명 **haste** a **hasty** decision 경솔한 결정	

		0640
husky [hʌ́ski]	목이 쉰 speak in a **husky** voice 쉰 목소리로 말하다	

		0641
mighty [máiti]	힘센, 강력한 **high and mighty** 대단히 거만한	
moody [múːdi]	침울한 명 **mood** a **moody** silence 침울한 침묵	0642
muddy [mʌ́di]	진흙투성이의 명 **mud** **muddy** thinking 뚜렷하지 못한 생각	0643
nearby [níərbai]	가까운 a **nearby** village 바로 이웃 마을	0644
needy [níːdi]	빈궁한, 매우 가난한 명 **need** a **needy** family 가난한 가정	0645
rosy [róuzi]	장미빛의 명 **rose** a **rosy** views 낙관론	0646
rubbishy [rʌ́biʃ]	쓰레기의 명 **rubbish**	0647
rusty [rʌ́sti]	녹 쓴 명 **rust** **rusty** sword 녹 쓴 칼	0648
salty [sɔ́ːlti]	소금기 있는, 맛이 짠, 비속한 명 **salt** **salty** humor 저질 유머	0649
saucy [sɔ́ːsi]	건방진, 뻔뻔스런 **Don't be saucy!** 건방진 소리 말라	0650
shabby [ʃǽbi]	남루한, 초라한 **shabby** behavior 수치스런 행동	0651

		0652
slippery [slípəri]	미끄러운, 뻔뻔스러운 a **slippery** customer 믿을 수 없는 사람	
smoky [smóuki]	연기 가득한 명 smoke a **smoky** sky 흐린 하늘	0653
steady [stédi]	확고한, 견실한 명 stead a **steady** faith 확고한 신념	0654
sticky [stíki]	끈적끈적한 동 stick **sticky** fingers 도벽, 좀도둑질	0655
stormy [stɔ́:mi]	폭풍우의 명 storm **stormy** passions 격정	0656
sultry [sʌ́ltri]	무더운, 음란한 a **sultry** day 후덥지근한 날	0657
thirsty [θə́:rsti]	목마른, 갈망하는 명 thirst a **thirsty** soul 술을 좋아하는 사람, 술꾼	0658
tidy [táidi]	단정한, 말쑥한 I feel **tidy** today. 오늘 기분이 괜찮다	0659
weary [wíəri]	지친, 싫증난 **weary** out 지쳐버리게 하다	0660
worthy [wə́:ði]	가치 있는, 훌륭한 명 worth **worthy** to be considered 고려할 가치가 있는	0661

기타 형용사 NO. 662~772

0662
acute [əkjúːt]
결렬한, 심한, 예리한 [명] acuity
acute pain 심한 통증

0663
adjacent [ədʒéisənt]
이웃의, 인접한 [명] adjacency
adjacent houses 서로 이웃한 집들

0664
afloat [əflóut]
떠서, 해상에서 [동] float
be afloat in the river 강에 떠 있다

0665
alert [ələ́ːt]
방심하지 않는, 기민한
on the alert 빈틈없이 경계하고

0666
alive [əláiv]
살아 있는, 생생하여
alive and kicking 원기 왕성하여
Look alive! 정신차려!, 꾸물거리지 마라

0667
anonymous [ənɑ́(ɔ́)niməs]
익명의, 작가 불명의
an anonymous donation 익명의 기부

0668
antique [æntíːk]
고미술의, 골동의 [명] antiquity
an antique shop 골동품상

0669
aware [əwέə]
알아차리고, 깨닫고 [명] awareness
be aware of …을 알고 있다

0670
bald [bɔːld]
(머리 등이) 벗어진, 대머리의
get bald 머리가 벗겨지다

blank
[blæŋk]

0671
공백의, 빈, 공허한
look blank 멍하니(우두커니) 있다
a blank of sheet of paper 백지 한 장

blind
[blaind]

0672
눈 먼, 안목이 없는, 맹목적인
(부) blindly (명) blindness
Love is blind. 사랑은 맹목적인 것이다

brief
[bri:f]

0673
잠시의, 간결한 (명) brevity (부) briefly
to be brief 간단히 말해서, 요컨대

bright
[brait]

0674
밝은, 선명한, 영리한
(동) brighten (명) brightenss
bright as a button 재기 발랄한

board
[bɔ:d]

0675
폭이 넓은, 널따란
(명) breadth (동) broaden (부) broadly
in board daylight 백주에, 대낮에
in a board sense 넓은 의미에서

broken
[bróukn]

0676
부서진, 깨진, 고장난
broken English 엉터리 영어

candid
[kǽndid]

0677
솔직한, 숨김없는 (명) candor
Give me a candid hearing. 편견없이 들어주게

civil
[sívil]

0678
시민 사회의, 시민의 (명) civility
Be more civil to me. 좀 더 예의바르게 굴어라

clever
[klévər]

0679
영리한, 현명한 (부) cleverly (명) cleverness
a clever advice 현명한 충고

coarse [kɔːs]	조잡한, 결이 거친, 천한 [동] **coarsen**	0680
common [kɑ́(ɔ́)mən]	공통의, 보통의 [명] **commonage** **common interests** 공동의 이익 **common sense** 상식	0681
compact [kəmpǽkt]	조밀한, 빽빽한 **a compact car** 소형 자동차	0682
compound [kəmpáund]	합성의, 혼합의 **a compound noun** 복합 명사	0683
concave [kɑnkéiv]	오목한 [명] **concavity** **a concave lens** 오목렌즈	0684
concise [kənsáis]	간결한, 간명한 [명] **concision** **a concise statement** 간명한 진술	0685
concrete [kɑ́(ɔ́)nkriːt]	구체적인, 현실의 [명] **concretion** **a concrete example** 구체적인 예	0686
coordinate [kouɔ́ːdinit]	동등한, 대등한 [명] **coordination** **a coordinate clause** 등위절	0687
cunning [kʌ́niŋ]	교활한, 교묘한 **a cunning trick** 교활한 술책	0688
dainty [déinti]	서약한, 맛좋은, 까다로운 **dainty hands** 섬섬옥수	0689

damp
[dæmp]
축축한, 습기찬 동 **dampen**
damp behind the ears 풋내기의
0690

decent
[díːsənt]
(기준에) 맞는, 남부럽지 않는
명 **decency** 부 **decently**
a **decent** living 남부럽지 않은 생활
0691

deliberate
[dilíbərit]
신중한, 침착한, 고의의
명 **deliberation** 부 **deliberately**
0692

desolate
[désəlit]
황량한, 쓸쓸한 명 **desolation**
a **desolate** plane 황량한 벌판
0693

destitute
[déstətjùːt]
결핍한, 빈곤한 명 **destitution**
be **destitute** of …이 결여되다
0694

divine
[diváin]
신의, 신성한 명 **divinity**
divine grace 신의 은총
0695

drawn
[drɔːn]
(칼집에서) 빼낸, 비긴
a **drawn** game 비긴 경기
a **drawn** face 찡그린 얼굴
0696

dull
[dʌl]
무딘, 둔한 명 **dullness**
a **dull** knife 무딘 칼
Trade is **dull**. 거래가 한산하다
0697

eager
[íːgər]
열망하는, 간절히 …하고 싶어하는 부 **eagerly**
My son is **eager** to have the plaything.
아이가 그 장난감을 몹시 갖고 싶어한다
0698

0699
easy
[íːzi]
쉬운, 편한 몡 ease 閉 easily
Be easy! 마음의 여유를 가져라
Easy come, ease go.
얻기 쉬운 것은 잃기도 쉽다

0700
empty
[émpti]
빈, 없는, 공허한
an empty house 빈 집

0701
enough
[ináf]
충분한, 하기에 족한
Thank you, that's enough. 그것으로 충분합니다

0702
evil
[íːvl]
나쁜, 불길한
an evil life 부도덕한 생활
an evil reputation 악평

0703
exact
[igzǽkt]
정확한, 엄격한 몡 exaction
the exact time 정확한 시간

0704
exquisite
[ékskwizit]
아주 아름다운, 절묘한, 정교한
a man of exquisite taste 섬세한 취미를 가진 사람

0705
extra
[ékstrə]
여분의, 특별한
an extra train 임시 열차

0706
extraordinary
[ikstrɔ́ːdinèri]
이상한, 비상한
an extraordinary general meeting 임시 총회

0707
extreme
[ikstríːm]
극도의, 과격한, 맨끝의
몡 extremity 閉 extremely
Extremes meet. 양극단은 일치한다

favorite [féivərit]	마음에 드는, 좋아하는 [명] **favor** **my favorite movie** 내가 좋아하는 영화	0708
feeble [fíːbl]	연약한, 허약한 **a feeble mind** 정신박약	0709
fluid [flúːid]	유동성의, 유동적인 [명] **fluidity** **a fluid situation** 유동적인 사태	0710
foreign [fɔ́ː(ɔ́)rin]	외국의, 타지방의 [명] **foreigner** **a foreign language** 외국어	0711
forever [fərévəːr]	영원히, 항상 **forever and ever** 영원히	0712
foul [fául]	더러운, 악취가 나는 [명] **foulness** [부] **foully** **a foul small** 악취	0713
frail [fréil]	무른, 연약한, 허약한 [명] **frailty** **a frail girl** 연약한 소녀	0714
frozen [fróuzn]	극한의, 결빙한 **the frozen zone** 한대	0715
fussy [fʌ́si]	야단법석하는, 귀찮은 [명] **fuss** **a fussy eater** 식성이 까다로운 사람	0716
gentle [dʒéntl]	상냥한, 온화한 [명] **gentleness** [부] **gently** **gentle and simple** 상하 귀천을 불문하고	0717

genuine [dʒénjuin]	진짜의, 진품의 ㈜ **genuinely** a **genuine** writing 진필	0718
grand [grænd]	웅장한, 호화로운 ㈐ **grandeur** **grand** proof 결정적인 증거 have a **grand** rest 충분히 쉬다	0719
grave [gréiv]	중대한, 근엄한 ㈐ **gravity** a matter of **grave** concern 중대한 관심사	0720
humane [hjuːméin]	자비로운, 인정 있는 ㈜ **humanely** **humane** feelings 자비	0721
implicit [implísit]	맹목적인, 무조건적인 **implicit** obedience 맹종	0722
impossible [impá(ɔ́)səbl]	불가능한, 있을 수 없는 next to **impossible** 거의 불가능한	0723
improper [imprá(ɔ́)pər]	부적당한, 부적절한 ㈐ **impropriety** **improper** conduct 버릇없는 행동	0724
impudent [ímpjudənt]	뻔뻔스러운, 염치없는 ㈐ **impudence** an **impudent** beggar 건방진 놈	0725
inadequate [inædikwit]	부적당한, 불충분한 ㈐ **inadequacy** **inadequate** nutrition 불충분한 영향	0726
indirect [indirékt]	똑바르지 않는, 간접적인 ㈐ **indirection** make an **indirect** allusion 넌지시 말하다	0727

		0728
jolly [dʒá(ɔ́)li]	즐거운, 명랑한 What a jolly mess I am in! 큰일 났는데	

		0729
liable [láiəbl]	책임져야 할, 책임 있는 명 liability liable to military service 병역 의무를 지는	

		0730
mellow [mélou]	달콤한, 익은 mellow soil 기름진 땅	

		0731
narrow [nǽrou]	폭이 좁은, 한정된 부 narrowly by a narrow margin 겨우, 아슬아슬하게	

		0732
nuclear [njú:kliər]	핵의, 원자력의 명 nucleus nuclear division 핵분열	

		0733
oblique [əblí:k]	비스듬한, 사각의 명 obliquity oblique section 사절면	

		0734
parallel [pǽrəlel]	평행의, 서로 같은 parallel line 평행선 an parallel occasion 유사한 경우	

		0735
permanent [pə́:mənənt]	영구적인, 영속하는 명 permanence 부 permanently a permanent residence 영주	

		0736
polite [pəláit]	공손한, 예의바른 부 politely a polite man 예의 바른 사람	

		0737
precise [prisáis]	정확한, 정밀한 명 precision 부 precisely the precise meaning 정확한 의미	

0738
predominant
[pridá(ɔ́)minənt]
우세한, 탁월한
동 **predominate** 명 **predominance**
a **predominant** trait 눈에 띄는 특징

0739
prime
[praim]
제1의, 주요한, 전성기 명 **primary**
of **prime** importance 가장 중요한

0740
prompt
[prá(ɔ́)mpt]
즉석의, 즉시불의 명 **promptitude**
a **prompt** decision 즉결, 속결
a **prompt** reply 즉답

0741
quaint
[kwéint]
기이한, 기묘한
a **quaint** person 괴짜

0742
quick
[kwik]
빠른, 신속한 부 **quickly**
Be **quick**! 빨리(해라)
a **quick** train 쾌속 열차

0743
rare
[rɛə]
드문, 진기한 명 **rarity** 부 **rarely**
a **rare** disease 희귀병

0744
raw
[rɔː]
날 것의, 가공하지 않은
raw spirits 물타지 않은 술

0745
ready
[rédi]
준비가 된, 각오가 된
명 **readiness** 부 **readily**
ready to forgive 기꺼이 용서하는

0746
remote
[rimóut]
거리가 먼, 먼 옛날의
the **remote** past 먼 과거

rough 0747
[rʌf]
거칠거칠한, 가공하지 않은, 거친 ㉾ **roughly**
rough stone 원석
rough weather 악천후

shallow 0748
[ʃǽlou]
얕은, 천박한
shallow mind 피상적인 생각

sharp 0749
[ʃɑːp]
날카로운, 가파른 ㉾ **sharpen** ㉾ **sharply**
a **sharp** face 선이 날카로운 얼굴
Sharp is the world. 빨리 빨리 해

sick 0750
[sik]
병의, 메스꺼운, 싫증이 나서
㉾ **sicken** ㉾ **sickly**
car **sick** 차멀미

singular 0751
[síŋgjuləːr]
남다른, 둘도 없는 ㉾ **singularity** ㉾ **single**
a woman of **singular** beauty 보기 드문 미인

spiral 0752
[spáiərəl]
나선형의, 나선의 ㉾ **spire**
a **spiral** pattern 나선형 도안

steep 0753
[stiːp]
가파른, 경사가 급한 ㉾ **steepen**
a **steep** slope 가파른 언덕

stout 0754
[staut]
뚱뚱한, 튼튼한 ㉾ **stouten**
stout resistance 완강한 저항

straight 0755
[streit]
곧은, 수직의, 정돈된 ㉾ **straighten**
a **straight** road 직선도로
straight speech 직언

stubborn [stʌ́bən]	완고한, 고집 센 **stubborn** resistance 완강한 저항	0756
superior [su(sju)píəriər]	뛰어난, 보다 위의, 초월한 몡 **superiority** with a **superior** air 오만하게	0757
supreme [su(sju)príːm]	최고의, 극도의 몡 **supremacy** **supreme** folly 극도의 어리석음	0758
tender [téndər]	부드러운, 섬세한 동 **tenderize** 부 **tenderly** 몡 **tenderness** a **tender** glance 애정어린 눈길	0759
tight [tait]	단단한, 꼭끼는, 빈틈이 없는 동 **tighten** 부 **tightly** a **tight** situation 힘든 상황 It is a **tight** fit. 옷이 꽉 짼다	0760
tough [tʌf]	질긴, 튼튼한, 강인한 **tough** meat 질긴 고기 a **tough** racket 곤란한 일	0761
vagrant [véigrənt]	방랑하는 몡 **vagrancy** **vagrant** beggars 부랑 거지	0762
vague [veig]	막연한, 모호한 부 **vaguely** yield to **vague** terrors 막연한 공포에 사로잡히다	0763

		0764
vast [væ(ɑ:)st]	거대한, 막대한　 부 **vastly** a **vast** scheme 거대한 계획	

		0765
versatile [və́:sətail]	다재다능한, 다방면의 a **versatile** tool 다목적 도구	

		0766
vivid [vívid]	밝은, 발랄한, 생생한　 부 **vividly** a **vivid** picture 생생한 묘사	

		0767
void [vɔid]	무효의, 빈, 헛된 a story **void** of meaning 의미 없는 이야기	

		0768
warm [wɔ:rm]	따뜻한, 열렬한　 명 **warmth** a **warm** climate 온난한 기후 a **warm** supporter 열광적 지지자	

		0769
weak [wi:k]	약한, 허약한 동 **weaken** 부 **weakly** 명 **weakness** have a **weak** constitution 허약 체질이다	

		0770
whole [houl]	전체의, 모든, 완전한　 부 **wholly** the **whole** time 내내, 시종	

		0771
wild [waild]	사나운, 야생의, 황폐한 **wild** beasts 야수 **wild** flowers 야생초, 들꽃	

		0772
wise [waiz]	슬기로운, 현명한　 명 **wisdom** 부 **wisely** Who will be the **wises**? 누가 알랴	

Can do!

수능 영단어

동사 *1191*

유형별 완전분석 3472

Chapter

3

주요 동사

NO. 1~1191

0001

abandon
[əbǽndən]

버리다, 포기하다　몡 **abandonment**
abandon one's plan　계획을 포기하다

0002

abate
[əbéit]

줄이다, 완화시키다　몡 **abatement**
The storm **abated**.　폭풍이 가라앉았다

0003

abbreviate
[əbríːvieit]

단축하다, (낱말을) 줄여 쓰다
몡 **abbreviation**
Are you to **abbreviate** "Avenue" as "Ave"
Avenue는 Ave로 줄여 써 주시오

0004

abhor
[æbhɔ́ər]

증오하다　몡 **abhorrence**　혱 **abhorrent**
I **abhor** snakes.　난 뱀이 질색이다

0005

abide
[əbáid]

준수하다, 머물다
abide by　(법규, 결정 등을) 지키다

0006

abolish
[əbá(ɔ́)liʃ]

철폐하다, 폐지하다　몡 **abolition**
War should be **abolished**.　전쟁은 없어져야 한다

0007

abound
[əbáund]

…이 많다, 풍부하다　혱 **abundant**
abound in products　생산물이 많다

0008

absorb
[æbsɔ́ːb]

흡수하다　몡 **absorption**　혱 **absorptive**
The task **absorbed** all my time.
그 일 때문에 시간을 모두 빼앗겼다

264

abstain [æbstéin]	삼가다, 절제하다 **abstain from food** 단식을 하다	0009
abstract [æbstrǽkt]	발췌하다, 추상하다 [명] **abstraction** [형] **abstractive** **abstract art** 추상미술	0010
abuse [əbjúːs]	남용하다, 학대하다 [명] **abusage** [형] **abusive** **personal abuse** 인신 공격 **abuse oneself** 자위(수음)하다	0011
accelerate [æksélərèit]	가속화하다, 속력을 빠르게 하다 [명] **acceleration**, **accelerator:** 가속기	0012
accent [ǽksent]	강조하다, 액센트를 두다 **an accented syllable** 액센트가 있는 음절	0013
accept [æksépt]	받아들이다, 수락하다 [명] **acceptance** **accept battle** 싸움에 응하다 **accept a person's hand in marriage** …의 청혼을 받아들이다	0014
acclaim [əkléim]	찬양하다, 갈채하다 [명] **acclamation** **The people acclaimed him as king** 민중은 환호 속에서 그를 왕으로 맞이하였다	0015
accompany [əkʌ́mpəni]	동행하다, 동반하다 [명] **accompaniment** **accompany a person to the door** …를 문까지 전송하다	0016

0017

accord
[əkɔ́:d]

일치하다, 화합하다

몡 accordance 혱 accordant
be in accord with …와 조화되어 있다
be of one accord (모두가)일치되어 있다
with one accord 다 함께, 일제히

0018

accumulate
[əkjú:mjulèit]

축적하다, 모으다

몡 accumulation 혱 accumulative
accumulate a fortune 축재하다

0019

accuse
[əkjú:z]

고소하다 몡 accusation

accuse a person of theft
…를 절도죄로 고발하다

0020

accustom
[əkʌ́stəm]

익숙하게 하다, 익히다 혱 accustomed

She did not accustomed herself to her surroundings. 그녀는 환경에 익숙하지 않았다

0021

ache
[eik]

아프다

a headache 두통
a toothache 치통

0022

achieve
[ətʃí:v]

달성하다, 이루다 몡 achievement

achieve success 성공하다

0023

acknowledge
[æknálidʒ]

인정하다, 감사하다

몡 acknowledgment
acknowledge the truth of it
자기의 잘못을 시인하다

acquaint [əkwéint] — 0024
알게 하다, 알리다
몡 **acquaintance** 혱 **acquainted**
acquaint him with our plan
그에게 우리들의 계획을 충분히 이해시키다

acquire [əkwáiə] — 0025
얻다, 취득하다
몡 **acquisition** 혱 **acquired**
acquire a foreign language 외국어를 습득하다

add [æd] — 0026
더하다, 추가하다 몡 **addition** 혱 **additive**
to **add** to this (이에) 더하여, 그 외에 또
add up to 합계가 …이 되다

address [ədrés] — 0027
연설하다, 말을 걸다
address an audience 청중에게 연설하다

adjoin [ədʒɔ́in] — 0028
인접하다
Canada **adjoins** the U.S.
캐나다는 미국과 서로 인접해 있다

adjust [ədʒʌ́st] — 0029
조절하다, 바로잡다 몡 **adjustment**
adjust one's appearance 몸차림을 바로 하다

adjourn [ədʒə́ːrn] — 0030
휴회하다, 연기하다
adjourn a meeting 회의를 연기하다

administer [ædmínistər] — 0031
통치하다, 관리하다
몡 **administration** 혱 **administrative**
administer a rebuke 꾸짖다

		0032
admire [ædmáiə]	감탄하다, 탄복하다　명 **admiration** I admire his imprudence. (반어적) 나는 그의 뻔뻔스러움에 감탄 안할 수 없다	

		0033
admit [ædmít]	승인하다, 허락하다 명 **admittance, admission** This, I admit, is true. 이것이 사실임을 인정한다	

		0034
adopt [ədá(ɔ́)pt]	채택하다, 양자로 삼다 명 **adoption** 형 **adoptive** adopt a method 한 방법을 채택하다	

		0035
adore [ədɔ́ər]	숭배하다, 동경하다　명 **adoration** I adore baseball. 나는 야구를 좋아한다	

		0036
adorn [ədɔ́:rn]	장식하다, 꾸미다　명 **adornment** adorn with jewels 보석으로 치장하다	

		0037
advance [ædvǽ(á:)ns]	전진하다, 승진하다 명 **advancement** 형 **advanced** in advance 앞에 on the advance 값이 오르고 있는	

		0038
advertise [ædvərtàiz]	광고하다, 선전하다　명 **advertisement** He advertises so much. 그는 자기 선전을 몹시 한다	

		0039
advise [ædváiz]	충고하다　명 **advice** 형 **advisory** Advise with your pillow. 밤새 잘 생각해 보게.	

advocate [ǽdvəkit]	옹호하다, 지지하다 [명] advocacy **advocate peace** 평화를 주장하다	0040
affect [əfékt]	영향을 미치다, 작용하다 [명] affection [형] affective **be affected by heat.** 더위를 먹다	0041
affirm [əfə́ːrm]	확언하다, 단언하다 [명] affirmation [형] affirmative **affirm one's loyalty** 충성을 맹세하다	0042
afflict [əflíkt]	괴롭히다 [명] affliction **be afflicted with debts** 빚에 시달리다	0043
afford [əfɔ́ːrd]	…할 능력이 있다, 할 여유가 있다 **I can't afford buy a new car.** 새 차를 살 여유가 없다	0044
agree [əgríː]	동의하다, 승낙하다 [명] agreement **agree like cats and dogs** 사이가 매우 나쁘다 **I couldn't agree more.** 대찬성이요	0045
aid [eid]	원조하다, 돕다 **by aid of** …의 도움으로 **What's this in aid of?** 이유가 무엇인가?	0046
aim [eim]	겨누다, 겨냥하다 **the aim and end** 궁극의 목적 **without aim** 목적 없이, 막연히	0047

		0048
alarm [əláːm]	놀라게 하다 **alarm** clock 자명종 a fire **alarm** 화재 경보	

		0049
allege [əlédʒ]	단언하다, 강력히 주장하다 몡 **allegation** **allege** a fact 사실을 주장하다	

		0050
allot [əlá(ɔ́)t]	할당하다, 분배하다 몡 **allotment** **allot** shares to persons 주식을 사람들에게 배당하다	

		0051
allow [əláu]	허락하다, 허가하다 몡 **allowance** **allow** for …을 고려하다 **allow** me to (do) (실례지만) …하겠습니다	

		0052
allude [əlúːd]	암시하다, 언급하다 몡 **allusion** 혱 **allusive** **allude** to one's poverty 자기의 가난함을 넌지시 말하다	

		0053
allure [əlúər]	유혹하다 몡 **allurement** **allure** a person to buy it …를 꾀어서 그것을 사도록 하다	

		0054
alter [ɔ́ːltər]	변경하다, 바꾸다 몡 **alteration** 혱 **alterative** **alter** for the better 개선하다, 좋아지다	

		0055
alternate [ɔ́ːltənit(ɔːltə́ːnit)]	교대하다, 교체하다 몡 **alternation** 혱 **alternative** **alternate** A and B A와 B를 교대하다	

270

amend [əménd] 0056
수정하다, 고치다
몡 **amendment** 혱 **amendatory**

amount [əmáunt] 0057
…의 액수에 달하다
amount to much 훌륭하게 되다
amount to very little 거의 무가치하다

analyze [ǽnəlaiz] 0058
분석하다, 해석하다 몡 **analysis** 혱 **analytic**
analyze out (분석해서) …을 추출하다

annihilate [ənáiəleit] 0059
전멸시키다, 근절시키다 몡 **annihilation**
annihilate a law 법률을 폐지하다

announce [ənáuns] 0060
발표하다, 알리다
몡 **announcement, announcer:**
아나운서, 고지자
She has announced her marriage to her friends. 그녀는 친구들에게 결혼한다고 알렸다

annoy [ənói] 0061
괴롭히다, 성가시게 하다 몡 **annoyance**
feel much **annoyed** 대단히 불쾌하게 느끼다

anticipate [æntísipeit] 0062
예상하다, 기대하다
몡 **anticipation** 혱 **anticipatory**
anticipate the worst 최악의 경우를 각오하다
I **anticipated** as much. 그렇게 될 줄 알았다

apologize [əpá(ɔ́)lədʒaiz] 0063
사과하다 몡 **apology**
If I have offended you, I apologize.
기분을 상하게 해드렸다면 사과드립니다.

		0064
appeal [əpíːl]	호소하다, 간청하다 **make an appeal to** …에 호소하다 **the final appeal** 최후의 수단	

		0065
appear [əpíər]	나타나다, 출현하다 똉 **appearance** 혱 **apparent** **appear before the judge** 재판을 받다	

		0066
appease [əpíːz]	달래주다, 진정시키다 **The sight appeased his anger.** 그 광경을 보고 그는 화가 가라앉았다	

		0067
applaud [əplɔ́ːd]	박수갈채를 보내다, 성원하다 똉 **applause** 혱 **applausive** **applaud to the echo** 극구 칭찬하다	

		0068
apply [əplái]	지원하다, 사용하다, 적용하다 똉 **application, applicant** **This is not apply to beginners.** 이것은 초보자에게는 적당치 않다	

		0069
apprehend [æprihénd]	이해하다, 체포하다 똉 **apprehension** 혱 **apprehensive** **The thief was apprehended.** 도둑은 체포되었다	

		0070
approach [əpróutʃ]	…에 다가가다, 가까이 가다 **easy of approach** 가까이 하기 쉬운	

272

appropriate
[əpróuprièit]

충당하다, 전유하다

명 appropriation 형 appropriative
appropriate public money for one's own use 공금을 횡령하다

0072

approve
[əprúːv]

승인하다, 인정하다 명 approval
I approve your plan. 당신의 계획에 찬성한다

0073

approximate
[əpá(ɔ́)ksəmèit]

어림잡다, 접근하다

명 approximation 부 approximately
His account approximated to the truth.
그의 이야기는 진실에 가까웠다

0074

argue
[áːgjuː]

논쟁하다, 논하다 명 argument
argue it out 끝까지(철저히) 논하다
argue on …에 언급하다

0075

arise
[əráiz]

발생하다, 일어나다 arose - arisen
A serious problem has arisen.
심각한 문제가 발생했다

0076

arouse
[əráuz]

깨우다

arouse a person from sleep …를 잠에서 깨우다

0077

arrange
[əréindʒ]

정돈하다, 배열하다 명 arrangement
arrange flowers 꽃꽂이하다
as arranged previously 예정대로

0078

array
[əréi]

정렬시키다, 배열하다 명 arrayal
in fine array 곱게 단장하고
in proud array 당당히

		0079
arrest [ərést]	체포하다 〔형〕 **arrestive** **make an arrest** 체포하다 **You're under arrest.** 너를 체포한다	

		0080
arrive [əráiv]	도착하다 〔명〕 **arrival** **arrive from a trip** 여행에서 돌아오다	

		0081
ascend [əsénd]	상승하다, 오르다 〔명〕 **ascent** 〔형〕 **ascendant** **The path ascends here.** 길은 여기서 오르막이다	

		0082
ascribe [əskráib]	탓(덕)으로 돌리다 〔명〕 **ascription** **ascribe one's failure to bad luck** 실패를 불운의 탓으로 돌리다	

		0083
aspire [əspáiər]	열망하다 〔명〕 **aspiration** **aspire to literary success** 문학적이 성공을 열망하다	

		0084
assail [əséil]	맹렬히 공격하다, 습격하다 〔명〕 **assault** 〔형〕 **assailant** **He assailed me with questions.** 그는 질문을 퍼부어 나를 몰아세웠다	

		0085
assault [əsɔ́:lt]	급습하다 **assault jacket** 방탄복	

		0086
assemble [əsémbl]	모이다, 조립하다 〔명〕 **assembly, assemblage** **assemble parts into a machine** 부품을 조립하여 기계로 만들다	

		0087

assent
[əsént]

동의하다, 찬성하다
명 assentation 형 assentient
by common assent 만장일치로
Royal assent 비준, 재가

		0088

assert
[əsə́:rt]

주장하다, 단언하다
명 assertion 형 assertive
He asserts his innocence.
그는 자기의 결백을 강력히 주장했다

		0089

assess
[əsés]

평가하다, 부과하다 명 assessment
assess a tax on a person
…에게 세금을 부과하다

		0090

assign
[əsáin]

할당하다, 지정하다 명 assignment
assign a limit to something
어떤 것에 한계를 정하다

		0091

assist
[əsíst]

돕다, 거들다 명 assistance, assistant: 조수
assist a person materially 물질적으로 원조하다

		0092

associate
[əsóuʃièit]

연상하다, 결합시키다 명 association
be associated with …와 관련되다, …이 연상되다

		0093

assume
[əsú:(sjú:)m]

가정하다, 떠맡다
명 assumption 형 assumptive
Let's assume what he says to be true.
그가 말하는 것을 사실이라고 생각하자

		0094

assure
[əʃúər]

보증하다, 보장하다 명 assurance
I can assure you. 틀림없이, 정말입니다

0095

astonish
[əstá(ɔ́)niʃ]

놀라게 하다　명 **astonishment**
The news **astonished** her.
그 소식은 그녀를 깜짝 놀라게 했다

0096

attach
[ətǽtʃ]

첨부하다, 붙이다　명 **attachment**
attach a label to a parcel
소포에 꼬리표를 붙이다

0097

attack
[ətǽk]

공격하다, 착수하다
be **attacked** by …의 공격을 받다, …에 걸리다

0098

attain
[ətéin]

달성하다　명 **attainment**
attain to perfection 완벽의 경지에 이르다

0099

attempt
[ətémpt]

시도하다, 꾀하다
make an **attempt** 시도하다

0100

attend
[əténd]

들어가다, 출석하다
명 **attendant, attention** 형 **attendant**
attend one's health 건강에 주의하다

0101

attract
[ətrǽkt]

끌어들이다, 유인하다
명 **attraction** 형 **attractive**
be **attracted** by …에 관심을 가지다

0102

attribute
[ətríbjuːt]

탓(덕)으로 돌리다
명 **attribution** 형 **attributive**
He **attributed** his success to good luck.
그는 자기의 행운 덕분이라고 했다

276

avail [əvéil] — 0103
유용하게 하다, 이용하다 ⑧ available
avail of …을 이용하다
be of avail 도움이 되다

avenge [əvéndʒ] — 0104
복수하다
I will be avenged on you sooner or later.
조만간 네게 복수를 하겠다

avoid [əvɔ́id] — 0105
피하다, 회피하다 ⑨ avoidance
I could not avoid saying so.
그렇게 말하지 않을 수 없었다

await [əwéit] — 0106
기다리다, 대기하다 awoke - awoken
Death awaits us all.
죽음이 우리 모두를 기다리고 있다

awake [əwéik] — 0107
잠을 깨우다, 지각시키다
awake and asleep 자나깨나
keep awake 자기 않고 있다

awaken [əwéikn] — 0108
잠 깨우다
be awakened from sleep 잠에서 깨다

award [əwɔ́ːrd] — 0109
수여하다, 주다
award a person a prize …에게 상을 주다

awe [ɔː] — 0110
경외하게 하다
with awe 두려운 마음으로

bake [beik] — 0111
굽다 ⑨ bakery
bake bread in an oven 오븐에 빵을 굽다

0112
ballot [bǽlət]
투표하다
take a **ballot** 투표하다

0113
ban [bæn]
금하다
ban a person from driving a car
…에게 운전을 금지하다

0114
banish [bǽniʃ]
추방하다 몡 **banishment**
banish a person from the country
…를 국외로 추방하다

0115
bark [bɑːrk]
짖어대다, 껍질을 벗기다
bark the moon 쓸데없이 떠들어대다

0116
bathe [beið]
목욕하다 몡 **bath**
be **bathed** in tear 눈물에 젖다

0117
beam [biːm]
빛을 발하다 혱 **beamish, beamy**
He **beamed** with joy. 그는 희색이 만연했다

0118
bear [bɛər]
낳다, 견디다, 지탱하다 **bore - born**
bear a hand 거들다
bear and forbear 꾹 참다
bear in mind 명심하다

0119
beat [biːt]
치다, 두드리다
Can you beat it? 그런 말을 들어 본 적이 있어?

0120
beg [beg]
간청하다, 구걸하다
I **beg** your pardon. 용서해 주세요

0121
behave
[bihéiv]
행동하다 [명] behavior
He behaved himself like a gentleman.
그는 신사답게 처신했다

0122
behold
[bihóuld]
지켜보다, 보다
Lo and behold! 보라, 저런, 이건 어찌된 영문인가!

0123
believe
[bilí:v]
믿다, 신뢰하다 [명] belief
believe it or not 믿거나 말거나
I believe not. 그렇지 않다고 생각한다.
I believe so. 그렇다고 생각한다.

0124
belong
[bilɔ́:(ɔ́)ŋ]
속해 있다, 소속하다
We all belong. 우리는 모두 마음이 맞는다

0125
bend
[bend]
구부리다
bend an ear 귀를 기울여 듣다
Get a bend on you! 정신 차려라

0126
bequeath
[bikwí:ð]
물려주다
One age bequeaths its civilization to the next. 한 시대는 다음 시대에 그 문명을 전한다

0127
bereave
[birí:v]
사별하다, 앗아가다
be bereaved of a son 자식을 잃다

0128
beset
[bisét]
둘러싸다, 장식하다
be beset by enemies 적에게 포위 당하다

0129
bestow
[bistóu]
부여하다, 주다
bestow a gift on a person …에게 선물을 주다

0130
bet
[bet]
내기를 걸다
You bet? 틀림없단 말이냐
on bet …에 내기를 걸다

0131
betray
[bitréi]
배반하다, 누설하다 [명] **betrayal**
betray a secret to a person …에게 비밀을 누설하다

0132
beware
[biwέər]
경계하다, 조심하다
Beware what you say. 말조심하시오
Beware of pick pockets! 소매치기 조심

0133
bid
[bid]
명령하다, 말하다 **bade - bidden**
Do as you are bidden. 시키는 대로 해라

0134
blame
[bleim]
나무라다 [형] **blameful**
Blame it! 제기랄, 빌어먹을

0135
bleed
[bli:d]
출혈하다 **bled - bled**
bleed to death 출혈 과다로 죽다

0136
bless
[bles]
축복하다 [명] **bliss**
Bless you! 신의 가호가 있기를
Bless me! 원 저런!

0137
blink
[bliŋk]
깜박이다
blink the fact 사실(현실)을 외면하다

0138
block
[blɑ(ɔ)k]
막다, 방해하다
[명] **blockage, blockade** [형] **blocky**
The street is blocked to traffic.
거리는 통행이 금지되었다

bloom
[blu:m]
0139
꽃이 피다 ㉿ abloom ㉿ bloomy
in full bloom 활짝 피어

blow
[blou]
0140
바람이 불다 blew - blown
blow one's cover 자신의 정체를 드러내다

blush
[blʌʃ]
0141
얼굴을 붉히다 ㉿ blushful
at first blush 일견하여, 언뜻 보기에는

boast
[boust]
0142
자랑하다 ㉿ boastful
make a boast of …을 자랑하다

boil
[bɔil]
0143
끓다, 삶아지다
boil over 끓어 넘치다, 노발대발하다
boil forth 입에 거품을 물고 지껄이다

born
[bɔːn]
0144
낳다, 태어나다
be born 태어나다

borrow
[bá(ɔ́)rou]
0145
빌리다
borrow trouble 쓸데없는 걱정을 하다

bother
[bá(ɔ́)ðə]
0146
귀찮게 하다
Bother you! 귀찮다
Oh, bother it! 아 귀찮다, 지긋지긋하다

bound
[baund]
0147
튀다, 튀어 오르다
bound forward 약진하다
He bounded into fame. 그는 일약 유명해졌다

0148
bow
[bou]
절하다, 허리를 굽히다
bow out of …를 사임(사퇴)하다

0149
breathe
[briːð]
호흡하다 몡 **breath**
as long as one **breathes** 살아 있는 한
breathe new life into …에 생명을 불어넣다

0150
break
[breik]
깨뜨리다, 부수다 **broke - broken**
break down 파괴하다
Give me a **break**! 그만해둬, 그만해

0151
breed
[briːd]
새끼를 낳다, 기르다, 양육하다 **bred - bred**
Dirt **breeds** disease. 불결은 병을 낳는다

0152
bring
[briŋ]
가져오다, 데려오다 **brought - brought**
bring about 야기하다, 초래하다

0153
bribe
[braib]
뇌물을 주다, 매수하다
bribe a person into silence
뇌물로 …의 입을 막다

0154
brood
[bruːd]
곰곰이 생각하다, 알을 품다
sit on **brood** 알을 품다

0155
build
[bild]
짓다, 세우다 **built - built**
The house is **built** of wood. 그 집은 목조이다

0156
burn
[bəːn]
태우다 **burnt - burnt**
burn down 전소하다
burn out 태워버리다

0157	
burst [bəːst]	갑자기 …하다, 파열하다 **burst a blood vessel** 몹시 흥분하다

0158	
bury [béri]	묻다, 매장하다 **buried - buried** be **buried** alive 생매장되다

0159	
calculate [kǽlkjulèit]	계산하다, 추정하다 몡 **calculation** 혱 **calculative** **calculate** the speed of light 빛의 속도를 계산하다

0160	
cancel [kǽnsəl]	취소하다, 중지하다 **cancel** an order for the book 그 책의 주문을 취소하다

0161	
care [kɛə]	걱정하다, 돌보다 take **care** of …을 돌보다 take **care** 조심하다 I couldn't **careless.** 전혀 관심이 없다.

0162	
carry [kǽri]	나르다, 운반하다 **carry** out 수행하다, 실행하다

0163	
carve [kɑːv]	조각하다, 새기다 **carve** a figure out of stone 돌을 조각하여 상을 만들다

0164	
cast [kæ(ɑː)st]	던지다, 배역을 주다 **cast - cast** **cast** a dice 주사위를 던지다 **cast** a glance at …을 흘끗 보다

0165
catch
[kætʃ]

붙들다, 잡다 **caught - caught**
catch a criminal 범인을 잡다
Catch you later. 또 만나세, 안녕

0166
cause
[kɔːz]

유발시키다, …의 원인이 되다 형 **causal**
be **caused** by …에 기인하다

0167
celebrate
[séləbrèit]

기념하다, 축하하다 명 **celebration**
celebrate a person's birthday
생일을 축하하다

0168
certify
[sə́tifai]

보증하다, 증명하다 명 **certification**
certify a check 수표의 지급을 보증하다

0169
challenge
[tʃǽlindʒ]

도전하다
challenge a person to a game
…에게 시합을 걸다

0170
change
[tʃeindʒ]

바꾸다, 변경하다
a **change** of heart 변심
for a **change** 기분전환으로

0171
characterize
[kǽriktəràiz]

특징을 지우다 명 **character**
It must be **characterized** as a success.
그것은 성공으로 간주하지 않으면 안된다

0172
charge
[tʃɑːdʒ]

채우다, 청구하다, 충전하다
No **charge** for admission. 입장무료
take **charge** of …을 담당하다

0173

charm
[tʃɑːm]

매료시키다, 매혹하다

She was charmed with the beautiful scene.

아름다운 광경에 그녀는 넋을 잃었다

0174

chase
[tʃeis]

뒤쫓다, 추구하다

Go chase yourself. 가라, 떠나라

give chase to …을 추적하다

0175

chat
[tʃæt]

잡담하다 [형] chatty

We were chatting about the accident.

우리는 그 사고에 관해서 잡담하고 있었다

0176

cheat
[tʃiːt]

속이다

cheat in an examination

시험에서 부정행위를 하다

0177

check
[tʃek]

점검하다, 저지하다

check out (호텔 등에서) 셈을 치르고 나오다

0178

cheer
[tʃiər]

환호하다, 격려하다 [형] cheerful, cheery

Be of good cheer! 기운을 내라

cheer up 격려하다

0179

cherish
[tʃériʃ]

소중히 하다, (소망, 신앙 등을) 품다

cherish the religion in the heart

그 종교를 마음속 깊이 신봉하다

0180

chew
[tʃuː]

씹다

chew and spit 어중이떠중이

	0181
choke [tʃouk]	질식시키다, 숨이 막히다 **choke over one's food** 음식을 먹다 목이 메다

	0182
choose [tʃuːz]	고르다, 선택하다 **chose - chosen** **cannot choose but** …하지 않을 수 없다

	0183
chop [tʃɑ(ɔ)p]	자르다, 쪼개다 **chop up** 잘게 썰다

	0184
circulate [sə́ːkjulèit]	순환하다 명 circle, circulation 형 circular **The rumor is circulating every day.** 그 소문이 날로 퍼지고 있다

	0185
cite [sait]	인용하다 명 citation 형 citable **cite a passage** 한 문장을 인용하다

	0186
claim [kleim]	주장하다, 요구하다 **claim damages** 손해배상을 요구하다

	0187
clap [klæp]	박수를 치다 **clap one's hand** 박수를 치다

	0188
clash [klæʃ]	충돌하다, 땡땡 소리나다 **Their interests clash.** 그들의 이해는 상충한다

	0189
classify [klǽsəfai]	분류하다 명 classification **classify books by subjects** 책을 항목별로 분류하다

cleanse | 0190
[klenz]
청결히 하다　(형) **clean**
cleanse the soul from sin　마음의 죄를 씻다

climb | 0191
[klaim]
오르다, 등반하다
Prices **climbed** sharply.　물가가 현저히 올랐다

cling | 0192
[kliŋ]
달라붙다, 고수하다
clung - clung　(형) **clingy**
cling together　물건이 서로 들러붙다

close | 0193
[klous]
닫다, 통행(입장)을 정지하다　(명) **closure**
close the eyes　눈을 감다
close the books　결산하다

clothe | 0194
[klouð]
옷을 입히다, 싸다
(명) **clothes**, **clothing**
be warmly **clothed**　따뜻한 옷차림을 하고 있다

coil | 0195
[kɔil]
뚤뚤 감다
this moral **coil**　속세의 번뇌

coincide | 0196
[kouinsáid]
동시에 일어나다, 일치하다
(명) **coincidence**　(형) **coincident**
Our birthdays **coincide**.
우리의 생일은 같은 날이다

collect | 0197
[kəlékt]
수집하다, 모으다
(명) **collection**　(형) **collective**
collect oneself　마음을 가다듬다, 정신을 차리다

collide [kəláid]	0198 충돌하다 [명] collision **The motorcars are collided.** 두 대의 자동차가 충동했다
combat [ká(ɔ́)mbæt]	0199 싸우다, 투쟁하다 [명] combatant [형] combative **combat with a person for a thing** 어떤 일 때문에 …와 싸우다
combine [kəmbáin]	0200 결합시키다, 합병하다 [명] combination **be combine in** 화합하다
comfort [kʌ́mfət]	0201 위안하다, 위로하다 [형] comfortable **take comfort in** …을 낙으로 삼다
command [kəmǽ(á:)nd]	0202 명령하다, 지휘하다 [명] commandment **Your to command.** 여불비례(餘不備禮)
commence [kəméns]	0203 시작하다, 개시하다 **commence the study of English** 영어 공부를 시작하다
commend [kəménd]	0204 권하다, 칭찬하다 [명] commendation **Commend me to** …에게 안부 전해주시오
comment [ká(ɔ́:)ment]	0205 논평하다 **No comment.** 할 말이 없다

commit
[kəmit]

0206

저지르다, 위탁하다

뎽 commission, commitment
Commit no nuisance. 소변금지
commit suicide 자살하다

---

communicate
[kəmjú:nikèit]

0207

전달하다, 의사를 소통하다

뎽 communication
They communicate with each other
by mail. 그들은 서로 편지로 연락하고 있다

---

compare
[kəmpέər]

0208

비교하다, 비유하다

뎽 comparison
톟 comparable, comparative
compared with …와 비교해서
not to compared with …와 비교가 되지 않은

---

compel
[kəmpél]

0209

강요하다 뎽 compulsion

be compelled to do 할 수없이 …하다

---

compensate
[ká(ɔ́)mpensèit]

0210

보상하다, 보충하다 뎽 compensation

compensate a person for loss
…에게 손실을 배상하다

---

compete
[kəmpí:t]

0211

경쟁하다, 겨루다

뎽 competition 톟 competitive
No painting can compete with this one.
이것에 필적할 만한 그림은 없다

---

complain
[kəmplén]

0212

불평하다, 한탄하다 뎽 complaint

complain about high price 물가고를 한탄하다

0213
complete
[kəmplíːt]
완성하다, 끝마치다
몡 completion 혱 completive
to **complete** my misery 설상가상으로

0214
complicate
[ká(ɔ́)mplikèit]
복잡하게 하다
몡 complication, complicacy
complicate matters 사태를 복잡하게 만들다

0215
comply
[kəmplái]
따르다, 응하다
몡 compliance 혱 compliant
comply with the rules 규칙에 따르다

0216
compose
[kəmpóuz]
작문하다, 조립하다
몡 composition, composure
혱 composite
compose a poem 시를 짓다

0217
comprehend
[kà(ɔ)mprihénd]
이해하다, 내포하다
몡 comprehension 혱 comprehensive
do not **comprehend** the significance
of his remark
그의 말의 중요성을 이해하지 못하다

0218
compress
[kəmprés]
압축하다
몡 compression 혱 compressive
compress one's lips 입을 꼭 다물다

0219
comprise
[kəmpráiz]
포함하다, 의미하다
be **comprised** in …에 포함되다

compromise
[kɑ́(ɔ́)mprəmàiz]

0220

타협하다

make a compromise …와 타협하다

compute
[kəmpjúːt]

0221

계산하다, 산정하다

compute the distance at 10 miles

거리를 10마일로 추정하다

conceal
[kənsíːl]

0222

숨기다, 감추다 몡 **concealment**

Do not conceal your intentions from me.

너의 의도를 내게 숨기지 마라

concede
[kənsíːd]

0223

인정하다, 시인하다

몡 **concession** 혱 **concessive**

concede an election defeat 선거의 패배를 인정하다

conceive
[kənsíːv]

0224

상상하다, 생각하다

몡 **conceit, conception**

conceive a dislike 혐오감을 품다

concentrate
[kɑ́(ɔ́)nsentrèit]

0225

집중하다 몡 **concentration**

concentrate one's effort on

…에 모든 노력을 집중하다

concern
[kənsə́ːn]

0226

관련하다, 관계하다 몡 **concernment**

as concerns him 그에 대해서는
To whom it may concern.

관계 당사자 앞, 관계 제위

conclude
[kənklúːd]

0227

결론짓다, 끝내다

몡 **conclusion** 혱 **conclusive**
To be concluded. 다음 회(호)에 완결

291

concur [kənkə́:r]
0228
일치하다 몡 concurrent 휑 concurrence
Our opinions concurred on that point.
그 점에서는 우리 의견은 일치했다

condemn [kəndém]
0229
비난하다, 형을 선고하다
몡 condemnation 휑 condemnatory
be condemned to death 사형선고를 받다

condense [kəndéns]
0230
농축시키다, 응축하다 몡 condensation
condense a paragraph into a single sentence 하나의 단락을 한 문장으로 요약하다

conduct [ká(ɔ́)ndəkt]
0231
지휘하다, 행동하다
몡 conduction 휑 conductive
conduct oneself well 훌륭히 처신하다

confer [kənfə́:r]
0232
수여하다, 협의하다 몡 conference
confer a title upon a person
…에게 칭호를 주다

confess [kənfés]
0233
고백하다, 자인하다 몡 confession
to confess truth 사실을 말하면

confide [kənfáid]
0234
신임하다, 털어놓다
몡 confidence 휑 confident
confide a secret to a person
…에게 비밀을 털어놓다

confine [kənfáin]
0235
한정하다, 제한하다 몡 confinement
on the confines of …의 경계에

292

confirm
[kənfə́:rm]

확인하다, 굳게 하다　몡 **confirmation**
I **confirmed** our reservations at the hotel.
호텔 예약을 확인했다

0236

conflict
[ká(ɔ́)nflikt]

대립하다, 충돌하다　몡 **confliction**
Our interests **conflict** with theirs.
우리의 이해는 그들의 이해와 상충된다

0237

conform
[kənfɔ́:rm]

순응하다, 일치하다　몡 **conformity**
conform to the laws　법률에 따르다

0238

confront
[kənfrʌ́nt]

직면하다, 맞서다　몡 **confrontation**
be **confronted** with　(어려움 등에) 직면하다

0239

confuse
[kənfjú:z]

혼란시키다, 혼동하다　몡 **confusion**
confuse liberty with license
자유를 방종과 혼동하다

0240

congest
[kəndʒést]

혼잡하게 하다
몡 **congestion**　혱 **congestive**

0241

congratulate
[kəngrǽtʃulèit]

축하하다, 경축하다　몡 **congratulation**
I **congratulate** you.　축하합니다

0242

connect
[kənékt]

연결시키다, 잇다
몡 **connection**　혱 **connective**
You are **connected**.　전화가 연결되었습니다

0243

conquer
[ká(ɔ́)ŋkər]

정복하다　몡 **conquest**
stoop to **conquer**　굴복을 참고 목적을 달성하다

0244

0245
consent [kənsént]
동의하다, 승낙하다
Silence gives consent. 침묵은 승낙의 표시
without consent 승낙 없이

0246
conserve [kənsə́:rv]
보존하다, 보호하다
[명] **conversation** [형] **conversative**

0247
consider [kənsídər]
숙고하다, 간주하다
[명] **consideration** [형] **considerate**
all things considered
만사를 고려하여, 아무리 생각해도

0248
consist [kənsíst]
구성되다, 양립(일치)하다
[명] **consistency, consistence**
[형] **consistent**
Happiness consists in contentment.
행복은 만족에 있다

0249
console [kənsóul]
위로하다 [명] **consolation**
console one's grief 슬픔을 달래다

0250
conspire [kənspáiər]
공모하다, 음모를 꾸미다 [명] **conspiracy**
conspire with …와 공모하다

0251
constitute [ká(ɔ́)nstətjù:t]
제정하다, 구성하다 [명] **constitution**
the constituted authorities 관계 당국, 현직원

0252
constrain [kənstréin]
억지로 …시키다, 강요하다
[명] **constraint**
be constrained to do 부득이 …하다
constrain oneself 억제하다, 자제하다

0253
construct
[kənstrʌ́kt]
건설하다, 짜맞추다
몡 construction 혱 constructive

0254
consult
[kənsʌ́lt]
상담하다, (전문가에게)의견을 묻다
몡 consultation
consult a mirror (안색을 보려고)거울을 보다

0255
consume
[kəmsjúːm]
소비하다
몡 consumption 혱 consumptive
consume away 낭비하다

0256
contact
[kɑ́(ɔ́)ntækt]
접촉하다, 교신하다
be in contact with …와 접촉하고 있다
point of contact 접점(수학)

0257
contain
[kəntéin]
포함하다 몡 content, containment
Each pack contain twenty cigarettes.
각 갑에는 20개의 담배가 들어 있다.

0258
contemplate
[kɑ́(ɔ́)ntemplèit]
심사숙고하다, 잘 생각하다
몡 contemplation
contemplate resigning at once
즉시 사임하려고 생각한다

0259
contend
[kənténd]
다투다, 싸우다
몡 contention 혱 contentious
have much contend with
많은 곤란(문제)이 있다

0260
content
[kəntént]
만족시키다 몡 contentment
cry content with …에 만족하다

0261

contest
[kəntést]

겨루다, 논쟁하다　명 contestation
contest a victory with a person
…을 상대로 승리를 거두다

0262

continue
[kəntínjuː]

계속하다, 지속하다
명 continuation, continuity
형 continual, continuous
To be continue 이하, 다음 호에 계속
If you continue obstinate
네가 계속 고집을 부린다면

0263

contract
[ká(ɔ́)ntrækt]

계약하다　명 contraction
make a contract with …와 계약을 맺다
put out to contract 살인 청부를 의뢰하다
written contract 서면 계약

0264

contradict
[kà(ɔ)ntrədíkt]

부인하다, 반박하다
명 contradiction
contradict oneself 자가 당착하다

0265

contrast
[ká(ɔ́)ntræst]

대조를 이루다　형 contrasty
contrast A with B A와 B를 대조시키다
by contrast with …와 대조하여

0266

contribute
[kəntríbjuːt]

공헌하다, 바치다　명 contribution
make a contribute to …에 기부(공헌)하다

0267

contrive
[kəntráiv]

고안하다, 연구하다　명 contrivance
cut and contrive (살림 등을)용케 꾸려나가다

296

		0268
control [kəntróul]	지배하다, 조절하다 명 **controlment** **get out of** control 제어할 수 없게 되다 **without** control 제멋대로	

		0269
converse [kənvə́:s]	담화를 나누다, 함께 이야기하다 명 **conversation** converse 재소 **a person about a subject** …와 어떤 문제에 대하여 이야기하다	

		0270
convert [kənvə́:t]	전환하다 명 **conversion** **be** converted 회개하다	

		0271
convey [kənvéi]	운반하다, 전달하다 명 **conveyance** convey **the meaning exactly** 정확하게 뜻을 전달하다	

		0272
convict [kənvíkt]	유죄를 입증(선고)하다 명 **conviction** **a** convicted **prisoner** 기결수	

		0273
convince [kənvíns]	납득시키다, 확신시키다 명 **conviction** convince **oneself of** …을 확신하다	

		0274
cooperate [kouá(ɔ́)pərèit]	협력하다, 협동하다 명 **cooperation** 형 **cooperative** cooperate **with a person for** ～을 위해 …와 협력하다	

		0275
cope [koup]	대처하다, 대항하다 cope **with a task** 일을 처리하다	

		0276
copy [ká(ɔ́)pi]	베끼다, 복사하다 make a copy 복사하다 copy out 전부 베끼다	

		0277
correct [kərékt]	바로잡다, 정정하다 몡 correction 뷔 correctly stand corrected 잘못을 인정하다	

		0278
correspond [kɔ̀ː(ɔ)rəspá(ɔ́)nd]	일치하다, 서신 왕래하다 몡 correspondence 혱 correspondent His words and actions do not correspond. 그의 말과 행동은 일치하지 않는다	

		0279
corrupt [kərʌ́pt]	부패하다, 타락시키다 몡 corruption 혱 corruptive corrupt flesh 부패된 고기	

		0280
counsel [káunsəl]	조언하다, 상담하다 He counseled me to quit smoking. 그는 나에게 담배를 끊으라고 충고했다	

		0281
count [kaunt]	세다, 계산하다 count down 초읽기하다	

		0282
cover [kʌ́vər]	덮다, 씌우다 혱 covert cover a mistake 과오를 숨기다	

		0283
cram [kræm]	밀어 넣다, 채워 넣다 혱 cramful cram oneself with food 포식하다	

crash 0284
[kræʃ]
부수다, 무너지다
crash over 와르르 전복하다

crawl 0285
[krɔ:l]
기어가다 ㈼ **crawly**
crawl about on all fours 네발로 기어다니다

create 0286
[kriéit]
창조하다, 창작하다
㈎ **creation, creature** ㈛ **creative**

credit 0287
[krédit]
신뢰하다, 외상을 주다
No credit. 외상 사절
on credit 외상으로, 신용 대부로

creep 0288
[kri:p]
기어가다 ㈛ **creepy**
creep in 슬며시 기어들다

criticize 0289
[krítisàiz]
비평하다, 비난하다
㈎ **critic, criticism** ㈛ **critical**

crouch 0290
[krautʃ]
몸을 쭈그리다, 웅크리다
He crouched **to his master.**
그는 주인에게 굽실거렸다

crowd 0291
[kraud]
군집하다, 붐비다 ㈛ **crowed**
a crowd **of (papers)** 많은 (서류)

crumble 0292
[krʌ́mbl]
구기다, 부스러뜨리다 ㈛ **crumbly**
The temples crumbled **into ruin.**
신전은 무너져서 폐허가 되었다

		0293
crush [kuʌʃ]	박살내다, 뭉개다 **Cotton crushes very easily.** 무명은 잘 구겨진다	

		0294
cry [krai]	외치다, 울다 **cried - cried** **cry down** 헐뜯다 **cry for the moon** 불가능한 것을 바라다 **for crying out loud!** 아 기막혀, 저런, 잘됐구나	

		0295
cultivate [kʌ́ltivèit]	경작하다, 재배하다 명 **cultivation** **cultivate the moral sense** 도의심을 기르다	

		0296
cure [kjuə]	치료하다, 고치다 **cure a patient** 환자를 치료하다	

		0297
curl [kə:rl]	곱슬거리게 하다 형 **curly** **make one's hair curl** …을 소름끼치게 하다	

		0298
curse [kə:rs]	저주하다, 악담하다 형 **coursed** **curse and swear** 악담을 퍼붓다 **Curse it!** 제기랄!	

		0299
curtail [kə:teíl]	짧게 줄이다, 단축하다 명 **curtailment** **curtail a person of his privileges** …의 권리를 박탈하다	

		0300
curve [kə:rv]	구부리다, 곡선을 그리다 **throw a curve** 속이다, 의표를 찌르다	

		0301
damage [dǽmidʒ]	손해를 입히다 **What's the damage?** 비용이 얼마냐?	

damn [dæm]	0302 저주하다, 헐뜯다 **Damn you!** 뒈져라 **Damn it!** 젠장, 제기랄, 아차
dangle [dǽŋgl]	0303 매달리다 **dangle from the ceiling** 천장에 매달려 있다
dare [dɛ̀ər]	0304 감히 … 하다 **Don't you dare!** 당치도 않아! **I dare say** 아마 …일 것이다, 그럴거야
dash [dæʃ]	0305 돌진하다, 내던지다 **at a dash** 단숨에
deal [diːl]	0306 다루다, 거래하다 **hard to deal with** 다루기 힘든 **Good deal!** 좋아 **That's a deal.** 좋아 알았다, 그것으로 결정하자
debate [dibéit]	0307 토론하다, 논쟁하다 **debate on a question** 어떤 문제에 대해 토론하다
debut [deibjúː(buː)]	0308 첫무대에 서다 **make one's debut** 데뷔하다
decay [dikéi]	0309 부패하다, 쇠하다 [명] **decadence** [형] **decadent** **a decayed tooth** 충치

decide 0310
[disáid]
결심(결정)하다 [명] **decision** [형] **decisive**
He has decided to become a doctor.
그는 의사가 되려고 결심했다

deceive 0311
[disíːv]
속이다, 기만하다
[명] **deceit, deception** **deceptive**
be deceived in a person …을 잘못 보고 있다

declare 0312
[diklɛ́ər]
선언하다, 공표하다
[명] **declaration** [형] **declarative**
Well, I declare! 원, 저런, 설마

decline 0313
[dikláin]
기울다, 거절하다
She declined with thanks
그녀는 정중히 거절했다.

decorate 0314
[dekəréit]
장식하다 [명] **decoration** [형] **decorative**
decorate a room with flowers and pictures
방을 꽃과 그림으로 장식하다

decoy 0315
[dikɔ́i]
유인(유혹)하다
decoy rabbits within gunshot
토끼를 사정거리 내로 유인하다

decrease 0316
[dikríːs]
감소하다, 줄다
be on the decrease 점차로 줄다
decrease the volume 작은 소리로 얘기하다

dedicate 0317
[dédikèit]
헌납하다, 바치다 [명] **dedication**
dedicate one's time to business 사업에 전념하다

deduce [didjú:s]	연역하다, 결론을 이끌어내다 [명] **deduction** **deduce a conclusion from premises** 전제에서 결론을 추론하다	0318
deduct [didʌ́kt]	빼다, 공제하다 [명] **deduction** **deduct 5% from a person's salary** 봉급에서 5%를 공제하다	0319
defeat [difí:t]	패배시키다, 쳐부수다 **defeat an enemy** 적을 패배시키다	0320
defend [difénd]	방어하다 [명] **defense** [형] **defensive** **God defend!** (그런 일은)절대로 없다.	0321
defer [difə́:r]	연기하다, 미루다 **defer payment** 지불을 연기하다	0322
define [difáin]	정의하다, 규정짓다 [명] **definition** [형] **definite** **define one's position** 자기의 입장을 밝히다 **Reason defines man.** 이성이 인간의 특징이다.	0323
defy [difái]	도전하다, 무시하다 [명] **defiance** [형] **defiant** **I defy you to do this.** 이것을 네가 할 수 있으면 해봐라.	0324
degrade [digréid]	지위를 낮추다 [명] **degradation** **degrade oneself** 스스로 품위를 떨어뜨리다	0325

delay [diléi] — 0326
지연시키다, 늦추다
admit of no delay 잠깐의 여유도 주지 않다
without delay 지체없이, 곧

deliver [dilívər] — 0327
배달하다, 강의하다
명 **deliverance, delivery**
Deliver us from evil. 우리를 악에서 구하옵소서

delude [dilú:d] — 0328
속이다 명 **delusion** 형 **delusive**
delude oneself 착각하다, 망상하다

demand [dimǽ(á:)nd] — 0329
요구하다, 요청하다
demand and supply 수요와 공급

demonstrate [démənstrèit] — 0330
논증(증명)하다, 시위하다
명 **demonstration**
demonstrate against a racial prejudice
인종차별에 항의해서 데모하다

deny [dinái] — 0331
부인(부정)하다 명 **denial**
deny a rumor 소문을 부인하다

depart [dipá:t] — 0332
출발하다, 떠나다 명 **departure**
depart from life 죽다

depend [dipénd] — 0333
의존하다, 의지하다
명 **dependence** 형 **dependent**
Depend upon it! 틀림없다
That's depends. 그것은 때와 형편에 달려다.

0334
depict
[dipíkt]
묘사하다
명 **depiction** 형 **depictive**

0335
deposit
[dipá(ó)zit]
두다, 맡기다, 예금하다
on **deposit** 은행에 예금해서

0336
depress
[diprés]
낙담시키다, 우울하게 하다 명 **depression**
Business is **depressed**. 경기가 나쁘다

0337
deprive
[dipráiv]
앗아가다, 빼앗다
명 **deprivation**, **deprival**
be **deprived** of …을 빼앗기다

0338
deride
[diráid]
비웃다, 조롱하다 명 **derision**

0339
derive
[diráiv]
이끌어 내다, 유래를 찾다
명 **derivation** 형 **derivative**
The term **derives** Greek.
이 용어는 그리스어에서 유래한다.

0340
descend
[disénd]
하강하다, 내려가다
명 **descent**, **descendant**
Let's **descend** to details. 세부로 옮겨가자.

0341
describe
[diskráib]
묘사하다, 기술하다
명 **description** 형 **descriptive**
Can you **describe** the man to me?
그 남자의 모습을 나에게 말해주겠소?

		0342
desert [dizə́:t]	버리다　명 **desertion** **His self-assurance deserted him.** 그는 자신을 잃었다	

		0343
deserve [dizə́:v]	받을 만하다　명 **desert** **deserve attention**　주목할 만하다	

		0344
design [dizáin]	설계하다, 디자인하다 **by design**　고의로	

		0345
designate [dézignèit]	지명하다, 임명하다　명 **designation** **designate the boundaries of a country** 국경을 명시하다	

		0346
desire [dizáiər]	소망하다, 몹시 바라다 **It is desired that**…　…함이 바람직하다 **by desire**　희망에 의해서	

		0347
despair [dispέər]	절망하다, 단념하다 명 **desperation**　형 **desperate** **in despair**　절망하여, 자포자기하여	

		0348
despise [dispáiz]	멸시하다, 경멸하다 **I despise lunching alone.** 혼자서 점심 먹는 것이 싫다	

		0349
destroy [distrɔ́i]	파괴하다 명 **destruction**　형 **destructive** **destroy oneself**　자멸하다	

306

detect   0350
[ditékt]

발견하다, 간파하다

명 **detection**   형 **detective**

detect the odor of gas

가스 새는 것을 발견하다.

determine   0351
[ditə́:min]

결심하다, 결정하다   명 **determination**

형 **determinate, determinative**

Demand **determines** price.

수요가 가격을 결정한다.

detest   0352
[ditést]

싫어하다, 혐오하다   **detestation**

detest oneself from   ⋯에서 벗어나다

develop   0353
[divéləp]

개발하다, 발전하다   명 **development**

Art **develops** our sensibility.

예술은 우리의 감성을 함양한다.

devise   0354
[diváiz]

고안하다, 궁리하다

He **devised** a new method of language

teaching.   그는 새 언어 교수법을 고안했다.

devote   0355
[divóut]

헌납하다, 바치다   명 **devotion**

devote oneself to   ⋯에 전념하다

devour   0356
[diváuər]

게걸스럽게 먹다

devour the way   길을 바삐 가다

dictate   0357
[diktéit]

받아쓰기하다, 구술하다   명 **dictation**

I won't be **dictated** to.

나는 누구의 지시도 받지 않는다

0358

die [dai]

죽다 [명] death [형] dead

die a dog's death 비참하게 죽다

Never say die! 낙담하지 마라

0359

diet [dáiət]

식이요법을 하다

be on a diet 다이어트 중이다

0360

differ [dífər]

다르다, 틀리다

[명] difference [형] different

I beg to differ from you.

실례지만 내 의견은 다릅니다

0361

diffuse [difjúːz]

흐트러뜨리다, 퍼뜨리다

[명] diffusion [형] diffusive

His fame is diffused throughout the city.

그의 명성은 시중에 널리 퍼졌다

0362

dig [dig]

파다, 파헤치다 dug - dug

dig a pit for …을 잡으려고 함정을 파다

0363

digest [dadʒést]

소화하다 [명] digestion [형] digestive

This food is digests well(ill).

이 음식은 소화가 잘 된다(안 된다)

0364

dignify [dígnəfai]

위엄있게 하다 [명] dignity

a man of dignified appearance 위엄있는 사람

0365

diminish [dimíniʃ]

줄이다, 감소하다

[명] diminution [형] diminutive

diminish in speed 속도가 떨어지다

dip [dip]	담그다 **dip** out 퍼내다	0366
direct [dirékt]	가리키다, 지도하다　명 **direction**　형 **directive** **in all direct** 사방팔방으로	0367
disappear [disəpíər]	사라지다　명 **disappearance** **disappear** in the crowd 군중속으로 사라지다	0368
disappoint [disəpóint]	실망시키다　명 **disappointment** be **disappointed** in …에 실망하다	0369
disapprove [disəprú:v]	찬성하지 않다, 안된다고 하다 명 **disapproval** I wholly **disapprove** of your action. 당신의 행동에 전적으로 찬성하지 않는다	0370
discard [diská:d]	버리다, 해고하다 go into the **discard** 버림받다 throw into the **discard** 폐기하다	0371
discern [disə́:rn]	식별하다, 분별하다　명 **discernment** **discern** good from bad 선악을 분별하다	0372
discharge [distʃá:dʒ]	방출하다, 짐을 부리다 **discharge** oneself of one's duty 의무를 다하다	0373
disclose [disklóus]	드러내다, 폭로하다　명 **disclosure** He **disclosed** the secret to his friend. 그는 친구에게 비밀을 밝혔다	0374

0375

discount
[diskáunt]

할인하다

give a **discount** 할인을 하다

0376

discourage
[diskə́:(ʌ)ridʒ]

낙담시키다, 용기를 잃게 하다
몡 **discouragement**
Don't be **discouraged.** 낙심하지 마라

0377

discover
[diskʌ́vər]

발견하다 몡 **discovery**
discover a plot 음모가 있다는 것을 알아채다

0378

discriminate
[diskrímənèit]

차별하다 몡 **discrimination**
discriminate right and wrong
옳고 그른 것을 구별하다

0379

discuss
[diskʌ́s]

논의하다 몡 **discussion**
discuss the world situation
세계정세를 논하다

0380

disdain
[disdéin]

경멸하다, 멸시하다 혱 **disdainful**
disdain to notice an insult
모욕을 무시해 버리다

0381

disguise
[disgáiz]

변장하다, 위장하다
disguise one's voice 목소리를 꾸미다
disguised in drink 술김에
without **disguise** 노골적으로, 숨김없이

0382

disgust
[disgʌ́st]

역겹게 하다
혱 **disgustful, disgusting**
to one's **disgust** 싫증나게도

310

dislike
[disláik]

0383

싫어하다

I **dislike** this kind of food.
나는 이런 음식은 싫다

dismay
[disméi]

0384

낙담시키다

with **dismay** 당황하여, 낙담하여

dismiss
[dismís]

0385

해산시키다, 해고하다

명 **dismissal, dismission**
dismiss a boy from school 학생을 퇴학시키다

dispel
[dispél]

0386

흩뜨리다

Work **dispels** boredom.
일을 하면 지루한 줄 모른다

disperse
[dispə́:s]

0387

흩어지게하다, 흩뜨리다

명 **dispersal, dispersion** 형 **dispersive**

displace
[displéis]

0388

대체하다, 바꾸어 놓다

명 **displacement**

display
[displéi]

0389

진열하다, 표시하다

make a **display** of …을 드러내 보이다
out of **display** 보란 듯이

displease
[displí:z]

0390

불쾌하게 하다 명 **displeasure**

I was very much **displeased.**
나는 상당히 불쾌했다.

dispose 0391
[dispóuz]
처분하다, 배치하다
몡 **disposal, disposition**
Man proposes, God disposes.
계획은 사람이 꾸미되, 성패는 하늘에 달렸다

dispute 0392
[dispjú:t]
논쟁하다
몡 **disputation** 혱 **disputatious**
dispute with a person about a matter
어떤 문제에 대해 …와 논쟁하다

disregard 0393
[disrigá:d]
무시하다, 등한시하다
with disregard 소홀하게

disrupt 0394
[disrʌpt]
붕괴시키다, 분열시키다
몡 **disruption**

dissolve 0395
[disa(ɔ)iv]
용해하다 몡 **dissolution**
Water dissolves sugar. 물은 설탕을 녹인다

distinguish 0396
[distíŋgwiʃ]
구별하다, 식별하다
distinguish good from evil 선악을 분간하다

distort 0397
[distɔ́:rt]
왜곡하다, 찌푸리다
몡 **distortion** 혱 **distorted**
distort one's face 얼굴을 찡그리다

distract 0398
[distrǽkt]
산만케 하다, 빗가게 하다
Her sorrow distracted her.
그녀는 슬픔으로 미칠 듯했다

distress 0399
[distrés]
괴롭히다 (형) **distressful**
distress good 투매 상품

distribute 0400
[distríbjuːt]
분배하다, 분포하다
(명) **distribution** (형) **distributive**
distribute pamphlets to the audience
청중에게 팸플렛을 배포하다

disturb 0401
[distə́ːb]
방해하다, 어지럽히다 (명) **disturbance**
Don't **disturb** yourself. 그대로 계십시오

dive 0402
[daiv]
잠수하다, 뛰어들다
dive into a river 강물에 뛰어들다

divert 0403
[di(ai)və́ːrt]
전환하다, 유용하다 (명) **diversion**
divert the course of a river 강의 흐름을 바꾸다

divide 0404
[diváid]
나누다, 쪼개다 (명) **division**
divide the sick from the others
환자를 격리시키다

domesticate 0405
[dəméstikèit]
길들이다 (형) **domestic**
animals hard to **domesticate**.
길들이기 힘든 짐승

dominate 0406
[dá(ɔ́)minèit]
지배하다
(명) **domination** (형) **dominant**

donate 0407
[dóuneit(dounéit)]
기증하다, 기부하다 (명) **donation**
donate blood 헌혈하다

doom [du:m] 0408
운명짓다, 형을 선고하다 [형] doomy
The plan was **doomed** to failure.
그 계획은 결국 실패하게 돼 있었다

doubt [daut] 0409
의심하다 [형] doubtful
without **doubt** 의심할 여지없이, 물론

drag [dræg] 0410
끌다
dragged out 기진맥진하여
drag it (일, 이야기 등을) 그만두다

drain [drein] 0411
배수(방수) 하다
go down the **drain** 소실되다, 수포로 돌아가다

draw [drɔː] 0412
당기다, 끌다, (결론을) 내다 drew - drawn
Draw it mild. 허풍떨지 마라

drench [drentʃ] 0413
흠뻑 젖다
be **drenched** to the skin 흠뻑 젖다

drift [drift] 0414
표류하다
Get the **drift**! 알겠니?

drill [dril] 0415
훈련받다, 구멍을 뚫다
What's the **drill**? 어떻게 하는 겁니까?

drink [driŋk] 0416
마시다
I could **drink** the sea dry. 몹시 목이 마르다
I'll **drink** to that
(상대에 동의하여) 그렇다, 찬성

drip [drip]	0417 물방울이 떨어지다 in a **drip** 젖어서
drive [draiv]	0418 (차를)운전하다 **drove - driven** Drive **ahead!** 전진 full **drive** 전속력으로
drop [drɑ(ɔ)p]	0419 (과일 등이) 떨어지다 Do **drop** it! 그만두게 **drop** asleep 잠들다
drown [draun]	0420 물에 빠지다, 익사하다 A **drowning** man catch at a straw. 물에 빠진 사람은 지푸라기라도 붙잡는다
dump [dʌ́mp]	0421 쓰레기를 버리다 do not care a **dump** 조금도 상관치 않다
duplicate [djú:pləkit]	0422 복제하다 [명] **duplication** a **duplicate** key 여벌 열쇠
dwell [dw el]	0423 거주하다, 곰곰이 생각하다 **dwell** at home 국내에 거주하다
dye [dai]	0424 염색하다 **dye** a green over a white 흰 바탕에 녹색을 물들이다
earn [ə:rn]	0425 벌다, 획득하다 **earn** one's living 생활비를 벌다

0426
educate
[édʒəkeit]
교육시키다 몡 education
educate the eye in painting
그림 보는 안목을 기르다

0427
effect
[ifékt]
(변화를)초래하다 혱 efficient, effective
effect an entrance (강제로)밀고 들어가다

0428
elaborate
[ilǽbərèit]
애써 만들다
Don't elaborate. 지나치게 공들이지 마라

0429
elect
[ilékt]
선출하다, 선거하다
몡 election 혱 elective
elect suicide 자살을 택하다

0430
elevate
[éliveit]
올리다 몡 elevation
elevate a person to the section chief
…을 과장으로 승진시키다

0431
eliminate
[ilímənèit]
제거하다 몡 elimination
eliminate waste matter from the system
노폐물을 몸에서 배출하다

0432
embark
[embá:rk]
출항하다, 출국하다, 투자하다
몡 embarkation
embark in a boat 배에 타다

0433
embarrass
[embǽrəs]
당황하게 하다 몡 embarrassment
embarrass a person with questions
질문을 하여 …을 난처하게 하다

embrace [embréis]	포옹하다 [명] embracement embrace each other 서로 포옹하다	0434
embroider [embrɔ́idər]	수를 놓다 [명] embroidery embroider flowers on her dress 그녀의 옷에 꽃 자수를 놓다	0435
emerge [imə́ːrdʒ]	나타나다, (빈곤에서) 벗어나다 [명] emergence [형] emergent emerge from poverty 빈곤에서 벗어나다	0436
emigrate [émigrèit]	이민을 가다 [명] emigration emigrate from Korea to Canada 한국에서 캐나다로 이주하다	0437
emit [imít]	발산하다, 방사하다 [명] emission a stench was emitted 악취가 발산되다	0438
emphasize [émfəsàiz]	강조하다 [명] emphasis emphasize the point 중점을 역설하다	0439
employ [emplɔ́i]	고용하다, 사용하다 [명] employment I am employed in a bank. 은행에 다니고 있다	0440
enclose [enklóuz]	에워싸다, 동봉하다 [명] enclosure enclose a garden with a fence 뜰에 담을 둘러치다	0441
encounter [enkáuntər]	우연히 마주치다 encounter with danger 위험에 부닥치다	0442

0443
encourage 용기를 북돋다, 격려하다 (명) courage
[enkə̀ː(ʌ)ridʒ]
be **encouraged** a boy to learn
아이를 격려하여 공부하게 하다

0444
endeavor 노력하다
[endévər]
make every **endeavor** 전력을 다하다

0445
endow 부여하다, 재산을 증여하다
[endáu]
(명) **endowment**
be **endowed** with …을 타고나다

0446
endure 견디다, 지속하다 (명) endurance
[endjúər]
cannot **endure** the sight 차마 볼 수 없다

0447
enforce (법률 등을) 실행하다, 집행하다, 강요하다
[enfɔ́ːrs]
(명) **enforcement**
enforce one's opinion on child
자기 의견을 따를 것을 아이에게 강요하다

0448
engage 종사하다, 약혼하다, 예약하다
[engéidʒ]
(명) **engagement**
engage two seats at a theater
극장에 두 좌석을 예약하다

0449
enjoy 즐기다, 향락하다 (명) enjoyment
[endʒɔ́i]
enjoy good health 건강을 누리다

0450
entertain 즐겁게 하다, 환대하다 (명) entertainment
[entətéin]
entertain the company with music
음악으로 좌중을 즐겁게 하다

318

envy 0451
[énvi]
부러워하다, 시기하다
형 enviable, envious
out of envy 시기심에서, 질투한 나머지

equip 0452
[ikwíp]
설비하다, 갖추어 주다 명 equipment
equip oneself for a journey 여행의 채비를 하다

erect 0453
[irékt]
똑바로 세우다, 직립하다
명 erection 형 erectile
with ears erect 귀를 쫑긋 세우고

err 0454
[əːr]
실수하다, 잘못하다 명 error
To err is human, to forgive divine.
과오는 인지상사요 용서는 신의 본성이니라

erupt 0455
[irʌ́pt]
분출하다 명 eruption
The volcano erupted. 화산이 용암을 분출했다.

escape 0456
[iskéip]
탈출하다, 달아나다 명 escapement
There is no escape. 도망갈 길이 없다

escort 0457
[éskɔːrt]
호위하다
He escorted her to the station.
그는 그녀를 정거장까지 바래다주었다

establish 0458
[istǽbliʃ]
설립하다, 제정하다 명 establishment
be established by law 법으로 제정되다

estimate 0459
[éstimèit]
평가하다, 추정하다 명 estimation
at a moderate estimate 줄잡아, 어림하여

		0460
evacuate [ivǽkjuèit]	비우다, 철수하다 명 **evacuation** **evacuate the bowels** 배변하다	

		0461
evade [ivéid]	피하다, 모면하다 **evade military service** 병역을 기피하다	

		0462
evaporate [ivǽpərèit]	증발하다 명 **evaporation** **an evaporator** 증발기(건조기)	

		0463
evolve [ivá(ɔ́)lv]	진화하다, 발달하다 명 **evolution** **evolve a scheme** 계획을 서서히 전개시키다	

		0464
exaggerate [igzǽdʒərèit]	과장하다 명 **exaggeration** 형 **exaggerative** **exaggerate one's own importance** 자만하다	

		0465
examine [igzǽmin]	조사하다, 검토하다 명 **examination** **examine a proposal** 제안을 검토하다	

		0466
exceed [iksíːd]	지나치다, 초과하다 명 **excess** 형 **excessive** **The task exceeds his ability.** 그 일은 그의 능력으로는 할 수 없다	

		0467
excel [iksél]	능가하다 명 **excellence, excellency** 형 **excellent** **excel in English** 영어에서 뛰어나다	

		0468
exchange [ikstʃéindʒ]	교환하다, 환전하다 **foreign exchange** 외국환 **the rate of exchange** 환율	

0469
excite
[iksáit]
흥분시키다, 자극하다　명 **excitement**
Don't excite!　침착하라

0470
exclaim
[ikskléim]
외치다, 소리지르다　명 **exclamation**
"You fool!" he exclaimed.
「바보야」라고 그는 소리쳤다

0471
exclude
[iksklú:d]
배제하다　명 **exclusion**　형 **exclusive**
Shutters exclude light.　셔터는 빛을 차단한다

0472
execute
[éksikju:t]
실행하다, 처형하다
명 **execution**　형 **executive**
execute a person for murder
…을 살인죄로 처형하다

0473
excuse
[ikskjú:z]
용서하다, 변명을 대다
Excuse me.　미안합니다, 실례합니다
May I be excused?　화장실에 가도 되겠습니까?
make an excuse　변명을 하다

0474
exert
[igzə̀:rt]
노력하다, 발휘하다　명 **exertion**
exert a favorable influence on a person
…에게 좋은 영향을 끼치다

0475
exhaust
[igzɔ́:st]
고갈시키다, 지치게 하다
명 **exhaustion**　형 **exhaustive**
My energy is exhausted.　힘이 소진되었다.

0476
exhibit
[igzíbit]
전시하다, 전람하다　명 **exhibition**
exhibit the paintings　그림을 전시하다

exist [igzíst] — 0477

존재하다, 생존하다

몡 existence 혱 existent

Man cannot exist without air.

사람은 공기 없이는 살아갈 수 없다

---

expand [ikspǽnd] — 0478

확장하다, 넓히다

몡 expansion, expanse 혱 expansive

He was trying to expand his business.

그는 사업을 확장하려하고 있었다

---

expect [ikspékt] — 0479

기대하다, 예상하다 몡 expectation

As might be expected 예기되는 바와 같이, 역시

Expect me when you see me.

돌아올 때가 되면 오겠다

---

expel [ikspél] — 0480

추방하다 몡 expulsion

He was expelled from the school.

그는 학교에서 퇴학 처분을 받았다

---

expend [ikspénd] — 0481

소비하다

몡 expense, expenditure 혱 expensive

expend one's energy in doing it

그것을 하는 데 정력을 소비하다

---

experience [ikspíəriəns] — 0482

경험하다 혱 experiential

experience great hardships 큰 고난을 겪다

---

explain [ikspléin] — 0483

설명하다 몡 explanation

Will you explain the rule to me?

그 규칙을 내게 설명해 주시겠습니까?

		0484
explode [iksplóud]	폭발하다 명 **explosion** 형 **explosive** **explode** with laughter 웃음을 터뜨리다	

		0485
exploit [éksplɔit]	개발하다, 착취하다 명 **exploitation** **exploit** a mine 광산을 개발하다	

		0486
explore [iksplɔ́ə]	탐험하다, 탐구하다 명 **exploration** **explore** a wound for bullet 상처를 더듬어 탄환을 찾아내다	

		0487
export [ikspɔ́ːrt]	수출하다 명 **exportation** **export** cars to foreign countries 자동차를 외국에 수출하다	

		0488
expose [ikspóuz]	노출시키다 명 **exposition, exposure** **expose** a person to danger …를 위험에 드러내 놓다	

		0489
express [iksprés]	표현하다 명 **expression** 형 **expressive** Words cannot **express** it. 말로써는 표현할 수 없다	

		0490
extend [iksténd]	잡아늘이다, 뻗다 명 **extension, extent** 형 **extensive** **extend** a helping hand 구원의 손길을 뻗치다	

		0491
extinguish [ikstíŋgwiʃ]	불끄다, 멸종하다 **extinguish** a candle 촛불을 끄다	

		0492
extract [ikstrǽkt]	뽑다, 발췌하다 명 **extraction** **extract** a tooth 이빨을 뽑다	

		0493
fade [feid]	바래다, 시들다 **fade** away (희미하게) 사라지다 His eyesight **faded**. 그의 시력이 약해졌다	

		0494
fail [feil]	실패하다 명 **failure** without **fail** 틀림없이, 반드시 **fail** to keep one's word 약속을 안 지키다	

		0495
faint [feint]	기절하다, 졸도하다 in a dead **faint** 기절하여 **Faint** heart never won fair maid. 용기 없는 사람은 미인을 손에 넣은 예는 없다	

		0496
fake [feik]	위조하다, 날조하다 **fake** off 꾀를 피우다 **fake** news 기사를 날조하다	

		0497
fall [fɔːl]	떨어지다, 내리다 **fell - fallen** **fall** in with …와 우연히 마주치다 **fall** in love with …와 연애하다, …에게 반하다 **fall** to one's death 투신 자살하다	

		0498
fascinate [fǽsəneit]	매혹시키다, 반하다 명 **fascination** be **fascinate** with …에 매혹되다	

		0499
fasten [fǽ(ɑː)sn]	조이다, 묶다 형부 **fast** **fasten** one's eyes on …를 눈여겨보다	

		0499
favor [féivər]	호의를 베풀다 형 **favorable**, **favorite** by your **favor** 미안합니다만, 죄송하오나	

		0500
fear [fiər]	두려워하다, 무서워하다 (형) **fearful**, **fearsome** Never fear! = Don't you fear! 걱정 마라. 염려 없다.	

		0501
feed [fiːd]	먹이를 주다, 먹이다 **fed - fed** feed a baby 아이에게 젖을 주다 feed a family 가족을 부양하다	

		0502
feel [fíːl]	만져보다, 느끼다 **felt - felt** feel well 건강 상태가 좋다 feel like …을 하고 싶다	

		0503
fill [fil]	채우다 (형) **full** weep one's fill 실컷 울다 fill a glass with water 잔에 물을 채우다	

		0504
fetch [fétʃ]	가서 가져(불러)오다 This will fetch you much. 이것은 좋은 값에 팔릴 것이다 Fetch a doctor at once. 즉시 의사를 불러오게	

		0505
find [fáind]	발견하다, 찾아내다 **found - found** He was found dead. 그는 죽어 있었다 Will you find me a good one? 내게 좋은 것을 찾아주지 않겠습니까?	

		0506
finish [fíniʃ]	끝내다, 끝마치다 (형) **finite** finish up the work 일을 끝내다 finish school 학업을 마치다	

		0507
filter [fíltər]	여과하다 **filter off impurities** 여과하여 불순물을 제거하다	

		0508
fire [fáiər]	해고하다, 불을 지르다 **fire alarm** 화재경보기 **He was fired from his job.** 그는 직장에서 파면당했다	

		0509
fix [fiks]	고정시키다, 고치다 몡 **fixation, fixture, fixity** 혱 **fixed** **fix a meal** 식사를 준비하다 **Fix these words in your mind.** 이 말을 꼭 마음속에 새겨 두게	

		0510
flatter [flǽtər]	아첨하다 몡 **flattery, flatterer** **flatter the powerful** 권력자에게 아첨하다	

		0511
flee [fli:]	도망가다, 달아나다 **fled - fled** 몡 **flight** **flee from temptation** 유혹에서 피하다	

		0512
fling [fliŋ]	내팽개치다, 돌진하다 **flung - flung** **at one fling** 단숨에, 대번에	

		0513
float [flout]	둥둥 뜨다, 떠오르다 몡 **flotation** 혱 **afloat** **a boat floating on the river** 강에 떠 있는 배	

		0514
flood [flʌd]	범람하다, 홍수지다 **People flooded into the place.** 사람들은 그곳으로 몰려갔다	

flow
[flou]

0515

흐르다 명 **flowage**

go with the flow 시대의 흐름에 따라가다
Love flows from the heart.
사랑은 가슴에서 나온다

flourish
[flə́ː(ʌ́)riʃ]

0516

번성하다 형 **flourishy**

with a flourish 화려하게

flush
[flʌʃ]

0517

붉히다, 물 내리다

Flush it! 바보같은 소리 작작해

fold
[fould]

0518

접다, 끼다

fold one's hand 손을 깍지끼다
with folded arms 팔짱을 끼고

follow
[fá(ɔ́)lou]

0519

따라가다, 좇다

Do you follow me?
내가 한말을 이해할 수 있습니까?
Follow after me. 뒤따라오시오

forbid
[fəbíd]

0520

금하다 **forbade - forbidden**

Wine is forbidden. 음주는 금지되어있다

forecast
[fɔːkǽ(áː)st]

0521

예보하다

a weather forecast 일기 예보

foresee
[fɔːrsíː]

0522

예견하다 명 **foresight**

foresee a recession 경기 후퇴를 내다보다

foretell 0523
[fɔːrtél]
예고하다, 예시하다
Nobody can foretell what will happen tomorrow.
내일 무엇이 일어날 것인지는 아무도 예측할 수 없다

forget 0524
[fəgét]
잊다, 망각하다 **forgot - forgotten**
[형] **forgetful**
I forget your name. 당신의 이름을 잊었습니다
Forget it. 괜찮아, 염려하지마

forgive 0525
[fəgív]
용서하다 **forgave - forgiven**
May you be forgiven!
어떻게 그런 말을 할 수 있니!

fortify 0526
[fɔ́ːrtəfai]
강화하다, 요새화하다 [명] **fortification**
fortify oneself against flu
독감에 걸리지 않도록 몸을 튼튼히 하다

found 0527
[faund]
설립하다 [명] **foundation**
found a hospital 병원을 설립하다

freeze 0528
[friːz]
얼다, 얼게 하다 **froze - frozen**
It's freezing in this room. 이 방은 너무 춥다

frustrate 0529
[frʌ́strèit]
좌절시키다 [명] **frustration**
frustrate a plan 계획을 좌절시키다

fulfill 0530
[fulfíl]
여행하다, 완수하다 [명] **fulfillment**
fulfill one's duties 의무를 수행하다

		0531
furnish [fə́:niʃ]	제공하다, 공급하다 I furnished him food. 나는 그에게 먹을 것을 주었다	

		0532
gain [gein]	얻다, 벌다 gain one's feet 재기하다 No gains without pains. 숙고가 없으면 이득도 없다	

		0533
gamble [gǽmbl]	도박하다 on the gamble 도박에 빠져서 You may gamble on that. 그것은 믿어도 된다	

		0534
gather [gǽðər]	모으다 A rolling stone gathers no moss. 구르는 돌은 이끼가 끼지 않는다	

		0535
generate [dʒénərèit]	발생시키다, 일으키다 몡 generation 혱 generative	

		0536
glance [glæ(ɑː)ns]	힐끗 보다 at a glance 첫눈에, 일견하여	

		0537
glide [glaid]	미끄러지다, 활공하다 glide out of the room 방에서 조용히 나가다	

		0538
glimpse [glimps]	힐끗 보다 catch a glimpse of …을 힐끗 보다	

		0539
glitter [glítər]	반짝이다 All is not gold that glitters. 반짝이는 것이 다 금은 아니다.	

		0540
govern [gʌ́vən]	통치하다, 억제하다 몡 **government** **govern** one's temper 화를 억제하다	
grab [græb]	움켜쥐다 **grabbed - grabbed** **grab** a purse 지갑을 낚아채다 **grab** at a chance 기회를 잡다	0541
grade [greid]	등급을 매기다 **grade** up with …와 어깨를 겨루다 This pen **grades** B. 이 펜은 B급이다	0542
graduate [grǽdʒuèit]	졸업하다 몡 **graduation** **graduate** students 대학원생	0543
grant [græ(ɑ:)nt]	인정하다, 주다 **grant** a degree 학위를 수여하다 This **granted**, what next? 이것은 그렇다 치고 다음은 어떤가	0544
grasp [græ(ɑ:)sp]	붙잡다 **Grasp** all, lose all. 다 잡으려다가 몽땅 놓친다	0545
greet [gri:t]	인사하다 몡 **greeting** **greet** a person with cheers 환호로 맞이하다	0546
grieve [gri:v]	슬퍼하다 몡 **grief** 혱 **grievous** I **grieve** to say. 슬픈 일이다.	0547
grind [graind]	갈다, 빻다 **ground - grinded** **grind** the teeth 이를 갈다	0548

		0549

grip
[grip]

단단히 쥐다 **griped - gript**

grip the mind 마음을 빼앗기다

		0550

guarantee
[gǽrəntí:]

보증하다

I guarantee he will come.

그가 올 것임을 내가 장담하지

		0551

guard
[gɑ:d]

지키다, 경계하다

guard against errors 실수하지 않도록 주의하다

		0552

guess
[ges]

추측하다, 짐작하다

I guess so. 그렇다고 생각한다

		0553

guide
[gaid]

안내하다, 지도하다 명 **guidance**

guide sightseers 관광객을 안내하다
guide book (여행)안내서

		0554

halt
[hɔ:lt]

멈추다, 서다

halt for lunch 점심을 먹으려고 멈추다

		0555

hang
[hæŋ]

걸다, 매달다, 교수형에 처하다

hung - hanged
Hang it! 아이 속상해, 제기랄
hang one's head 고개를 숙이다

		0556

happen
[hǽpn]

일어나다, 생기다

as it happens 우연히, 마침
What happened? 무슨 일이니?

		0557

harvest
[hɑ́:rvist]

수확하다

harvest honey 꿀을 채취하다

		0558
hasten [héisn]	서두르다, 재촉하다 명 **haste** **hasten matters** 일을 재촉하다 He **hastened** at home. 그는 서둘러 귀가했다	

		0559
hatch [hætʃ]	부화하다, 알을 까다 **hatch a plot** 음모를 꾸미다	

		0560
hate [heit]	미워하다 명 **hatred** 형 **hateful** He **hates** me for it. 그는 그 일 때문에 나를 미워한다	

		0561
haul [hɔːl]	끌어당기다 명 **haulage** **haul ass** 훌쩍 나가다, 서두르다	

		0562
haunt [hɔːnt]	자주 가다, 출몰하다, 괴롭히다 He **haunts** bars. 그는 주점에 자주 간다	

		0563
heal [hiːl]	치료하다, 고치다 Time **heals** all sorrows. 시간은 모든 슬픔을 치료한다	

		0564
heap [hiːp]	쌓아올리다 **heap stones** 돌을 쌓아 올리다	

		0565
hear [hiər]	듣다, 들리다 명 **hearing** You will **hear** of this. 이 일에 관해서는 추후에 알려드리겠습니다	

		0566
heed [hiːd]	주의하다, 조심하다 형 **heedful** She did not **heed** the warning. 그녀는 경고를 무시했다	

		0567
hesitate [hézitèit]	주저하다, 망설이다 명 hesitation 형 hesitative **He who hesitates is lost.** 망설이는 자는 기회를 놓친다	

		0568
hide [haid]	숨다, 숨기다 **hid - hidden** **hide one's feelings** 감정을 드러내지 않다	

		0569
hike [haik]	도보 **go on a hike** 도보도 여행하다	

		0570
hinder [híndər]	방해하다 명 hinderance **be hindered in one's study** 공부에 방해받다	

		0571
hint [hint]	암시하다, 넌지시 말하다 **The facts hinted at a solution to the problem.** 그 사실들은 문제의 해결을 암시했다	

		0572
hire [háiər]	고용하다, 빌려주다 **hire a clerk** 점원을 고용하다	

		0573
hit [hit]	때리다, 우연히 마주치다 **hit and run** 뺑소니치다 **make a hit** 대성공을 거두다	

		0574
hold [hould]	들다, 갖고 있다, 소유하다 **held - held** **with no holds barred** 아무 제약 없이, 무제한으로 **Hold it!** 움직이지 마라, 가만히 있어라	

		0575
hop [hɑ(ɔ)p]	깡총 뛰다 **hopped - hopped** **hop the wag** 농뗑이 부리다	

horrify 0576
[hɔ́:rəfài]

무섭게 하다 (명) **horror**
The sound horrified us all.
그 소리가 우리를 소름끼치게 했다

hug 0577
[hʌg]

껴안다, 품다 **hugged - hugged**
hug a person tight …을 꼭 껴안다

hurl 0578
[hə:rl]

집어던지다
hurl insults at the umpire
심판에게 욕설을 퍼붓다

hurry 0579
[hə́:(ʌ)ri]

서두르다, 재촉하다 **hurried - hurried**
What's the hurry? 왜 그렇게 서두르지?
hurry one's steps 발걸음을 재촉하다

hurt 0580
[hə:rt]

다치게 하다 **hurt - hurt**
hurt one's arm 팔을 다치다
Will it hurt you to do that?
그렇게 해도 괜찮냐

hush 0581
[hʌʃ]

잠잠해지다 (형) **hushed**
hush your mouth! 입다물어

hustle 0582
[hʌ́sl]

법석을 떨다, 척척 해치우다 (명) **hustler**
Hustle your work along. 일을 서둘러라

identify 0583
[aidéntəfài]

신원을 확인하다, 동일시하다
(명) **identification**, **identity**
identify handwriting 필적을 감정하다
identify A with B A와 B를 동일시하다

ignore 0584
[ignɔ́ər]
무시하다 몡 **ignorance** 톙 **ignorant**
ignore insulting remarks
모욕적인 의견을 무시하다

illuminate 0585
[ilúːminêit]
조명하다, 비추다 몡 **illumination**
A smile illuminated her face.
미소로 그녀의 얼굴은 빛났다

illustrate 0586
[íləstrêit]
예증하다, 설명하다
몡 **illustration** 톙 **illustrative, illustrious**
illustrate a book 책에 삽화를 넣다

imagine 0587
[imǽdʒin]
상상하다 몡 **imagination**
톙 **imaginary, imaginative**
Just imagine! 생각 좀 해보게

immerse 0588
[imə́ːrs]
담그다, 가라앉히다
be immersed in thought 생각에 잠기다

imitate 0589
[ímiteit]
모방하다 몡 **imitation** 톙 **imitative**
Parrots imitate human speech.
앵무새는 인간의 말을 흉내낸다

immigrate 0590
[ímigrêit]
이주해오다 몡 **immigration**

impact 0591
[ímpækt]
격돌하다, 충돌하다, 채워 넣다
몡 **impaction**
The decision may impact your whole career.
그 결정은 당신의 일생에 영향을 줄지도 모른다

impart [impá:t]	0592 알리다, 나누어주다 명 **impartment** I have much to impart to you. 알려줄 것이 많다
implore [implɔ́:r]	0593 간청(탄원)하다 명 **imploration** implore one's life 살려달라도 애원하다
imply [implái]	0594 의미하다, 암시하다, 포함하다 명 **implication** 형 **implicit** Silence often implies consent. 침묵은 종종 동의를 의미한다
import [impɔ́:rt]	0595 수입하다 명 **importation** import goods 수입품
impose [impóuz]	0596 (의무, 세금 등을)지우다, 강요하다 명 **imposition** impose taxes on a person's property …의 재산에 과세하다
impress [imprés]	0597 깊은 인상을 주다, 감동시키다 명 **impression** 형 **impressive** The speech impressed the audience. 그 연설은 청중에게 깊은 감명을 주었다
improve [imprú:v]	0598 향상시키다, 개선(개량)하다 명 **improvement** improve the occasion 기회를 이용하다

impute [impjúːt]	탓(덕)으로 돌리다 [명] **imputation** **He imputes his fault to his wife.** 자기 잘못을 아내의 탓으로 돌리다	0599
inaugurate [inɔ́ːgjərèit]	취임시키다, (새 시대를) 개시하다 [명] **inauguration** [형] **inaugural** **inaugurate the ear of the Internet** 인터넷 시대의 막을 열다	0600
incite [insáit]	자극하다, 격려하다 [명] **incitement, incitation** **incite curiosity** 호기심을 일게 하다	0601
include [inklúːd]	포함하다 [명] **inclusion** [형] **inclusive** **all charges included** 일체의 비용을 포함하여	0602
incline [inkláin]	기울다, 마음을 내키게 하다 [명] **inclination** **He inclines toward conservatism.** 그는 보수적인 경향이 있다	0603
increase [inkríːs]	증가하다, 늘다 **increase the speed** 속도를 높이다 **on the increase** 증가하여, 증대하여	0604
indicate [índikèit]	지시하다, 가리키다 [명] **indication** [형] **indicative** **indicate a place on a map** 지도에서 장소를 지적하다	0605

0606
induce
[indjúːs]
추론하다, 권유하다
[명] **inducement, induction** [형] **inductive**
This medicine induces sleep.
이 약은 졸리게 한다

0607
indulge
[indʌ́ldʒ]
탐닉하다, (욕망, 환락 등에) 빠지다
[명] **indulgence** [형] **indulgent**
He indulged himself in gambling.
그는 노름에 빠졌다

0608
infect
[infékt]
감염시키다
[명] **infection** [형] **infectious, infective**
an infected area 전염병 유행 지역

0609
infer
[infə́ːr]
추론하다 [명] **inference**
Silence often infers consent.
침묵은 종종 동의의 표시이다

0610
inflict
[inflíkt]
가하다, 주다 [명] **infliction** [형] **inflictive**
inflict a blow on a person …에게 일격을 가하다

0611
influence
[ínfluːəns]
영향을 미치다 [형] **influential**
have influence on …에게 영향을 끼치다
under the influence 술에 취하여

0612
inform
[infɔ́ːrm]
알리다, 알려주다 [명] **information**
be informed of …을 통지받다

0613
inhabit
[inhǽbit]
거주하다
[명] **inhabitancy, inhabitation**

		0614
inherit [inhérit]	상속하다, 물려받다 몡 **inheritance** **inherit** an estate 토지를 상속하다	

		0615
initiate [iníʃieit]	시작하다, 일으키다 몡 **initiation** 혱 **initial**, **initiative** **initiate** a new business 새로운 사업을 시작하다	

		0616
inject [indʒékt]	주입하다, 주사하다 몡 **injection** **inject** humor into a situation 장면에 유머를 집어넣다	

		0617
inquire [inkwáiər]	묻다, 질문하다 몡 **inquisitive** **inquire** out 조사하여 알아내다 **inquire** about ···에 관하여 묻다	

		0618
inscribe [inskráib]	새기다, 증정하다 몡 **inscription** an **inscribed** stock 기명 공채(주식)	

		0619
insert [insə́:rt]	삽입하다 몡 **insertion** **insert** a coin into the slot 투입구에 동전을 넣다	

		0620
insist [insíst]	주장하다, 우기다 몡 **insistence** 혱 **insistent** I **insist** on this point. 나는 이점을 강조한다	

		0621
inspect [inspékt]	면밀하게 살피다, 시찰하다 몡 **inspection**	

		0622
inspire [inspáiər]	고무(격려)하다, 영감을 주다 몡 **inspiration** 혱 **inspiratory** This success **inspired** us. 이 성공이 우리를 고무했다	

		0623
install [instɔ́:l]	설치하다, 취임시키다 몡 **installation, installment** **install** a chairman 의장에 임명하다	

		0624
instruct [instrʌ́kt]	가르치다, 지시하다 몡 **instruction** 혱 **instructive** be in **instructed** in …에 밝다, …에 정통하다	

		0625
insulate [ínsjulèit]	절연시키다, 격리하다 몡 **insulation** **insulate** a patient 환자를 격리하다	

		0626
insult [insʌ́lt]	모욕을 주다 a personal **insult** 인신공격	

		0627
insure [inʃúər]	보증하다, 보험에 들다 몡 **insurance** Care **insures** us against errors. 주의만 하면 실수는 하지 않는다	

		0628
integrate [íntəgrèit]	통합하다 몡 **integration** **integrate** one's experiences 경험을 통합하다	

		0629
intend [inténd]	작정하다, 의도하다 몡 **intention, intent** What do you **intend** by your words? 무슨 뜻으로 하는 말인가	

		0630
intercept [ìtərsépt]	도중에서 잡다(빼앗다) 몡 **interception**	

		0631
interchange [ìntətʃéindʒ]	서로 교환하다 **interchange** present 선물을 교환하다	

		0632
interfere [intəfíər]	방해하다 명 **interference** **interfere** in another's life 남의 생활에 간섭하다	

		0633
interpret [intə́:prit]	해설하다, 통역하다 명 **interpretation** **interpret** the hidden meaning of a **parable** 우화의 숨은 의미를 밝히다	

		0634
interrupt [intərʌ́pt]	방해하다, 중단시키다 명 **interruption** **interrupt** the view 시야를 막다	

		0635
intervene [intəví:n]	중재하다, 사이에 들다 명 **intervention** **intervene** in a dispute 분쟁을 중재하다	

		0636
interview [íntəvjuː]	회견하다 have an **interview** with …와 회견하다	

		0637
introduce [intrədjúːs]	소개하다, 도입하다 명 **introduction** **introduce** oneself 자기소개를 하다	

		0638
intrude [intrúːd]	참견하다, 억지로 밀어 넣다 명 **intrusion** **intrude** one's opinion upon others 자기의견을 남에게 강요하다	

		0639
invade [invéid]	침입하다, 밀어닥치다 명 **invasion** be **invaded** by tourists 관광객이 밀어닥치다	

		0640
invent [invént]	발명하다, 날조하다 명 **invention** **invent** a new device 새 장치를 발명하다	

invest [invést]	0641 투자하다, 운용하다 명 investment, investiture invested capital 투입 자본	
investigate [invéstgèit]	0642 조사하다, 연구하다 명 investigation 형 investigative	
invite [inváit]	0643 초대하다, 초청하다 명 invitation invite a person to one's house …을 집에 초대하다	
involve [invá(ɔ́)lv]	0644 포함하다, 관계하다 involve a person in a quarrel …을 싸움에 끌어들이다	
irrigate [írigeit]	0645 물을 대다, 관개하다 명 irrigation	
irritate [íriteit]	0646 짜증나게 하다 명 irritation He was irritated against me. 그는 나에게 화를 내고 있었다.	
isolate [áisəleit]	0647 고립시키다, 격리하다 명 isolation isolate oneself from all society 사회와 모든 교류를 끊다	
issue [íʃuː]	0648 발행하다, 나오다 명 issuance The attempt issued in failure. 그 기도는 실패로 끝났다	

342

join
[dʒɔin]

0649
결합하다, 합세하다 (명) **joint**, **junction**
join a club 클럽에 가입하다
join out the odds 뚜쟁이 노릇을 하다

judge
[dʒʌdʒ]

0650
판단하다, 재판하다
Don't **judge** others too harshly.
남을 너무 심하게 비판하지 마라

justify
[dʒʌ́stifài]

0651
정당화하다 (명) **justification**
justify oneself 자기의 행위를 변명하다
The end **justifies** the means.
결과만 좋으면 수단은 가리지 않는다

keep
[kiːp]

0652
보유하다, 계속하다
How are you **keeping**? 안녕하세요?
You can **keep** it. 괜찮으니 받아 두시오

kick
[kik]

0653
걷어차다
a **kick** in the pants 비참한 패배

kill
[kil]

0654
죽이다, 살해하다
If looks could **kill**.
그 노려보는 눈초리는 정말 무시무시했어

kindle
[kíndl]

0655
점화하다, 불붙이다
The policy **kindled** them to revolt.
그 정책은 폭동을 유발했다

kneel
[niːl]

0656
무릎 꿇다 (명) **knee**
kneel down 꿇어앉다

0657

knock [nɑ(ɔ)k]
치다, 두드리다, 때리다
knock down …을 때려눕히다
Knock it off! 그만 두어라, 잠자코 있어라

0658

know [nou]
알다, 알고있다 몡 **knowledge**
as I **know** on 내가 알기에는
I wouldn't **know**. 알게 뭐야

0659

lack [læk]
부족하다, 모자라다
She **lacks** common sense. 그녀는 상식이 없다.

0660

lament [ləmént]
슬퍼하다, 비탄하다 몡 **lamentation**
lament one's hard fate 자신의 불운을 슬퍼하다

0661

land [lænd]
상륙하다, 착륙하다
land like a cat 난관을 극복하다
be nicely **landed** 곤경에 빠져있다

0662

last [læ(ɑː)st]
지속하다, 계속하다
last out …의 끝까지 견디다

0663

lay [lei]
놓다, 눕히다, 알을 낳다 **laid-laid**
lay asleep 잠을 재우다

0664

lead [liːd]
인도하다, 안내하다 **led - led**
lead the way 길을 안내하다

0665

leak [liːk]
새어나오다, 누설하다
몡 **leakage** 혱 **leaky**
take a **leak** 오줌 누다

lean [liːn] 0666
기대다, 의지하다 leaned - leaned
lean on person's arm …의 팔에 기대다
Lean off the chair. 의자에 기대지 마라

leap [liːp] 0667
깡충 뛰다, 날뛰다 leapt - leaped
Look before you leap.
행동으로 옮기지 전에 잘 생각하라

learn [ləːrn] 0668
배우다, 공부하다, 알다 learned - learned
[형] learned
learn by heart 암기하다

leave [liːv] 0669
떠나다, 그만두다 left - left
Leave it at that. 그만큼만 해 두게
Take it or leave it. 사든 말든 맘대로 하시오

lend [lend] 0670
빌려주다, 빌리다 lent - lent
Lend me a nickel. 5센트만 꾸어 줘

liberate [líbərèit] 0671
해방하다, 자유롭게 만들다
[명] liberation [형] liberal
liberate a slave 노예를 해방하다

lick [lik] 0672
핥다, 이기다
This lick me.
이것에는 손들었어, 뭐가 뭔지 잘 모르겠다
Lick it! 입 닥쳐
Lick my froth! 꺼져!

lie [lái] 0673
거짓말하다 lied - lied
Your're lying to me. 너는 나에게 거짓말을 하고 있어

lie [lái]	0674 눕다, 드러눕다 **lay - lain** **lie on one's back** 반듯이 눕다
lift [lift]	0675 들어올리다 **lift up one's horn** 야심을 품다
limit [límit]	0676 한정하다, 제한하다 [명] **limitation** **The sky's the limit.** 제한 없다, 한도가 없다
litter [lítər]	0677 어지럽히다 [형] **littery** **No litter.** 쓰레기 버리지 마시오
locate [loukéit]	0678 위치시키다, 찾아내다 [명] **location** [형] **local** **Where is Seoul located?** 서울은 어디에 있느냐
lodge [lá(ɔ)dʒ]	0679 숙박하다 **lodge at a hotel** 호텔에 묵다
loiter [lɔ́itər]	0680 어슬렁거리다, 배회하다 **Don't loiter on your way home.** 귀가 도중 빈둥거리지 마라
long [lɔ́:(ɔ)ŋ]	0681 갈망하다 **long for something new** 새로운 뭔가를 애타게 바랐다
lose [lu:z]	0682 잃다, 상실하다, 지다 **lost - lost** [명] **loss** **lose oneself** 길을 잃다 **I lost to him.** 나는 그에게 졌다

		0683
magnify [mǽgnəfài]	확대하다, 과장하다 圐 **magnification** **magnify** oneself 뽐내다	

		0684
maintain [meintéin]	지속하다, 유지하다, 주장하다 圐 **maintenance** **maintain** a correct posture 바른 자세를 유지하다	

		0685
manage [mǽnidʒ]	경영하다, 그럭저럭 해내다 圐 **management** I'll **manage** it somehow. 어떻게든 해보겠다	

		0686
mark [mɑːrk]	표시하다, 채점하다 **mark** exams 시험을 채점하다	

		0687
marvel [mɑ́ːrvəl]	놀라다, 이상히 여기다 **marvel** at his courage 그의 용기에 놀라다	

		0688
match [mætʃ]	어울리다, 조화하다 **match** actions and beliefs 행동과 이념을 일치시키다	

		0689
measure [méʒəːr]	측정하다, 평가하다 圐 **measurement** **measure** a person at a glance …을 한눈에 판단하다	

		0690
meddle [médl]	간섭하다, 관여하다 neither make nor **meddle** 일체 간섭하지 않겠다	

		0691
meditate [médətèit]	명상하다, 꽤하다 圐 **meditation** 圐 **meditative** **meditate** the Muse 시상에 잠기다	

0692
melt
[melt]
녹다, 녹이다
The ice **melted**. 얼음이 녹았다

0693
mend
[mend]
고치다, 수선하다
mend one's manner 태도를 고치다
Things are **mending**. 사태가 호전되고 있다

0694
mention
[ménʃən]
언급하다, 간단히 말하다
Don't **mention** it. 천만의 말씀입니다

0695
migrate
[máigreit]
이주하다
명 **migration** 형 **migratory**

0696
mingle
[míŋgl]
섞다
mingle wine and soda 술에 소다를 섞다

0697
minimize
[mínimàiz]
최소로 하다
명 **minimum** 형 **minimal**

0698
mistake
[mistéik]
오해하다, 착각하다
There is no **mistaking**. 틀릴 리가 없다

0699
modify
[má(ɔ́)difai]
수정하다, 변경하다 명 **modification**
modify a contract 계약을 일부 변경하다

0700
mount
[maunt]
오르다, 타다
mount a hill 산에 오르다

0701
multiply
[mʌ́ltiplài]
증대시키다, 곱하다
multiply oneself with reading
독서로 자신을 풍부하게 하다

0702
murder
[mə́ːdər]
살해하다 [형] **murderous**
murder the King's English 서투른 영어를 쓰다

0703
mutter
[mʌ́tər]
중얼거리다, 불평을 말하다
mutter an oath 저주의 말을 중얼거리다

0704
narrate
[nærέit]
이야기하다
[명] **narration** [형] **narrative**

0705
navigate
[nǽvigèit]
항해하다, 비행하다 [명] **navigation**
navigate a river 강을 항해하다

0706
neglect
[niglékt]
무시하다, 소홀히 하다
[명] **negligence** [형] **neglectful, negligence**
neglect one's appearance
외모에 신경 쓰지 않다

0707
negotiate
[nigóuʃièit]
협상하다 [명] **negotiation**
negotiate a loan 차관 협정하다

0708
nod
[nɑ(ɔ)d]
끄덕이다
Homer sometimes nods.
원숭이도 나무에 떨어질 때가 있다

0709
nominate
[nɑ́(ɔ́)minèit]
지명하다, 임명하다
[명] **nomination** [형] **nominative**

		0710
note [nout]	주의하다, 적어 두다　형 **notable** **Note** that this is essential. 이것이 필수적임을 유념하라	

		0711
notice [nóutis]	알아채다, 주의하다 I did not **notice** him. 나는 그를 알아보지 못했다	

		0712
notify [nóutəfài]	통지하다, 신고하다　명 **notification** **notify** th police　경찰에 신고하다	

		0713
nourish [nə̀ː(ʌ)riʃ]	영양분을 주다, 기르다　명 **nourishment** Milk **nourishes** a baby. 우유는 젖먹이의 영향이 된다	

		0714
obey [oubéi]	순종하다, 준수하다 명 **obedience**　형 **obedient** You should **obey** your parents, 부모님의 말씀은 잘 듣지 않으면 안된다	

		0715
object [ábdʒekt]	반대하다, 항의하다 명 **objection**　형 **objective** I **object**.　이의 있소 if you don't **object**　이의가 없다면	

		0716
obligate [ábləgèit]	강요하다 Parents are **obligated** to support their children.　부모는 자녀를 양육할 의무가 있다	

		0717
oblige [əbláidʒ]	어쩔 수없이 …하게 되다　명 **obligation** **We were obliged to obey him.** 그에게 복종하지 않을 수 없었다	

		0718
observe [əbzə́:rv]	관찰하다, 준수하다 명 **observation**　형 **observant** **observe law** 법을 준수하다	

		0719
obstruct [əbstrʌ́kt]	방해하다 명 **obstruction**　형 **obstructive** **obstruct a road** 길을 막다	

		0720
obtain [əbtéin]	얻다, 획득하다 **obtain knowledge through study** 연구를 통해서 지식을 얻다	

		0721
occupy [á(ɔ́)kjupai]	차지하다, 종사하다　명 **occupation** **Occupied** 사용중(목욕실, 화장실 등에 표시)	

		0722
occur [əkə́:r]	발생하다, 문득 생각나다 명 **occurrence** **if anything should occur** 만일의 경우에	

		0723
offend [əfénd]	위반하다, 화나게 하다 명 **offense**　형 **offensive** **offend the ear** 귀에 거슬리다 **offend against the custom** 관습에 어긋나다	

		0724
offer [ɔ́:(ɔ́)fər]	제의하다, 제공하다 **offer an opinion** 의견을 말하다	

omit [oumít]	0725 생략하다, 빼다 명 omission omit to write one's name 이름 쓰는 것을 잊다	
ooze [uːz]	0726 스며 나오다, 새어 나오다 ooze its way 줄줄 흘러나오다 The secret oozed out. 비밀이 누설되었다	
operate [á(ɔ́)pərèit]	0727 움직이다, 수술하다, 작동시키다 명 operation 형 operative Elevators are operated by electricity. 엘리베이터는 전기로 움직인다	
oppose [əpóuz]	0728 반대하다, 대항하다 명 opposition 형 opposite oppose violence to violence 폭력에 대항하여 폭력으로 맞서다	
oppress [əprés]	0729 억압하다, 압박하다 명 oppression 형 oppressive be oppressed with trouble 근심으로 마음이 무겁다	
organize [ɔ́ːɡənàiz]	0730 조직하다, 체계화하다 명 organ, organization 형 organic organize a committee 위원회를 조직하다	
originate [ərídʒinèit]	0731 시작하다, 비롯되다 명 origin, originality The practice originated with the Chinese. 그 습관은 중국인에서 비롯되었다	

outgrow [autgróu]	보다 더 커지다 **outgrow** one's brother 형보다 더 커지다	0732
outline [áutlain]	윤곽을 그리다, 개요를 말하다 give an **outline** of ⋯의 개요를 말하다	0733
outlive [àutlív]	보다 오래 살다 **outlive** one's children 자식을 앞세우다	0734
overcrowd [òuvərkraúd]	과도하게 몰려들다 be **overcrowded** with ⋯으로 혼잡하다	0735
overflow [òuvərflóu]	범람하다, 넘치다 Her heart is **overflowing** with gratitude. 그녀의 가슴은 감사한 마음으로 차 있다	0736
overrun [òuvərrán]	우거지다, 넘다, 퍼지다 **overrun** oneself 녹초가 되다	0737
overtake [òuvərtéik]	따라잡다, 능가하다 No **Overtaking** 추월 금지	0738
overthrow [òuvərθróu]	전복하다, 뒤엎다 give the **overthrow** 멸망시키다	0739
overwhelm [òuvərhwélm]	압도하다 be **overwhelmed** by remorse 자책으로 인해 어찌할 줄 모르다	0740

		0741
overwork [ðəvərwə́:rk]	과로하다 **overwork** oneself 과로하다	
owe [ou]	신세지다, 빚지다 I **owe** much to him. 나는 그에게 많은 신세를 지고 있다	0742
pack [pæk]	짐을 싸다 **pack** up 짐을 꾸리다	0743
panic [pǽnik]	당황하다 Don't **panic** 당황하지 마라, 침착해라	0744
paralyze [pǽrəlaiz]	마비시키다, 무력하게 만들다　몡 **paralysis** be **paralyzed** with fear 두려움 때문에 얼어붙다	0745
participate [pɑːtísəpèit]	참여하다, 관여하다　몡 **participation** **participate** in a debate 토론에 참가하다	0746
pat [pæt]	가볍게 두드리다, 토닥거리다 a **pat** on the back 칭찬	0747
pause [pɔːz]	쉬다, 중단하다 without **pause** 끊임없이, 쉬지 않고	0748
pave [peiv]	도로를 포장하다　몡 **pavement** **pave** the way for …의 길을 닦다	0749
peck [pek]	쪼다 **peck** a hole in a tree 나무에 구멍을 뚫다	0750

peel [pi:l]	껍질을 벗기다 **peel eggs** 체면 차리다	0751
peep [pi:p]	엿보다, 들여다 보다 **Someone is peeping in.** 누군가 엿보고 있다	0752
penetrate [pénətrèit]	침투하다, 꿰뚫다 몡 **penetration** **penetrate a person's mend** …의 마음을 꿰뚫어 보다	0753
perceive [pərsí:v]	인지하다, 지각하다 몡 **perception** **perceive a faint sound** 희미한 소리를 감지하다	0754
perfect [pə́:rfikt]	완벽하게 하다, 완성하다 몡 **perfection** 뷔 **perfect**	0755
perform [pərfɔ́:rm]	수행하다, 실행하다 몡 **performance** **perform a contract** 계약을 이행하다	0756
perish [périʃ]	사라지다, 죽다 **perish with hunger** 굶어 죽다 **perish by the sword** 칼로 망하다	0757
permit [pəmít]	허락하다, 허가하다 몡 **permission** **Permit me to say…** 죄송한 말씀입니다만 **weather permitting** 날씨가 놓으면	0758
perplex [pərpléks]	당황하게 하다 몡 **perplexity** **be perplexed with the question** 그 문제로 난처해하고 있다	0759

0760

persecute
[pə́ːrsikjùːt]

박해하다, 학대하다

몡 **persecution** 혱 **persecutive**
The boy persecuted me with questions.
그 소년은 나에게 귀찮은 질문을 해댔다

0761

persevere
[pə̀ːrsivíər]

인내하다, 견디어내다

몡 **perseverance** 혱 **perseverant**

0762

persist
[pərsíst]

우기다, 고집하다 몡 **persistence**

persist in one's opinion 자기의 의견을 고집하다

0763

persuade
[pəːrswéid]

설득하다, 확인시키다

몡 **persuasion** 혱 **persuasive**
be persuade of …을 확신하고 있다

0764

pinch
[pintʃ]

꼬집다, 집다

pinch and save 인색하게 굴어 돈을 모으다

0765

pitch
[pitʃ]

던지다, 텐트를 치다

pitch a yarn 허풍을 떨다

0766

pity
[píti]

동정하다, 불쌍히 여기다

혱 **piteous, pitiful**
The pity of it! 참 안됐다
What a pity! 얼마나 딱한 일이냐, 유감천만이다

0767

play
[pléi]

놀다, 경기를 하다, 연주하다

play on words 말장난하다
play with oneself 자위하다

0768

plead [plíːd]
간청하다, 변호하다 똉 **plea**
plead not guilt 무죄를 주장하다

0769

please [plíːz]
기쁘게 하다 똉 **pleasant** 혱 **pleasure**
Choose what you please.
좋아하는 것을 고르시오
Please open it. 제발 그것을 열어주세요

0770

pluck [plʌk]
잡아뜯다 혱 **plucky**
pluck feathers from his a bird
새의 깃털을 잡아뜯다
pluck away 쥐어뜯다

0771

plunge [plʌndʒ]
뛰어들다, 던져넣다
be plunged into despair 절망으로 몰아넣다
at a plunge 오도가도 못하게 되어

0772

poise [pɔiz]
균형을 잡다
poise a basket on one's head
바구니를 머리에 이다
poise oneself 평형을 유지하다

0773

poison [pɔ́izn]
해를 입히다, 독을 넣다 혱 **poisonous**
What's your poison? 무슨 술을 마시려나?

0774

polish [pá(ɔ́)liʃ]
닦다, 광택을 내다
polish one's shoes 구두를 닦다

0775

pollute [pəlúːt]
더럽히다, 오염시키다 똉 **pollution**
pollute a person's honor …의 명예를 더럽히다

0776

pose
[pouz]

자세를 취하다

pose a model for a picture
그림을 그리기 위해 모델에게 포즈를 취하게 하다

0777

possess
[pəzés]

소유하다, 지니다

몡 **possession** 혱 **possessive**
possess a vote 선거권을 가지다
Possess your soul in patience. 꾹 참고 견뎌라

0778

pour
[pɔːr]

따르다, 붓다

Please pour it carefully. 주의해서 따라 주십시오
It never rains but it pours. 불행은 겹치는 법

0779

practice
[prǽktis]

연습하다, 실행하다

몡 **practical** 븟 **practically**
Practice makes perfect. 배우기보다 익혀라
practice early rising 항상 일찍 일어나다

0780

praise
[préiz]

칭찬하다

God be praised! 고마워라
sing one's own praises 자화자찬하다

0781

pray
[prei]

빌다, 간청하다 몡 **prayer**

Pray don't mention it. 천만의 말씀
pray for pardon 용서를 빌다

0782

preach
[príːtʃ]

전도하다, 설교하다

몡 **preachment** 혱 **preachy**
preach the Gospel 복음을 전하다
preach to deafears 소귀에 경읽기다

0783
precede
[priːsíːd]
앞서다　명 **precedent, precedence**
This precedes all others.
이것은 다른 모든 것보다 우선이다

0784
predict
[pridíkt]
예언하다　명 **prediction**　형 **predictive**
The weather forecast predicts
sunshine for tomorrow.
일기예보에 의하면 내일은 쾌청할 것이라고 한다

0785
prefer
[prifə́ːr]
더 좋아하다　명 **preference**
Which do you prefer this or that?
이것과 저것 중 어느 것이 좋으냐?
I prefer spring to fall.　나는 가을보다 봄이 좋다

0786
prepare
[pripɛ́ər]
준비하다, 마련하다　명 **preparation**
prepare a lecture　강의를 준비하다
prepare to climb down　하산 채비를 하다

0787
prescribe
[priskráib]
규정하다, 처방하다
명 **prescription**　형 **prescriptive**
Do what the law prescribes.
법이 정하는 바를 하여라

0788
present
[préznt]
선물을 주다, 증정하다　명 **presentation**
present an appearance of　…의 인상을 주다
Present arms!　받들어 총

0789
preserve
[prizə́ːv]
보존하다, 보호하다
명 **preservation**　형 **preservative**
well preserved　(나이보다) 젊게 보이는

0790

preside
[prizáid]

사회를 보다

preside over a ceremony 식의 사회를 보다

0791

press
[pres]

누르다, 강조하다, 압박하다 명 **pressure**

press down 억누르다
Time presses. 시간이 절박하다

0792

presume
[prizú:m]

가정하다, 상상하다

명 **presumption** 형 **presumptive**
Mr. A, I presume? A씨이시죠
You presume. 주제넘다. 건방지다

0793

pretend
[priténd]

가장하다, 체하다

명 **pretense, pretension** 형 **pretentious**
pretend ignorance 시치미떼다
pretend illness 꾀병을 앓다

0794

prevail
[privéil]

우세하다, 이기다, 설득하다

명 **prevalent** 형 **prevalence**
I tried, but could not prevail with him.
그를 설득하려 했으나 허사였다

0795

prevent
[privént]

막다, 방해하다

명 **prevention** 형 **preventive**
prevent an accident 사고를 방지하다

0796

proceed
[prəsí:d]

앞으로 나아가다

명 **process, procession, procedure**
This proceeded from ignorance.
이것은 무지에서 생긴 것이다

0797

proclaim
[prəkléim]
선언하다　명 **proclamation**
proclaim war　선전포고하다

0798

procure
[prəkjúər]
획득하다, 조달하다
명 **procurement**
procure employment　직업을 얻다

0799

produce
[prədjúːs]
생산하다, 일으키다
명 **product**, **production**　형 **productive**
The tree **produces** big fruit.
그 나무에는 큰 열매가 맺힌다

0800

profess
[prəfés]
공언하다, 단언하다　명 **profession**
profess a dislike for jazz
재즈는 싫다고 분명히 말하다

0801

prohibit
[prouhíbit]
금하다　명 **prohibition**
prohibit the sale of alcoholic drinking
주류 판매를 금지한다

0802

prolong
[prəlɔ́ː(ɔ́)ŋ]
연장하다, 늘리다　명 **prolongation**
prolong a line　선을 길게 하다

0803

promise
[prá(ɔ́)mis]
약속하다
keep one's **promise**　약속을 지키다
Promises, **promises**　약속은 약속이다

0804

promote
[prəmóut]
향상시키다, 승진하다　명 **promotion**
promote digestion　소화를 촉진하다

		0805
pronounce [prənáuns]	발음하다, 선언하다 · 명 **pronunciation** **pronounce a word correctly** 단어를 정확하게 발음하다	

		0806
propagate [prá(ɔ́)pəgèit]	번식(증식)시키다 · 명 **propagation** **propagate itself** 번식하다	

		0807
prophesy [prá(ɔ́)fəsài]	예언하다, 예측하다 명 **prophesy** 형 **prophetic** **prophesy a typhoon** 태풍을 예보하다	

		0808
propose [prəpóuz]	제안하다, 청혼하다 명 **proposal**, **proposition** **Man propose, God disposes.** 인간은 일을 계획하지만 신은 성패를 가르신다	

		0809
prospect [prá(ɔ́)spekt]	전망하다, 광맥을 찾다 · 형 **prospective** **be in prospect** 가망이 있다 **a prospect of recovery** 회복할 가망	

		0810
prosper [prá(ɔ́)spər]	번영하다 · 명 **prosperity** 형 **prosperous** **prosper in business** 사업에 성공하다 **Heaven prosper you!** 성공을 빕니다	

		0811
protect [prətékt]	보호하다, 막다 명 **protection** 형 **protective** **protect low wages** 저임금에 항의하다	

		0812
protest [prətést]	이의를 제기하다, 단언하다 · 명 **protestation** **without protest** 이의 없이	

362

0813
prove [pruːv]
입증하다 [명] proof
prove one's courage 용기를 시험하다

0814
provide [prəváid]
공급하다, 주다
[명] provision [형] provident
provide for old age 노후에 대비하다

0815
provoke [prəvóuk]
약올리다, 화나게 하다
[명] provocation [형] provocative
Don't provoke the dog. 그 개를 약올리지 마라

0816
publish [pʌ́bliʃ]
출판하다, 발표하다 [명] publication
publish the new 소식을 알리다

0817
purchase [pə́ːrtʃəs]
구입하다, 사다
purchase a new car 새차를 구입하다

0818
purge [pəːdʒ]
깨끗이 하다 [명] purgation [형] purgative
purge away one's sins 죄를 씻다

0819
purify [pjúːrəfài]
정화하다
[명] purity, purification [형] pure
purify metals 금속을 제련하다

0820
pursue [pərsúː(sjúː)]
추구하다, 쫓다 [명] pursuit
pursue pleasure 쾌락을 추구하다

0821
push [puʃ]
밀다, 밀치다 [형] pushy
push the mark skyward 신기록을 세우다

		0822
puzzle [pʌzl]	당황하게 하다 **puzzle out a mystery** 수수께끼를 풀다	

		0823
qualify [kwá(ɔ)ləfài]	자격을 주다, 제한하다 몡 **quality, qualification** These experiences qualify her for the job. 이러한 경험이 있기 때문에 그녀는 그 일에 적격이다	

		0824
quarrel [kwɔ́:(ɔ)rəl]	싸우다 몡 **quarrelsome** It takes two to make a quarrel. 상대가 있어야 싸움이 된다	

		0825
quit [kwit]	그만두다 몡 **quittance** Death quits all scores. 죽음은 모든 것을 청산한다	

		0826
quiver [kwívər]	떨다, 흔들리다 **quiver with fear** 공포에 떨다	

		0827
quote [kwout]	인용하다, 견적을 내다 몡 **quotation** **quote Milton** 밀턴의 시를 인용하다	

		0828
radiate [réidièit]	빛을 발하다 몡 **radiation** 혱 **radiant** **radiate in all directions** 사방팔방으로 퍼지다	

		0829
raise [reiz]	올리다, 들어올리다 **raise the wind** 돈을 변통하다	

		0830
rally [rǽli]	다시 모으다, 규합하다 **rally one's friends** 친구를 불러모으다	

		0831
ramble [ræmbl]	소요하다, 거닐다 **ramble** about in the countryside 시골을 산책하다	

		0832
reach [riːtʃ]	도달하다, 팔을 뻗다 **Reach** him a kick. 그놈을 차버려 **reach** old age 노령에 달하다	

		0833
react [riǽkt]	반응하다 명 **reaction** 형 **reactionary** **react** to a drug 약에 반응하다	

		0834
read [riːd]	읽다, 낭독하다 **read** between the line 말속의 숨은 뜻을 읽다	

		0835
realize [ríːəlàiz]	깨닫다, 이해하다 명 **realization** 형 **real** He **realized** how difficult it was. 그는 그것이 얼마나 어려운가를 알았다	

		0836
reap [riːp]	수확하다, 베다 **reap** the fruits of one'actions 자업 자득	

		0837
rear [riər]	기르다, 교육하다, 세우다 **rear** a monument to a person …을 기념하여 비를 세우다	

		0838
reason [ríːzn]	추론하다, 판단을 내리다 형 **reasonable** not to **reason** why 당신들에게는 이러쿵저러쿵 말할 권리가 없다	

365

0839
rebate
[ríbeit]
할인하다
He **rebated** five dollars to me.
그는 내게 5달러를 환불해 주었다

0840
rebel
[rébl]
반역하다, 반란을 일으키다
(명) **rebellion** (형) **rebellious**
My mind **rebels** at the thought.
그것을 생각하면 오싹해진다

0841
rebuke
[ribjúːk]
꾸짖다, 비난하다
without rebuke 나무랄 데 없이

0842
recall
[rikɔ́ːl]
상기하다, 회상하다, 소환하다
Try to recall who he is.
그가 누구인지 생각해 봐

0843
receive
[risíːv]
받다
(명) **receipt, reception** (형) **receptive**
receive attention 주목을 받다

0844
recite
[risáit]
암송하다, 읊다 (명) **recital**
recite a poem 시를 낭송하다

0845
reckon
[rékən]
세다, 계산하다
reckon the cost of trip 여행비용을 계산하다

0846
recognize
[rékəgnàiz]
인식하다, 인정하다
(명) **recognition** (형) **recognizant**
He **recognized** that he had been beaten.
그는 졌다는 것을 인정하였다

366

recollect 0847
[rèkəlékt]
회상하다, 생각해 내다
명 recollection 형 recollective
as far as I recollect 내가 기억하는 한에서는

recommend 0848
[rèkəménd]
추천하다, 권하다
명 recommendation
형 recommendatory
recommend a person to stop drinking
…에게 금주할 것을 권하다

reconcile 0849
[rékənsàil]
화해하다, 조정하다
명 reconciliation 형 reconciliatory
reconcile person to each other
두 사람을 화해시키다

reconstruct 0850
[rì:kənstrʌ́kt]
재건하다 명 reconstruction
reconstruct the events of the murder
살인 사건을 재현하다

recover 0851
[rikʌ́vər]
회복하다, 되찾다 명 recovery
recover a person to life …를 소생시키다

record 0852
[rikɔ́:rd]
기록하다
record history in books
역사를 책으로 하여 기록하다

recreate 0853
[rékrièit]
휴양하다 명 recreation
A cup of coffee will recreate you.
커피 한 잔 마시면 기분이 날 겁니다

		0854
recur [rikə́:r]	재발하다, 되돌아가다 똉 **recurrence** 똉 **recurrent** **The idea kept recurring.** 그 생각이 머리에서 떠나지 않았다	

		0855
recycle [sáikl]	재활용하다 **recycled paper** 재생지	

		0856
redeem [ridí:m]	채무를 변제하다, 되사다 똉 **redemption** **redeem one's pawned watch** 전당잡힌 시계를 찾다	

		0857
reduce [ridjú:s]	감소하다, 줄이다 똉 **reduction** 똉 **reductive** **reduce one's weight** 체중을 줄이다	

		0858
refer [rifə́:r]	언급하다, 참조하다 똉 **reference** **refer to a dictionary** 사전을 찾아보다	

		0859
refine [rifain]	순화하다, 정제하다 똉 **refinement** **refine one's taste and manners** 취미와 예의를 품위 있게 하다	

		0860
reflect [riflékt]	반사하다, 반영하다 똉 **reflection** 똉 **reflective** **A mirror reflects your face.** 거울은 얼굴을 비친다	

		0861
reform [rifɔ́:rm]	개혁하다, 개선하다 똉 **reformation** **reform the criminal codes** 형법을 개정하다	

0862
refresh [rifréʃ]
새롭게 하다 [명] refreshment
feel refreshed 기분이 상쾌하다

0863
refrain [rifréin]
그만두다, 삼가다
I cannot refrain from laughing.
웃지 않을 수가 없다

0864
refuse [rifjúːz]
거절하다, 사절하다 [명] refusal
refuse a person money
…에게 돈을 주기를 거부하다

0865
regard [rigάːrd]
간주하다 [형] regardful
as regards …에 관해서는
regard the situation as serious
사태를 중대시하다

0866
register [rédʒistəːr]
등록하다, 기록하다
[명] registration, registry
register the birth of baby
아이의 출생신고를 하다

0867
regret [rigrét]
유감스러워 하다
[형] regretful, regrettable
It is to be regretted that …은 유감스러운 일이다

0868
regulate [régjulèit]
규제하다, 조절하다 [명] regulation
regulate the temperature 온도를 조절하다

0869
rehearse [rihə́ːrs]
연습하다 [명] rehearsal
rehearse for a new play to 연극을 시연하다

0870
reign
[rein]
통치하다
Silence reign. 만물이 고요하다

0871
reinforce
[rìːinfɔ́ːs]
강화하다, 보강하다 명 **reinforcement**
reinforce a supply 공급을 늘리다

0872
reject
[ridʒékt]
거절하다, 거부하다 명 **rejection**
reject a vote 투표를 거부하다

0873
rejoice
[ridʒɔ́is]
기쁘게 하다
a song to rejoice the heart
마음을 즐겁게 하는 노래

0874
relate
[riléit]
관련시키다, 이야기하다
명 **relation, relative**
Strange to relate 이상한 이야기지만

0875
relax
[rilǽks]
긴장을 늦추다, 편하게 하다 명 **relaxation**
relax the muscles 근육의 긴장을 풀다

0876
release
[rilíːs]
풀어놓다, 석방하다
release the letter for publication
그 서한을 공개하다

0877
relieve
[rilíːv]
덜어주다, 경감하다 명 **relief**
relieve nature 소변을 보다

0878
rely
[rilái]
의지하다, 믿다 명 **reliance** 형 **reliable**
rely upon it 틀림없이, 반드시

remain [riméin]

0879

남다

I **remain** your sincerely. 경구(편지의 끝맺음 말)
Let it **remain** as it is. 그대로 내버려둬라

remark [rimá:rk]

0880

언급하다, 감지하다　(형) **remarkable**

as **remarked** above 위에서 말한 대로

remedy [rémidi]

0881

치료하다, 개선하다

remedy an evil 악폐를 제거하다

remember [rimémbə:r]

0882

생각해 내다, 상기하다　(명) **remembrance**

remember the poem by heart 시를 암송하다

remind [rimáind]

0883

상기시키다, 생각나게 하다

That **reminds** me. 그러고 보니 생각난다

remove [rimú:v]

0884

제거하다, 옮기다　(명) **removal**, **remotion**

remove one's coat 윗옷을 벗다

render [réndər]

0885

주다, 표현하다　(명) **rendition**

render evil for enemy 선을 악으로 보답하다

renounce [rináuns]

0886

포기하다, 폐기하다　(명) **renunciation**

renounce friendship 절교하다

rent [rent]

0887

임대하다

For **rent** 셋집(방) 있음

repair [ripέər]

0888

수리하다

Repairs done while you wait.
즉석에서 수선해 드립니다

		0889
repeat [ripíːt]	반복하다, 되풀이하다 명 **repetition** **not bear** repeating 다시 입에 담을 수 없는 말	

		0890
repel [ripél]	쫓아버리다 형 **repellent** **The odor** repels **me.** 정말로 지독한 냄새다	

		0891
repent [ripént]	후회하다, 뉘우치다 명 **repentance** 형 **repentant** repent **of one's sin** 자기 죄를 뉘우치다	

		0892
replace [ripléis]	대신하다, 대체하다 명 **replacement** **A** replace **B as pitcher.** A가 B를 대신하여 투수가 된다	

		0893
reply [riplái]	응답하다 **make** reply 대답하다	

		0894
report [ripɔ́ːrt]	보고하다 **It is** reported **that he is ill.** 그가 아프다는 소식이 있다	

		0895
represent [rèprizént]	대표하다, 나타나다 명 **representation** 형 **representative** **The dove** represents **peace.** 비둘기는 평화를 상징한다	

		0896
reproach [ripróutʃ]	꾸짖다, 비난하다 형 **reproachful** reproach **a person for being idle** …의 나태함을 꾸짖다	

reproduce
[rìːprədjúːs]
0897
재생하다, 복사하다
명 reproduction 형 reproductive
reproduce a severed branch
잘려나간 가지를 재생하다

repute
[ripjúːt]
0898
평판하다 명 reputation 형 reputable
through good and ill repute
세평에 개의치 않고

request
[rikwést]
0899
요구하다, 청하다
request a permission to go out
외출 허가를 신청하다

require
[rikwáiər]
0900
필요로 하다, 요구하다
명 requirement, request 형 requisite
We require knowing it.
우리는 그것을 알 필요가 있다

rescue
[réskjuː]
0901
구조하다, 구출하다
rescue the environment from pollution
환경을 오염으로부터 구하다

research
[risə́ːtʃ]
0902
조사하다, 연구하다
a research institute 연구소
research cancer 암을 연구하다

resemble
[rizémbl]
0903
닮다 명 resemblance
closely resemble 아주(약간) 닮다

reserve
[rizə́ːrv]
0904
예약하다, 남겨두다 명 reservation
All right reserved 판권 소유

reside [rizáid]	0905 거주하다 [명] **residence** [형] **resident** **reside abroad** 외국에 거주하다
resign [rizáin]	0906 사임하다, 포기하다 [명] **resignation** **resign one's seat** 사직하다
resist [rizíst]	0907 저항하다, 방해하다 [명] **resistance** [형] **resistant** **resist tyranny** 압제에 저항하다
resolve [rizά(ɔ́)lv]	0908 결심하다, 결의하다 [명] **resolution** [형] **resolute** **The illness resolved itself.** 병은 자연적으로 치유되었다
resort [rizɔ́:rt]	0909 의지하다, 호소하다, 자주 드나들다 **resort to a hot spring** 온천에 잘 가다
respect [rispékt]	0910 존경하다 [형] **respectable** **respect oneself** 자존심이 있다
respire [rispáiə:r]	0911 호흡하다 [명] **respiration**
respond [rispά(ɔ́)nd]	0912 응답하다, 대답하다 [명] **respondent** [형] **responsive** **respond to a question** 질문에 답하다
restore [ristɔ́ə:r]	0913 회복하다, 복구하다 [명] **restoration** [형] **restorative** **restore one's makeup** 화장을 고치다

restrain [ristréin]	금하다, 삼가다 [명] **restraint** **restrain one's temper** 감정을 누르다	0914
restrict [ristríkt]	제한하다, 한정하다 [명] **restriction** [형] **restrictive** **restrict freedom of speech** 언론의 자유를 제한하다	0915
resume [rizú:(zjú:)m]	다시 시작하다, 되찾다 [명] **resumption** **resume conversation** 이야기를 다시 시작하다	0916
retain [ritéin]	보유하다, 간직하다 [명] **retention** [형] **retentive** **retain an old custom** 옛 관습을 존속시키다	0917
retire [ritáiər]	물러나다, 퇴직하다 [명] **retirement** **retire into a country** 낙향하다	0918
retreat [ritrí:t]	퇴각하다, 물러서다 **retreat from the front** 전선에서 퇴각하다	0919
return [ritə́:rn]	되돌아가다, 돌려주다 **return to one's old habit** 본래 습관으로 돌아가다	0920
reveal [riví:l]	누설하다, 드러내다 **reveal a secret** 비밀을 폭로하다	0921
revenge [rivéndʒ]	복수하다 **by one of Time's revenges** 기구하게도	0922

revere [rivíə:r]	0923 존경하다, 숭배하다 명 reverence 형 reverend	
reverse [rivə́:rs]	0924 거꾸로 하다 명 reversal Reverse arms! 거꾸로 총	
review [rivjú:]	0925 복습하다, 관찰하다 명 reviewal review the situation 상황을 살피다	
revive [riváiv]	0926 소생시키다 명 revival revive from a swoon 의식을 되찾다	
revolve [rivá(ɔ́)lv]	0927 회전하다 명 revolution The earth revolves on its axis. 지구는 자축을 중심으로 자전한다	
reward [riwɔ́:rd]	0928 보상하다, 상벌을 주다 The teacher rewarded him for his diligence. 선생님은 그에게 부지런하다고 상을 주셨다	
rid [rid]	0929 제거하다, 면하다 ridded-ridded 명 riddance rid the mind of doubt 의심을 떨쳐버리다	
ride [raid]	0930 말을 타다 rode - ridden ride on a bicycle 자전거를 타다	
ridicule [rídikjù:l]	0931 조롱하다, 비웃다 형 ridiculous lay oneself open to ridicule 남의 웃음거리가 될 만한 짓을 하다	

0932
ripen
[ráipən]
(과일 등이) 익다 [형] ripe
Friendship often ripens into love.
우정은 흔히 애정으로 발전한다

0933
roam
[roum]
거닐다, 배회하다
roam from place to place 이곳저곳을 배회하다

0934
roar
[rɔːr]
고함치다, 외치다
roar for mercy 살려 달라고 외치다

0935
rob
[rɑ(ɔ)b]
강탈하다, 빼앗다 [명] robbery
The gangsters robbed the bank.
갱들이 은행을 털었다

0936
roll
[roul]
구르다, 굴리다
roll out the red carpet 정중하게 마중하다

0937
rotate
[routéit]
교대하다, 회전하다 [명] rotation [형] rotary
The seasons rotate. 계절은 돌고 돈다

0938
rub
[rʌb]
문지르다, 비비다
There's the rub. 그것이 문제로다

0939
ruin
[rúːin]
파멸하다 [형] ruinous
Drink will be the ruin of him.
그는 술로 신세를 망치고 말 것이다

0940
rush
[rʌʃ]
돌진하다, 서두르다
Fools rush in where angels fear to tread.
하룻강아지 범 무서운 줄 모른다

sacrifice 0941
[sǽkrəfàis]
희생하다 혱 **sacrificial**
sacrifice sheep to God
신에게 양을 산 재물로 받치다

salute 0942
[səlúːt]
인사하다, 경례하다
몡 **salutation** 혱 **salutatory**
salute a person with cheers
…을 갈채로 맞이하다

satisfy 0943
[sǽtisfài]
만족시키다
몡 **satisfaction** 혱 **satisfactory**
satisfy one's hunger 공복을 채우다
satisfy oneself 만족하다

save 0944
[seiv]
구하다, 절약하다 몡 **savior** 혱 **safe**
A penny **saved** is a penny gained.
티끌 모아 태산

say 0945
[sei]
말하다, 주장하다
Who shall I **say**, sir? 누구시라고 할까요?
You don't **say** so? 설마, 그럴까
to **say** nothing of …은 말할 것도 없이

scare 0946
[skɛ́ər]
겁주다, 위협하다
scare birds away 새를 쫓아버리다

scatter 0947
[skǽtər]
흩어버리다, 뿌리다
scatter leaflets 전단을 뿌리다
scatter to the winds 뿔뿔이 흩어지다

scoff 0948
[skɔː(ɔ)f]
비웃다
the scoff of the world 세상의 웃음거리

scold 0949
[skould]
꾸짖다
scold at each other 서로 욕지거리하다

scorch 0950
[skɔːtʃ]
태우다, 그슬리다, 질주하다
He scorched off on a motorcycle.
그는 오토바이로 질주했다

scorn 0951
[skɔːrn]
경멸하다 [형] scornful
think scorn of …을 경멸하다

scramble 0952
[skræmbl]
기어오르다, 서로 다투다, 뒤섞다
scramble for a seat 자리를 먼저 잡으려고 다투다

scrape 0953
[skréip]
문지르다, 긁어내다
work and scrape 일하여 돈을 조금씩 모으다

scratch 0954
[skrǽtʃ]
할퀴다, 긁다 [형] scratchy
Scratch my back and I will scratch you.
오는 정이 있어야 가는 정이 있다
Old scratch 악마

scrawl 0955
[skrɔ́ːl]
갈겨쓰다
scrawl a letter 편지를 휘갈겨 쓰다

scream 0956
[skriːm]
소리치다, 비명을 지르다 [형] screamy
scream out a curse 소리질러 저주하다

		0957
scrub [skrʌb]	북북 문지르다, 비벼 빨다 **scrub out a dish** 접시를 문질러 닦다	

		0958
seal [siːl]	봉하다, 도장을 찍다 **seal up a letter** 편지를 봉하다	

		0959
search [sə:rtʃ]	뒤지다, 찾다 **search a house** 가택 수색하다 **Search me** 알게 뭐야	

		0960
seclude [siklúːd]	…에서 떼어놓다, 격리하다 몡 **seclusion** 혱 **seclusive** **seclude oneself from society** 사회에서 은둔하다	

		0961
seduce [sidjúːs]	부추기다, 꾀다 몡 **seduction** 혱 **seductive** **seduce a person into error** …를 속여 실수하게 하다	

		0962
see [siː]	보다, 구경하다 saw - seen 몡 **sight** **Let me see.** 어디 보자 **as I see it** 내가 보는 바로는 **You see** 아시다시피, 있잖아요	

		0963
seek [siːk]	찾다, 노력하다, 추구하다 **seek the truth** 진리를 추구하다	

		0964
seem [siːm]	…처럼 보이다, …인 듯하다 **She seems young.** 그녀는 젊어 보인다	

seize 0965
[siːz]
붙잡다, 이해하다
seize a person by the hand …의 손을 잡다

select 0966
[silékt]
고르다, 뽑다 몡 **selection**
select the best out of many books
많은 책 중에서 가장 좋은 것을 고르다

sell 0967
[sel]
팔다, 판매하다 **sold - sold** 몡 **sale**
a house to **sell** 팔 집
Do you **sell** sugar? 설탕 있습니까?

separate 0968
[sépərèit]
분리하다, 가르다
몡 **separation** 혱 **separative**
부 **separately**
separate good from evil 선악을 분별하다

serve 0969
[səːrv]
섬기다, 시중들다, 복무하다
몡 **service**
serve two ends 일거양득이다
First come, first **served**.
먼저 온 사람이 대접받는다

settle 0970
[sétl]
정착하다, 놓다, 해결하다
settle one's route 진로를 결정하다

shake 0971
[ʃeik]
흔들다, 진동시키다 혱 **shaky**
Shake it up! 서둘러라, 꾸물대지 마라

share 0972
[ʃɛːr]
분배하다, 공유하다
share expenses 비용을 분담하다
share and share alike 균등하게 부담하다

0973
shave [ʃeiv]
면도하다
by a close shave 간신히, 아슬아슬하게

0974
shift [ʃift]
옮기다, 방향을 바꾸다 [명] shifty
shift the tex 탈세하다
The scene shifts. 장면이 바뀐다

0975
shine [ʃain]
빛나다, 비치다
The shine brightly. 태양이 환하게 빛난다

0976
shiver [ʃívəːr]
떨다, 전율하다 [형] shivery
shiver with cold 추위로 떨다

0977
shoot [ʃuːt]
발사하다, 사진을 찍다
I'll be shot if it is true. 절대 그럴 리가 없다
Shoot it! 아이고, 어머나

0978
shout [ʃaut]
외치다, 큰소리를 내다
It is my shout. 내가 한턱 낼 차례다

0979
show [ʃou]
보이다, 나타내다 [형] showy
Show me how to do?
어떻게 하면 좋을지 가르쳐주시오

0980
shrink [ʃriŋk]
움츠러들다, 오그라들다 [명] shrinkage
shrink danger 위험을 겁내다

0981
shrug [ʃrʌg]
어깨를 으쓱하다 shrugged - shrugged
shrug away 시시하다고 무시해버리다

0982 **shut** [ʃʌt]	닫다, 잠그다 **Please shut the window.** 창문을 닫아주시오 **shut one's mouth** 입을 다물다
0983 **sigh** [sai]	한숨쉬다, 탄식하다 **sigh with relief** 안도의 한숨을 쉬다
0984 **signify** [sígnəfài]	의미하다, 표명하다 (명) **signification** (형) **significant** **What does this signify?** 그것은 어떤 뜻인가?
0985 **sing** [siŋ]	노래하다 (명) **song** **sing the same song** 같은 말을 되풀이하다
0986 **sink** [siŋk]	가라앉다, 쓰러지다 (명) **sinkage** **My heart sank.** 낙담했다
0987 **situate** [sítʃuèit]	위치시키다 (명) **situation** (형) **situational**
0988 **skip** [skip]	건너뛰다, 뛰어다니다 **skipped - skipped** **Skip it!** 그만둬, 더 이상 말하지마 **skip for joy** 기뻐서 깡충깡충 뛰다
0989 **slam** [slæm]	문을 쾅 닫다 **slam the door** 문전 퇴짜를 놓다
0990 **slap** [slæp]	찰싹 때리다 **slap a person's face** …의 빰을 찰싹 때리다

		0991
slay [slei]	살해하다, 죽이다 **slew - slain**	

		0992
sleep [sli:p]	잠자다 **slept - slept** 쥉 **sleepy** **sleep a sound sleep** 숙면하다	

		0993
slide [sláid]	미끄러지다 **slid - slid** **slide into a room** 살며시 방에 들어가다	

		0994
slip [slip]	미끄러지다 **slip - slipped** **slip from one's memory** 기억에서 사라지다 **Slip me five.** 자 악수하자	

		0995
slope [slóup]	경사지다, 비탈지다 **Slope arms!** 어깨 총	

		0996
smash [smǽʃ]	때려부수다, 깨뜨리다 **play smash** 파산하다, 몰락하다	

		0997
smile [smáil]	미소짓다, 웃다 **Fortune smiles on us.** 우리에게 행운이 웃음짓는다 **I should smile!** 좋겠지요, 그렇겠군, 웃기네	

		0998
smite [smáit]	치다, 세게 때리다 **smite the enemy** 적을 쳐부수다	

		0999
smoke [smóuk]	담배를 피우다, 연기를 내다 쥉 **smokey** **smoke oneself into composure** 담배를 피워 기분을 가라앉히다	

smooth [smuːð]	1000 매끄럽게 하다 His anger **smooths** down. 그의 노여움은 진정되었다
smuggle [smʌ́gl]	1001 밀수하다 **smuggle** oneself into a country 밀입국하다
snap [snǽp]	1002 잡아채다, 덥석 물다 [형] snappish, snappy **snap** up an offer 제의에 냉큼 응하다
snatch [snǽtʃ]	1003 잡아채다, 움켜쥐다 [형] snatchy **snatch** a few hours of sleep 틈을 타서 서너 시간 자다
sneer [sniəːr]	1004 조소하다, 비웃다 **sneer** a person down …을 경멸해 버리다
sniff [snif]	1005 코를 킁킁거리다, 냄새를 맡다 [형] sniffy I **sniff** something burning. 뭔가 타는 냄새가 난다
soak [souk]	1006 적시다, 담그다, 젖다 **soak** bread in milk 빵을 우유에 적시다 **soak** it 혼내다, 벌하다
soar [sɔːr]	1007 높이 치솟다, 폭등하다 His hopes **soared**. 그의 희망은 원대했다
sob [sɑ(ɔ)b]	1008 흐느끼다 **sob** one's eyes out 몹시 울어 눈이 붓다

		1009
soften [sɔ́:fən]	부드럽게 하다, 온화하게 하다 soften **into tears** 감격하여 울다	

		1010
solve [sɑ(ɔ)lv]	해결하다, 문제를 풀다 몡 **solution** solve **a problem** 문제를 풀다	

		1011
soothe [su:ð]	달래다, 진정하다 **I tried to** soothe **her nerves.** 나는 그녀의 신경을 가라앉혀 보려고 했다	

		1012
sow [sou]	씨뿌리다 **sowed - sown** **As a man** sows**, so he shall reap.** 자기가 뿌린 씨는 자기가 거둔다, 인과응보	

		1013
spank [spǽŋk]	볼기를 때리다 spank **a naughty child** 장난꾸러기를 찰싹 때리다	

		1014
spare [spɛəːr]	절약하다, 용서하다 [illegible]šŠ **sparely** Spare **the rod and spoil the child.** 매를 아끼면 자식을 망친다 **without** spare 가차없이	

		1015
speak [spi:k]	이야기하다, 연설을 하다 몡 **speech** **at they** speak 이른바, 소위 **not to** speak **of** …은 말할 것도 없이 **so to** speak 말하자면	

		1016
specify [spésəfài]	명확히 말하다, 일일이 열거하다 몡 **specification** 혱 **specific**	

speculate
[spékjulèit]

사색하다, 투기하다

명 **speculation** 형 **speculative**
speculate about the meaning of life
인생의 의미에 대해서 깊이 사색하다

1017

---

spell
[spel]

철자하다 **spelt - spelled**
Failure spells death. 실패하면 죽는다

1018

---

spend
[spénd]

쓰다, 소비하다, 낭비하다 **spent - spent**
Ill gotten, ill spent.
부정하게 번 돈은 오래가지 못한다

1019

---

spill
[spil]

엎지르다 **spilled - spilt**
without spilling a drop 한 방울도 흘리지 않고

1020

---

spin
[spin]

방적하다, 돌리다 **spun - spun**
A spider spins a web. 거미가 거미줄을 친다

1021

---

spit
[spit]

침을 뱉다 **spat - spat**
spit blood 피를 토하다
Spit it out! 빨리 말해!, 고백해

1022

---

splash
[splǽʃ]

튀다, 더럽히다 형 **splashy**
Don't splash water. 물을 튀기지 마라

1023

---

split
[split]

쪼개다, 찢다
They split off. 그들은 사이가 나빠졌다

1024

---

spoil
[spɔil]

망치다, 못쓰게 되다 **spoiled-spoilt**
명 **spoilage**
spoil eggs 계란이 썩다

1025

spout [spaut]	내뿜다, 솟아 나오다 **spout** out flames 화염을 내뿜다	1026
spread [spred]	펴다, 퍼지다 **spread - spread** **Spread** out the map. 지도를 펴시오 **spread** it on thick 과장하다	1027
sprinkle [spríŋkl]	끼얹다, 붓다 **sprinkle** a lawn 잔디에 물을 주다	1028
sprout [spraut]	싹이 트다 **The new leaves have sprouted up.** 새잎이 나왔다	1029
spur [spə:r]	박차를 가하다, 자극하다 **spurred - spurred** **The rider spurred his horse.** 기수는 말에 박차를 가했다	1030
squeeze [skwi:z]	압착하다, 꽉 죄다 **Can I squeeze in?** 좀 들어가도 될까요?	1031
stammer [stǽmə:r]	말을 더듬다 **stammer** out an excuse 더듬거리며 변명하다	1032
stamp [stæmp]	짓밟다, 날인하다 **stamp** one's foot in anger 화가 나서 발을 동동 구르다	1033
stare [stɛə:r]	응시하다, 쳐다보다 **stare** vacantly 어안이 벙벙하다 **She stared at me.** 그녀는 나를 빤히 쳐다보았다	1034

388

start
[stɑːrt]

1035

출발하다, 움직이다

for a start 우선, 먼저
from start **to finish** 시종일관

---

startle
[stɑ́ːrtl]

1036

깜짝 놀라게 하다

The noise startled **me.** 그 소리에 깜짝 놀랐다

---

starve
[stɑːrv]

1037

굶어죽다, 굶기다 명 **starvation**

starve **for friendship** 우정을 갈망하다

---

stay
[stei]

1038

머무르다, 체류하다 **stayed - staid** 형 **staid**

Stay **there!** 꼼짝마라
I am busy, I can't stay.

바빠서 이러고 있을 수 없다

---

steal
[stiːl]

1039

훔치다, 도둑질하다 **stole - stolen**
명 **stealth** 형 **stealthy**
He had his watch stolen.

그는 시계를 도둑맞았다

---

steer
[stiə́ːr]

1040

키를 잡다, 조종하다 명 **steerage**

steer **between the extremes** 중용의 길을 택하다

---

stick
[stik]

1041

찌르다, 붙이다 **stuck - stuck**

Stick **to it!** 기운을 내라, 버티어라

---

stimulate
[stímjulèit]

1042

자극하다, 격려하다

명 **stimulation, stimulus**
Praise stimulates **students to work hard.**

칭찬은 학생들을 자극하여 열심히 공부하게 한다

1043
sting [stiŋ]
찌르다, 쏘다 **stung - stung**
A bee stung me on the arm.
벌이 내 팔을 쏘았다

1044
stir [stəːr]
휘젓다, 움직이다 **stirred - stirred**
Stir your stumps. 빨리 해라, 서둘러라
do not stir a finger 손가락 하나 까딱 않다

1045
stop [sta(ɔ)p]
멈추다, 그치다 **stopped - stopped**
명 stoppage
Stop thief! 도둑 잡아라

1046
stoop [stuːp]
웅크리다, 상체를 굽히다
stoop in walking 몸을 구부정하게 걷다

1047
strain [strein]
잡아당기다, 긴장시키다
strain the truth 진실을 왜곡하다

1048
stray [strei]
길을 잃다, 타락하다
The puppy has strayed off from the kennel.
강아지가 집에서 나가 길을 잃었다

1049
stretch [stretʃ]
뻗다, 잡아 늘리다 형 stretchy
stretch the wings 날개를 펴다

1050
stride [stráid]
성큼성큼 걷다 **strode - strid**
stride a street 거리를 활보하다

1051
strike [stráik]
치다, 파업하다 **struck - struck** 명 stroke
Strike me dead if …이라면 내 목을 내놓겠다

strip

[stríp]

벗기다 **stripped - stripped**

strip **a person naked** …을 발가벗기다

1053

strive

[stráiv]

노력하다, 힘쓰다 **strove - striven**

몡 **strife**

strive **after an ideal** 이상을 실현하려고 노력하다

1054

stroll

[stróul]

한가롭게 거닐다

stroll **on!** (놀람, 실망 등으로) 어머

1055

struggle

[strʌ́gl]

애쓰다, 싸우다

struggle **to escape** 도망치려고 몸부림치다

1056

subject

[sʌ́bdʒèkt]

종속시키다, 복종시키다

몡 **subjection** 혱 **subjective**

be subjected **to severe criticism** 혹평을 받다

1057

submit

[səbmít]

굴복하다, 제출하다 **submitted - submitted**

몡 **submission** 혱 **submissive**

submit **to one's fate** 운명을 달게 받다

1058

subscribe

[sə̀bskráib]

구독하다, 서명하다

몡 **subscription** 혱 **subscript**

subscribe **the contract** 계약에 서명하다

1059

substitute

[sʌ́bstətjùːt]

…로 대체하다, 대신하다

몡 **substitution** 혱 **substitutive**

substitute **nylon for silk**

명주 대신 나일론을 쓰다

1060

subtract
[səbtrǽkt]

빼다, 감하다 명 subtraction
subtract 2 **from** 5 5에서 2를 빼다

1061

succeed
[səksíːd]

성공하다, 계승하다 명 success. succession
형 successful, successive
Read the page that succeeds**.**
다음 페이지를 읽어라

1062

suck
[sʌk]

빨아들이다 명 suction
What a suck**!** 무슨 꼴이람

1063

suffer
[sʌ́fəːr]

고통받다, 괴로워하다 명 sufferance
suffer **from a bad headache** 심한 두통을 앓다

1064

suffice
[səfáis]

만족시키다, 족하다
명 sufficiency 형 sufficient
Suffice **to say that** …이라고만 말해 두자

1065

suffocate
[sʌ́fəkèit]

질식시키다, 숨막히다 명 suffocation
She was suffocated **by grief.**
그녀는 슬픔으로 목이 메었다

1066

suggest
[sə̀g(sə)dʒést]

제안하다, 암시하다
명 suggestion 형 suggestive
suggest **a swim** 수영을 권하다

1067

suit
[suː(sjuː)t]

적합하다, 어울리다 형 suitable
Suit **yourself.** 마음대로 하시오
suit **one down to the ground** 안성맞춤이다

392

summarize
[sʌ́məràiz]

요약하다 명 **summary**

1069

supervise
[súːpərvaiz]

감독하다, 지휘하다 명 **supervision**

1070

supply
[səplái]

공급하다, 보충하다

Cows supply us milk.
암소는 우리에게 우유를 공급한다

1071

support
[səpɔ́ːrt]

받치다, 부양하다, 지지하다

support a family 가족을 부양하다
support a political party 정당을 지지하다

1072

suppose
[səpóuz]

가정하다, 상상하다 명 **supposition**

I suppose not. 그렇지는 않을 거야
You are Mr. Smith, I suppose.
당신은 스미스씨지요

1073

suppress
[səprés]

억압하다, 진압하다

명 **suppression** 형 **suppressive**
suppress one's laughter 웃음을 참다

1074

surpass
[səpǽ(áː)s]

보다 낫다, 뛰어나다

He surpasses me in knowledge.
그는 지식에 있어서 나보다 낫다

1075

surprise
[səpráiz]

놀라게 하다 명 **surprisal**

His conduct surprised me. 그의 행위에 놀랐다

1076
surrender [səréndəːr]
넘겨주다, 굴복하다
surrender oneself to despair 자포자기에 빠지다

1077
surround [səráund]
둘러싸다, 에워싸다
be surround with …에 둘러싸이다

1078
survey [səvéi]
조사하다, 바라보다
survey a situation 상황을 살펴보다

1079
survive [səváiv]
살아남다, 더 오래 살다 [명] survival
survive one's children 자식들보다 오래 살다

1080
suspect [səspékt]
짐작하다, 의심을 두다
[명] suspicion [형] suspicious
I suspect him to be a liar.
나는 그가 거짓말쟁이가 아닌가 생각된다

1081
suspend [səspénd]
매달다, 중지하다
[명] suspension, suspense [형] suspensive
suspend one's judgment 판결을 보류하다

1082
sustain [səstéin]
떠받치다, 견디다, 지속하다 [명] sustenance
sustain a conversation 대화를 계속하다

1083
swallow [swá(ɔ́)lou]
삼키다
swallow one's words 한 말을 취소하다

1084
sway [swei]
흔들다, 동요하다
The grass is swaying in the breeze.
풀이 산들바람에 나부끼고 있다

swear [swɛər]	맹세하다, 선서하다 **I'll be sworn.** 틀림없다, 맹세한다	1085
sweep [swiːp]	싹 쓸어내다, 청소하다 **swept -swept** **sweep up a room** 방을 청소하다	1086
swell [swel]	부풀다, 팽창하다 **swelled - swollen** **swell like a turkey cock** 뽐내다, 거만하게 행동하다	1087
swing [swiŋ]	흔들리다, 빙 돌다 **swung - swung** **go with a swing** 척척 진행되다	1088
swirl [swəːl]	소용돌이치다, 빙빙 돌다 [형] **swirly** **The dust is swirling about.** 먼지가 소용돌이치고 있다	1089
sympathize [símpəθàiz]	동정하다, 공감하다 [명] **sympathy** [형] **sympathetic** **sympathize with a person** …에게 동정하다	1090
synthesize [sínθəsàiz]	합성하다, 종합하다 [명] **synthesis** [형] **synthetic**	1091
tame [teim]	길들이다 **tame a wild animal** 야생동물을 길들이다	1092
tap [tæp]	가볍게 두드리다 **tapped - tapped** **tap a person on the shoulder** …의 어깨를 톡톡 치다	1093

		1094
taste [teist]	맛보다, 시식하다 형 **tasteful, tasty** **Taste differ.** 십인십색	

		1095
teach [ti:tʃ]	가르치다 **taught - taught** **Teach a dog a bark.** 부처님한테 설법을 하다	

		1096
tear [tɛəːr]	찢다, 찢어지다 **tore - torn** **Lace tears easily.** 레이스는 쉽게 찢어진다	

		1097
tease [ti:z]	괴롭히다, 놀리다 **He teased him about hies curly hair.** 그는 그의 곱슬머리를 놀려댔다	

		1098
tell [tel]	말하다 **told - told** **Don't tell me!** 바보 같은 소리하지마 **You're telling me!** 다 알고 있어, 정말 그렇군	

		1099
tempt [tempt]	유혹하다, 꾀다 명 **temptation** **tempt one's fate** 자신의 운명을 시험하다	

		1100
tend [tend]	경향이 있다 명 **tendency** **Fruits tend to decay.** 과일은 썩기 쉽다	

		1101
terminate [tə́:minèit]	전멸시키다, 끝내다 명 **terminus, termination** 형 **terminal** **terminate a contract** 해약하다	

		1102
terrify [térəfài]	겁나게 하다, 무섭게 하다 명 **terror** 형 **terrific** **You terrify me!** 아이 깜짝이야	

		1103
testify [téstəfài]	증명하다, 증언하다 몡 **testification** **testify to a person's ability** …의 능력을 증명하다	

		1104
thank [θǽŋk]	감사하다 휑 **thankful** **No, thank you.** 아닙니다, 괜찮습니다 **Thanks, but no thanks.** 고맙지만 사양하겠소	

		1105
thrive [θráiv]	번성하다, 무성해지다 **throve - throve** 몡 **thrift**	

		1106
throb [θrá(ɔ)b]	심장이 고동치다, 맥이 뛰다 **My heart throbbed with joy.** 내 심장은 기쁨으로 두근거렸다	

		1107
throw [θrou]	던지다, 발사하다 **threw - thrown** **Throw me a rope.** 로프를 던져 주다 **throw away** 버리다, 낭비하다	

		1108
thrust [θrʌst]	밀다, 떠밀다 **thrust - thrust** **give a thrust** 일격을 가하다 **be thrust into fame** 갑자기 유명해지다	

		1109
tickle [tíkəl]	간질이다, 자극하다 휑 **ticklish, tickly** **be tickled to death** 포복절도하다	

		1110
tilt [tilt]	기울다 **tilt a hat sideways** 모자를 비스듬하게 쓰다	

		1111
toil [tɔil]	힘써 일하다, 수고하다 명 **toilful, toilsome** **toil** at a task 부지런히 일하다	
tolerate [tá(ɔ́)lərèit]	아량을 베풀다, 관대하게 다루다 명 **tolerance, toleration** 형 **tolerant**	1112
toss [tɔːs]	던져다 **tossed - tossed** **toss** a question 질문을 던지다	1113
touch [tʌtʃ]	만지다, 대다, 접촉하다 Don't **touch** the exhibits. 진열장에 손을 대지 마시오	1114
tour [tuə:r]	여행하다 a sightseeing **tour** 관광여행 go on a **tour** 여행을 떠나다	1115
track [træk]	뒤를 쫓다, 추적하다 명 **trackage** 형 **trackless** **track** down a criminal 범인을 추적하여 잡다	1116
trade [treid]	거래하다, 무역하다 I will **trade** with him. 만일 그가 그것을 좋아하지 않으면 내가 교환하지요	1117
trail [treil]	질질 끌다 **trail** one's skirt 치마를 질질 끌다	1118

transcribe [trænskráib]	베끼다, 복사하다 몡 transcription, transcript **transcribe** a book into Braille 책을 점자로 번역하다
transfer [trænsfə́:r]	옮기다, 양도하다, 갈아타다　몡 transference **transfer** from a train to a bus 기차에서 버스로 갈아타다
transform [trænsfɔ́:rm]	변형시키다　몡 transformation Joy **transformed** her face. 기쁨으로 그녀의 얼굴은 싹 달라졌다
transit [trǽnsit]	통과해 지나가다　몡 transition in **transit**　통과[이동] 중
translate [trænsléit]	번역하다　몡 translation **translate** an English sentence into Korean 영문을 한국어로 번역하다
transmit [trænsmít]	발송하다, 부치다　몡 transmission **transmit** a letter by hand　편지를 손수 전해주다
transport [trænspɔ́:rt]	운송하다, 수송하다　몡 transportation **transport** a machine by ship 선편으로 기계를 수송하다
trap [træp]	덫을 놓다 get **trapped** in a traffic jam 교통체증으로 움직일 수 없다

1127
traverse
[trǽvəːrs]
가로지르다, 방해하다
He **traversed** alone the whole continent of Africa. 그는 혼자서 아프리카 대륙을 횡단했다

1128
tread
[tred]
걷다, 발로 밟다 trode - trodden
Please be careful not to **tread** on my foot.
내 발을 밟지 않도록 주의해 주시오

1129
treat
[triːt]
다루다, 대우하다, 치료하다 몡 **treatment**
treat a person kindly …를 친절하게 대하다

1130
tremble
[trémbl]
떨다 몡 **tremor** 혱 **trembly**
Hear and **tremble**! 듣고 놀라지 마라

1131
trick
[trik]
장난치다, 속이다 혱 **trickish**, **tricky**
be **tricked** by flattery 감언에 속다

1132
trim
[trim]
다듬다, 장식하다 trimmed - trimmed
trim a nail 손톱을 깍다

1133
trouble
[trʌ́bl]
괴롭히다, 수고를 끼치다 혱 **troublesome**
What is **troubling** you?
무엇 때문에 고민하고 있는 거냐

1134
trudge
[trʌdʒ]
터벅터벅 걷다
trudge with heavy feet 무거운 발걸음으로 걷다

1135
trust
[trʌst]
신뢰하다, 기대하다
Do you mind **trusting** me for it?
그것을 외상으로 주시겠습니까?

1136

try [trai]

노력하다, 시도하다 **tried - tried**

try one's best 전력을 다하다

Do try more. 자 좀 더 드시오

1137

tuck [tʌk]

걷어올리다, 덮다, 감싸다

tuck one's napkin under one's chin

냅킨을 턱밑에 밀어 넣다

1138

tumble [tʌ́mbl]

굴리다, 넘어지다

tumble down the stairs 계단에서 굴러 떨어지다

be all in a tumble 혼란이 극도에 달하다

1139

turn [təːrn]

돌리다, 켜다, 뒤집다

Turn the lights on. 불을 켜시오

Right turn! 우향우

1140

twinkle [twíŋkl]

반짝거리다

in a twinkle of an eye 눈 깜짝할 사이에

1141

twist [twist]

꼬다, 비틀어 돌리다

twist a scarf around the neck

목에 스카프를 두르다

1142

underestimate [ʌ̀ndəréstəmèit]

과소평가 하다 [명] **underestimation**

underestimate the problem

문제를 과소평가 하다

1143

undergo [ʌ̀ndəgóu]

검열을 받다, 고난을 견디다

undergo changes 여러 가지 변화를 겪다

1144

underline
[ʌ̀ndərláin]
밑줄을 긋다, 강조하다
an underline part 밑줄 친 부분

1145

understand
[ʌ̀ndərstǽnd]
이해하다, 알아듣다
understood - understood
Do you understand me? 내말 알아듣겠니?

1146

undertake
[ʌ̀ndərtéik]
(일, 책임 등을) 맡다, 착수하다
undertook - undertaken
undertake an experiment
실험에 착수하다

1147

undo
[ʌndúː]
원상태로 돌리다 undid - undone
What's done cannot be undone.
엎지른 물은 다시 담을 수 없다

1148

undress
[ʌndrés]
옷을 벗다
She undressed the baby.
그녀는 아이의 옷을 벗겼다

1149

unify
[júːnifài]
통합하다 unified - unified
unify the opposition 야당을 통합하다

1150

unite
[juːnáit]
통일하다, 결합하다 몡 unity
Oil will not unit with water.
기름은 물에 혼합되지 않는다

1151

upset
[ʌpsét]
뒤엎다, 당황하게 하다
Don't upset the boat.
보트를 뒤엎지 마라

urge [ə:rdʒ]	재촉하다 [명] urgency [형] urgent urge one's way 길을 재촉하다	1152
utilize [jú:tilàiz]	이용하다 [명] utility utilize leftovers in cooking (먹다) 남은 것을 요리에 이용하다	1153
utter [ʌ́tər]	말하다, 발언하다 [명] utterance be unable to utter one's feelings 감정을 말로 나타낼 수 없다	1154
vanish [vǽniʃ]	사라지다, 없어지다 vanish away like smoke 연기처럼 사라지다	1155
vary [vέəri]	바꾸다, 다양하게 하다 varied - varied [명] variation [형] various vary from the law 법칙에서 벗어나다	1156
ventilate [véntilèit]	환기시키다, 공기를 통하다 [명] ventilation Cool breezes ventilated the house. 그 집은 시원한 바람이 잘 통했다	1157
venture [véntʃər]	모험하다 [형] venturesome, venturous Nothing venture, nothing have. 호랑이 굴에 들어가야 호랑이 새끼를 잡는다	1158
vibrate [váibreit]	진동하다, 흔들리다 [명] vibration vibrate with joy 기뻐서 가슴이 설레다	1159

1160

violate [váiəlèit] 위반하다, 어기다 (명) **violation**
violate the speed limit 속도를 위반하다

1161

vomit [vá(ɔ)mit] 구토하다 (형) **vomitive**
vomit lava 용암을 분출하다

1162

voyage [vɔ́iidʒ] 항해하다
a voyage round the world 세계 일주 항해

1163

wag [wæg] 흔들다, 흔들리다 **wagged - wagged**
A dog wags its tail. 개가 꼬리를 흔든다
Let the world wag. 될 대로 되라지

1164

wait [weit] 기다리다, 대기하다, 시중들다
Please wait for a moment.
잠시만 기다려 주시오
Everything comes to those who wait.
기다리는 자에게는 모든 것이 성취된다

1165

wake [weik] 잠이 깨다 **woke - woken** (형) **awake**
Wake up! 일어나

1166

walk [wɔːk] 걷다
Walk up! 어서오십시오
I will wake you to the station.
역까지 바래다 드리지요

1167

wander [wá(ɔ)ndər] 돌아다니다, 헤매다
He wandered over the world.
그는 온 세계를 방랑했다

404

want [wɑ(ɔ)nt]	원하다, 필요하다 **I badly want a new car.** 새 차를 몹시 갖고 싶다 **My shoes want mending.** 내 구두는 수리해야 한다	1168
warn [wɔːrn]	경고하다, 조심시키다 **warn of danger** 위험을 경고하다	1169
warrant [wɔ́ː(ɔ́)rənt]	정당화하다, 보증하다 [형] **warranty** **warrant quality** 품질을 보증하다	1170
wash [wɑ(ɔ)ʃ]	씻다, 세수하다 **Wash your face** 세수 좀 해라	1171
waste [weist]	낭비하다, 쇠약해지다 **waste a full hour** 꼬박 한시간을 허비하다	1172
wave [weiv]	흔들다, 파도치다 [형] **wavy** **He waved a greeting to her.** 그는 손을 흔들어 그녀에게 인사했다	1173
wear [wɛər]	입고 있다 **wore - worn** **She wears a ring.** 그녀는 늘 반지를 끼고 있다	1174
weave [wiːv]	천을 짜다 **wove - woven** **weave cloth out of thread** 실로 천을 짜다	1175
weep [wiːp]	울다, 슬퍼하다 **wept - wept** [형] **weepy** **weep at sad news** 비보를 듣고 울다 **weep one's fill** 실컷 울다	1176

1177

whisper
[hwíspəːr]

속삭이다
give the whisper 살짝 귀띔하다

1178

whistle
[hwísl]

휘파람을 불다
whistle in the dark 허세부리다

1179

win
[win]

얻다, 이기다 **won - won**
You can't win. 잘되라는 법은 없지

1180

wink
[wiŋk]

눈을 깜박이다, 눈짓하다
wink the other eye
대수롭지 않게 여기다, 코방귀 뀌다

1181

wipe
[waip]

닦다, 훔치다
Wipe your eyes. 눈물을 닦아라, 그만 울어
Wipe it off! 웃지 마라, 진지하게 하라

1182

wish
[wiʃ]

희망하다, 바라다 [형] **wishful**
I wish to go abroad. 외국에 가고 싶다
I wish that forgotten.
그것을 잊어버렸으면 좋겠네

1183

withdraw
[wiðdrɔ́ː]

물러가다, 인출하다 **withdrew - withdrawn**
[명] **withdrawal**
withdraw an offer 신청을 취소하다

1184

wither
[wíðə]

시들다
wither on the vine 흐지부지되다

withstand [wiθ(ð)stǽɑd] 1185
저항하다, 견디다 **withstood - withstood**
withstand temptation 유혹에 저항하다

wonder [wʌ́ndəːr] 1186
이상하게 여기다, 궁금해하다, 경탄하다
[형] **wonderful**
I wonder what happened.
무슨 일이 일어났을까?

worry [wə́ː(ʌ́)ri] 1187
걱정하다, 고민하다 **worried - worried**
Don't worry your parents.
부모님께 걱정을 끼치지 마라

wrap [ræp] 1188
포장하다, 싸다 **wrapped - wrapt**
Wrap it up in paper. 그것을 종이에 싸시오

yearn [jəːrn] 1189
동경하다, 열망하다
yearn for home 고향을 그리워하다

yell [jel] 1190
비명을 지르다
yell for help 도와달라고 외치다

yield [jiːld] 1191
굴복하다, 생산하다, 양보하다
yield oneself up to temptation 유혹에 지다

Can do!

수능 영단어

부사
199

Chapter 4

~**ly**형 부사

NO. 1~181

		0001
absolutely [æbsəlúːtli]	절대적으로, 전혀 않다 (형) **absolute** I refused his offer absolutely. 그의 제의를 단호히 거절했다.	

		0002
accordingly [əkɔ́ːrdiŋli]	따라서, 그러므로 act accordingly 이에 맞게 행동하여라	

		0003
accurately [ǽkjuritli]	정확하게 (형) **accurate** (명) **accuracy** statement accurately 바르게 진술하다	

		0004
actively [ǽktivli]	활발히, 활동적으로 (형) **active** (명) **activity**	

		0005
actually [ǽktʃuəli]	사실은, 실지로 (형) **actual** He actually refused. 그는 정말 거절했어요	

		0006
adequately [ǽdikwitli]	적당히 (형) **adequate** (명) **adequacy**	

		0007
affectionately [əfékʃənitli]	다정하게 (형) **affectionate** (명) **affection** Yours affectionately. 친애하는 …으로 부터(편지의 맺는 말)	

		0008
anxiously [ǽŋkʃəsli]	근심하여, 걱정하여 (형) **anxious** So she said anxiously. 그렇게 그녀는 걱정스럽게 말했다	

apparently
[əpǽrəntli]

명백히, 보기에　圈 **apparent**

He has apparently forgotten it.

그는 그것을 잊은 것 같다

0010

approximately
[əprá(ɔ́)ksimètli]

대략, 대체로　圄 **appropriate**

The population of the city is approximately one million.

그 시의 인구는 대략 100만쯤 된다.

0011

automatically
[ɔːtəmǽtikəli]

자동적으로　圈 **automatic**

This door opens automatically.

이 문은 자동적으로 열린다.

0012

awfully
[ɔ́ːfuli]

몹시, 지독히　圈 **awful**

It is awfully good of you.　대단히 감사합니다

0013

awkwardly
[ɔ́ːkwədli]

서투르게, 어색하게　圈 **awkward**

He poured the wine awkardly.

그는 술을 서투르게 따랐다.

0014

barely
[bɛ́əli]

겨우, 간신히　圈 **bare**

He is barely of age.　그는 이제 막 성년이 되었다
barely escape death　간신히 목숨을 건지다

0015

basically
[béisikəli]

근본적으로　圈 **basic**　圐 **base**

The idea is basically wrong.

그 생각은 근본적으로 틀렸다.

0016

briefly
[bríːfli]

간략하게, 간단히　圈 **brief**

to put it briefly　간단히 말해서

411

		0017
brightly [bráitli]	밝게, 총명하게 휑 **bright** smile **brightly** 환히 웃다	

		0018
calmly [káːmli]	고요히, 침착하게 휑 **calm**	

		0019
carefully [kɛ́ərfuli]	주의하여, 신중히 휑 **careful** 명 **care**	

		0020
casually [kǽʒuəli]	우연히, 때때로 휑 **casual**	

		0021
certainly [sə́ːtinli]	확실히, 분명히 휑 **certain** **Certainly** not! 물론 그렇지 않습니다	

		0022
cheerfully [tʃíərfuli]	기분 좋게 휑 **cheerful**	

		0023
clearly [klíərli]	분명히, 똑똑히 휑 **clear** **Clearly**, it is a mistake. 그것은 분명히 실수다	

		0024
closely [klóusli]	가까이(정도상), 밀접하게 휑 **close**	

		0025
comfortably [kʌ́mfətəbli]	안락하게, 기분 좋게 휑 **comfortable** 동 **comfort**	

		0026
comparatively [kəmpǽrətivli]	비교적, 꽤 휑 **comparative** 동 **compare** **comparatively** speaking 비교해서 말하면	

412

completely [kəmplíːtli]	완전히, 철저히 [동] **complete** **completely forget** 완전히 잊다	0027
constantly [kɑ́(ɔ́)nstəntli]	끊임없이 [형] **constant** **The clock ticks constantly.** 시계는 끊임없이 똑딱소리를 내고 있다.	0028
continually [kəntínjuəli]	계속하여, 끊임없이 [형] **continual** [동] **continue**	0029
correctly [kəréktli]	정확하게 [형] **correct** [명] **correction** **pronounce correctly** 정확하게 발음하다.	0030
cruelly [krúːili]	잔인하게 [형] **cruel** [명] **cruelty**	0031
deadly [dédli]	지독히, 치명적인 [형] **dead** [동] **die** [명] **death** **a deadly poison** 맹독	0032
dearly [díəli]	진심으로, 극진히 [형] **dear** **dearly beloved** 친애하는 자들이여	0033
decidedly [disáididli]	명백히 [형] **decided** **This is decidedly better than that.** 이것이 저것보다 단연코 낫다	0034
definitely [définitli]	명백히 [형] **definite**	0035

desperately [déspəritli]	0036 필사적으로, 절망적으로 [형] **desperate**
directly [diréktli]	0037 직접적으로, 곧장 [형] **direct** **I'll be with you directly.** 곧장 가겠습니다
dramatically [drəmǽtikəli]	0038 극적으로 [형] **dramatic**
drastically [drǽstikli]	0039 철저하게, 과감하게 [형] **drastic**
dully [dʌli]	0040 둔하게, 멍청하게 [형] **dull**
duly [djúːli]	0041 정식으로, 때에 알맞게 [형] **due** **duly to hand** 틀림없이 받음
earnestly [ə́ːnistli]	0042 진심으로, 진지하게 [형] **earnest**
effectively [iféktivli]	0043 효과적으로 [형] **effective** [명] **effect**
emotionally [imóuʃənəlli]	0044 정서적으로 [명] **emotion** [형] **emotional**
enormously [inɔ́ːməsli]	0045 거대하게, 엄청나게 [형] **enormous**

		0046
enthusiastically [enθjùːziǽstikli]	열광적으로 ㉡ **enthusiastic**	

		0047
entirely [entáiəli]	전적으로, 완전히 ㉡ **entire**	

		0048
equally [íːkwəli]	평등하게, 동등하게 ㉡ **equal** ㉢ **equality**	

		0049
especially [espéʃəli]	특히 ㉡ **especial** **He is good at all subjects, especially English.** 그는 전과목을 잘하지만 특히 영어를 잘한다	

		0050
essentially [isénʃəli]	근본적으로 ㉡ **essential**	

		0051
eternally [itə́ːnəli]	영원히 ㉡ **eternal**	

		0052
evidently [évidəntli]	분명히, 명백히 ㉡ **evident** ㉢ **evidence** **Evidently he has made a mistake.** 그가 실수한 것은 분명하다	

		0053
exactly [egzǽktli]	정확하게 ㉡ **exact** **Repeat exactly what he said.** 그가 한 말을 그대로 되풀이 해보시오	

		0054
exclusively [eksklúːsivli]	독점적으로, 배타적으로 ㉡ **exclusive** ㉢ **exclusion** ㉣ **exclude**	

0055
extremely [ekstrí:mli]
극단적으로　⟨형⟩ extreme　⟨명⟩ extremity
I'm extremely sorry.　정말 미안하게 됐습니다

0056
faintly [féintli]
약하게, 희미하게　⟨형⟩ faint
The eastern sky grew faintly light.
동녘 하늘이 희미하게 밝아 왔다.

0057
fairly [féəli]
공정히, 꽤　⟨형⟩ fair
I'm fairly worn out.　나는 정말로 지쳐있다

0058
faithfully [féiθfuli]
충실히　⟨형⟩ faithful　⟨명⟩ faith
Yours faithfully.
여불비례(餘不備禮)(편지 맺음말)

0059
fatally [féitəli]
치명적으로　⟨형⟩ fatal
be fatally wounded　치명상을 입다

0060
fiercely [fíəsli]
사납게, 맹렬하게　⟨형⟩ fierce

0061
finally [fáinəli]
마침내, 마지막으로　⟨형⟩ final
The matter is not yet finally settled.
그 문제는 아직 모두 해결되지 않았다

0062
financially [finǽnʃəli]
재정적으로
⟨형⟩ financial　⟨명⟩ finance

0063
firmly [fɔːmli]
확고하게, 단단하게　⟨형⟩ firm
promise firmly　확고하게 약속하다

		0064
fluently [flúːəntli]	유창하게 (형) **fluent**　(명) **fluency**	

		0065
forcibly [fɔ́ːsəbli]	강제로, 우격다짐으로 (형) **forcible**	

		0066
formally [fɔ́ːməli]	정식으로, 형식적으로 (형) **formal**	

		0067
fortunately [fɔ́ːtʃunətli]	다행스럽게도 (형) **fortunate**　(명) **fortune**	

		0068
fragrantly [fréigrəntli]	향기롭게　(형) **fragrant**	

		0069
frankly [frǽŋkli]	솔직히　(형) **frank** **frankly** speaking　솔직히 말해서	

		0070
frantically [frǽntikəli]	미친 듯이　(형) **frantic** She yelled and screamed **frantically**. 그 여자는 미친듯이 소리를 질렀다.	

		0071
frequently [fríːkwəntli]	빈번히, 자주　(형) **frequent** write home **frequently**　집에 자주 편지를 쓴다	

		0072
fully [fúli]	충분히, 꼬박　(형) **full** eat **fully**　충분히 먹다	

		0073
generally [dʒénərəli]	일반적으로, 보통　(형) **general** **generally** speaking　대체로 말하자면	

gently
[dʒéntli]

0074

부드럽게, 온순하게 휑 gentle
Speak gently to the children.
애들에게 다정하게 얘기하세요

gradually
[grǽdʒuəli]

0075

점점, 차차 휑 gradual
His health is improving gradually.
그의 건강은 차츰 좋아지고 있다

greatly
[gréitli]

0076

대단히, 몹시 휑 great
I was greatly amused. 나는 무척 재미있었다

greedily
[gríːdili]

0077

탐욕스럽게, 욕심내어
휑 greedy 휑 greed

habitually
[həbítʃuəli]

0078

습관적으로
휑 habit 휑 habitual

hardly
[háːdli]

0079

거의 …아니게
I can hardly believe it. 나의 거의 믿어지지 않았다
I can't hardly laugh. 웃지 않을 수 없다

hastily
[héistili]

0080

서둘러, 급히
휑 hasty 휑 haste

heartily
[háːtili]

0081

진심으로, 충심으로 휑 hearty
I heartily thank you. 진심으로 감사드립니다

heavily
[hévili]

0082

심하게, 무겁게 휑 heavy
It rained heavily on. 억수같은 비가 계속 내렸다

418

0083
highly
[háili]
높이, 대단히 [형] **high** [명] **height**
highly amusing 아주 재미있는

0084
honestly
[á(ɔ́)nistli]
정직하게, 솔직하게
[형] **honest** [명] **honesty**
Honestly, I cannot trust him.
정말이지 그는 믿을 수 없다

0085
idly
[áidli]
한가하게, 하는 일 없이 [형] **idle**
Don't stand idly. 멍하니 서있지 마라

0086
immediately
[imí:diitli]
즉시, 곧 [형] **immediate**
telephone immediately 곧바로 전화하세요

0087
incidentally
[insidéntəli]
우연히, 부수적으로
[형] **incidental** [명] **incident**

0088
individually
[indivídʒu(dju)əli]
개인적으로 [형] **individual**

0089
inevitably
[inévitəbli]
불가피하게, 필연적으로
[형] **inevitable**

0090
infinitely
[ínfənitli]
무한히 [형] **infinite**
It's infinitely worse than I thought.
내가 생각했던 것보다 훨씬 못하다

0091
instantly
[ínstəntli]
당장, 즉시 [명] **instant**
be instantly killed 즉사하다

		0092
intentionally [inténʃənəli]	의도적으로 형 **intentional** 명 **intention**	

		0093
intimately [íntimitli]	친밀하게, 상세하게 형 **intimate**	

		0094
irregularly [irégjuləli]	불규칙적으로 형 **irregular**	

		0095
lately [léitli]	최근에, 요즈음 형 **late** I haven't seen him lately. 요즈음은 그를 만나지 못했다	

		0096
lightly [láitli]	가볍게, 민첩하게 형 **lihgt** Lightly come, lightly go. 얻기 쉬운 것은 잃기도 쉽다	

		0097
literally [lítərəli]	문자그대로 형 **literal** translate literally 직역하다	

		0098
logically [lá(ɔ́)dʒkəli]	논리적으로 형 **logical** That is logically correct. 그것은 논리적으로 옳다.	

		0099
loudly [láudli]	큰소리로, 화려하게 형 **loud**	

		0100
mentally [méntəli]	정신적으로 형 **mental**	

mildly [máildli]	온화하게 [형] **mild** **put it mildly** 조심스럽게 말하다	0101
mostly [móustli]	대체로, 주로 [형] **most** **They are mostly kind.** 그들은 대체로 친절하다.	0102
mutually [mjúːtʃuəli]	서로, 상호간에 [형] **mutual**	0103
namely [néimli]	다시 말해서, 즉 [명] **name** **the rules of speaking, namely grammar** 말하는 법 즉 문법	0104
naturally [nǽtʃurəli]	당연히, 천성적으로 [형] **natural** [명] **nature** **He is naturally clever.** 그는 천성이 영리하다	0105
nearly [níəli]	거의, 대략 [형] **near** **not nearly enough** 턱없이 모자라다	0106
neatly [níːtli]	단정하게, 깔끔하게 [형] **neat**	0107
normally [nɔ́ːməli]	정상적으로 [형] **normal**	0108
notably [noutəbli]	현저하게 [형] **notable** [명] **note** **a notably increase** 현저한 증가	0109
obviously [ɑ́(ɔ́)bviəsli]	분명히 [형] **obvious** **You obriously know about it, don't you?** 너는 분명히 그것을 알고 있겠지?	0110

0111
occasionally
[əkéiʒənəli]
때때로, 가끔　® occasional　® occasion
fine except for occasionally rain
맑고 때때로 비

0112
officially
[əfíʃəli]
공식적으로, 공무상
® **official**

0113
ordinarily
[ɔ́ːrdənérəli]
보통, 대개　® **ordinary**

0114
partially
[páːʃəli]
불공평하게, 부분적으로
® **partial**

0115
particularly
[pətíkjuləli]
특히　® **particular**
I particularly asked him to be careful.
그에게 조심하라고 각별히 부탁했다

0116
partly
[páːtli]
부분적으로, 어느 정도는
You are partly right.
자네 말에도 일리가 있다

0117
passionately
[pǽʃənitli]
열정적으로
® **passionate**　® **passion**

0118
patiently
[péiʃəntli]
참을성 있게　® **patient**
He waited paiently.
그는 참을성 있게 기다렸다.

0119
peacefully
[píːsfuli]
평온하게　® **peaceful**

perfectly [pə́ːfiktli]	0120 완전히, 완벽하게 [형] perfect You are perfectly right. 네가 옳고 말고
perpetually [pəpétʃuəli]	0121 영원히 [형] perpetual [동] perpetuate
personally [pə́ːsənəli]	0122 개인적으로, 몸소 [형] personal Personally, I don't care to go. 나로서는 가고 싶지 않다
physically [fízikəli]	0123 육체적으로, 물리적으로 [형] physical
pleasantly [plézəntli]	0124 유쾌하게, 즐겁게 [형] pleasant
politely [pəláitli]	0125 예의 바르게, 공손히 [형] polite
possibly [pá(ɔ́)səbəli]	0126 아마, 어떻게든지 [형] possible [명] possibility as soon as I possibly can 어떻게든 되도록 빨리
powerfully [páuəfuli]	0127 강력하게 [형] powerful
practically [prǽktikəli]	0128 실지로, 실용적으로 [형] practical practically specking 사실을 말하자면

		0129
precisely [prisáisli]	정확히 ⑱ precise at 2 o'clock precisely 두 시 정각에	

		0130
presently [prézntli]	곧, 이윽고 ⑱ present He will be here presently. 그는 곧 올 것이다	

		0131
probably [prá(ɔ́)bəbli]	아마, 십중팔구 ⑱ probable I'll probably be a little late. 아마 좀 늦을 것 같다	

		0132
promptly [prá(ɔ́)mptli]	즉시 ⑱ prompt withdraw promptly 즉시 철수하다.	

		0133
properly [prá(ɔ́)pəli]	적당히, 당연히 ⑱ proper ⑲ property He very properly refused. 그가 거절한 것은 당연한 일이다	

		0134
proudly [práudli]	자랑스럽게 ⑱ proud ⑲ pride	

		0135
purely [pjuəli]	순수하게 ⑱ pure purely and simply 에누리없이	

		0136
purposely [pə́ːrpəsli]	고의로 ⑲ purpose He ignored me purposely. 그는 고의적으로 나를 무시했다.	

		0137
quickly [kwíkli]	빨리, 급히 ⑱ quick Let's work quickly. 일을 빨리 하자.	

quietly [kwáiətli]	조용히 [형] quiet sleep quietly 조용히 자고 있다.	0138
rapidly [rǽpidli]	빨리, 신속히 [형] rapid [명] rapidity Don't speak too rapidly. 너무 빨리 말해서는 안 된다	0139
rarely [rὲəːrli]	좀체 ... 않는, 드물게 [형] rare He rarely ever drinks. 그가 술을 좀처럼 마시지 않는다	0140
readily [rédili]	기꺼이, 쉽사리 [형] ready I would readily do it for you. 기꺼이 그렇게 해 드리지요	0141
really [ríː(í)əli]	정말로, 실제로 [형] real Not really! 설마 It really is a pity. 그건 참으로 유감이다	0142
recently [ríːsəntli]	최근에, 요즈음 [형] recent until quite recently 극히 최근까지는	0143
remarkably [rimάːkəbli]	현저하게 [형] remarkable He is remarkably for his diligence. 그는 아주 근면하다	0144
repeatedly [ripíːtidli]	반복해서 [형] repeated [동] repeat	0145
resolutely [rézəluːtli]	단호하게 [형] resolute [명] resolution	0146

rhythmically [ríðmikulli]	0147 가락에 맞추어 [형] **rhythmical** [명] **rhythm**
roughly [rʌ́fli]	0148 거칠게, 대충 [형] **rough** **roughly estimated** 어림잡아
safely [séifli]	0149 안전하게 [형] **safe** [명] **safety** **arrive safely** 안착하다
scarcely [skέəːrsli]	0150 거의 ... 않다, 간신히 [형] **scarce** **I scarcely know him.** 그를 거의 모른다
separately [sépərèitli]	0151 따로따로 [동] **separate** [명] **separation**
seriously [síəriəsli]	0152 진지하게, 진정으로 [형] **serious** **seriously speaking** 진지한 이야기인데
severely [sivíəli]	0153 심하게, 엄하게 [형] **severe** **suffer severly from** …로 몹시 고생하다
sharply [ʃáːpli]	0154 날카롭게 [형] **sharp**
similarly [símələːrli]	0155 유사하게, 마찬가지로 [형] **similar** [명] **similarity**
simply [símpli]	0156 간단히, 간소하게 [형] **simple** **to put it simply** 간단히 말하면

		0157
sincerely [sinsíəli]	진심으로, 마음으로부터 형 **sincere** Your **sincerely**. 재배(再拜:편지 끝에 쓰는 말)	

		0158
slightly [sláitli]	약간, 조금 형 **slight** It is **slightly** better. 좀 낫다	

		0159
solemnly [sá(ɔ́)ləmli]	엄숙하게, 장엄하게 형 **solemn**	

		0160
steadily [stédili]	꾸준히, 착실하게 형 **steady**	

		0161
strictly [stríktli]	엄격히 형 **strict** speaking **strictly** 엄밀히 말하자면	

		0162
subsequently [sʌ́bsikwəntli]	그 결과로 형 **subsequent**	

		0163
substantially [səbstǽnʃəli]	실제적으로 형 **substantial** 명 **substance**	

		0164
successfully [səksésfuli]	성공적으로 형 **successful** 동 **succeed** 명 **success**	

		0165
suddenly [sʌ́dnli]	갑자기 형 **sudden** My stomach **suddenly** hurt. 갑자기 배가 아프다.	

		0166
sufficiently [səfíʃəntli]	충분히 형 **sufficient** 동 **suffice**	

surely [ʃúəli]	0167 확실히, 틀림없이 [형] sure Surely you are mistaken. 확실히 네가 틀렸다
technically [téknikəli]	0168 기술적으로, 전문적으로 [형] technical [명] technique
terribly [térəbli]	0169 무섭게, 지독하게 [형] terrible I'm terribly sorry. 대단히 죄송합니다
thoroughly [θə́:rou(θʌ́rə)li]	0170 철저하게 [형] thorough defeat the enemy thoroughly 적을 철저히 쳐부수다.
thoughtfully [θɔ́:tfuli]	0171 사려 깊게 [형] thoughtful
tightly [táitli]	0172 단단히 [형] tight bind hand and foot tightly 손발을 단단히 묶다.
truly [trú:li]	0173 진실로 [형] true Tell me truly. 사실대로 말해다오
ultimately [ʌ́ltəmitili]	0174 궁극적으로, 최후로 [형] ultimate Ultimately the result will be same. 궁극적으로는 같은 결과가 된다.
uncomfortably [ʌnkʌ́mfətəbli]	0175 거북하게, 불쾌하게 [형] uncomfortable

uniquely
[juːníːkli]

독특하게 (형) **unique**
He decorated this room uniquely **.**
그는 이 방을 독특하게 꾸몄다.

0177

universally
[juːnivə́ːsəli]

일반적으로, 보편적으로
(형) **universal** (명) **university, universe**

0178

utterly
[ʌ́təli]

완전히 (형) **utter**
He is utterly **foolish.** 그는 완전히 바보다.

0179

vaguely
[véigli]

막연히, 모호하게 (형) **vague**

0180

violently
[váiələntli]

난폭하게, 맹렬하게
(형) **violent** (명) **violence**

0181

wholly
[hóulli]

완전히, 전적으로 (형) **whole**
Few men are wholly **bad.**
완전한 악인은 거의 없다

기타 부사

NO. 182~199

0182

abroad
[əbrɔ́:d]

국외로, (소문 등이) 퍼져
at home and abroad 국내외에서

0183

ahead
[əhéd]

앞쪽에, 앞으로
Go straight ahead. 곧장 앞으로 나가시오

0184

almost
[ɔ́:lmoust]

거의, 대체로
Dinner is almost ready. 저녁 준비가 거의 다 되었다

0185

aloud
[əláud]

소리내어, 큰 소리로
read aloud 음독하다
cry aloud 큰 소리로 외치다

0186

apart
[əpá:t]

산산이, 떨어져, 따로
fall apart 산산이 흩어지다
jesting apart 농담은 그만두고

0187

around
[əráund]

주위에, 주변을, 여기저기에
travel around 여기저기 여행하다

0188

aside
[əsáid]

곁에, 따로 두고
aside from …은 별문제로 하고

0189

away
[əwéi]

떨어져서, 떠나서, 사라져
cut away 베어내다
put away 치워버리다
Away with it! 치워버려, 그만둬

0190

behind

[biháind]

뒤에, 늦어

There is more behind. 이면에 뭔가 더 있다

0191

early

[ə́ːli]

일찍이, 일찍부터

early in the morning 아침 일찍이

get up early 아침 일찍 일어나다

0192

forward

[fɔ́ːrwəːrd]

앞으로, 금후

rush forward 돌진하다

0193

further

[fə́ːðəːr]

더 멀리, 너 나아가서

I'll see you further first. 못 들어주겠다

0194

furthermore

[fə́ːrðərmɔ̀ːr]

더욱이, 게다가

Furthermore, the weather is worse.

더욱이 날씨가 안좋았다.

0195

indeed

[indíːd]

실로, 참으로, 정말

I am glad indeed. 나는 정말로 즐겁다

0196

nevertheless

[nèvəðəlés]

그럼에도 불구하고, 역시

No matter what people say, it is nevertheless the truth.

사람들이 뭐라 말하더라도 그것은 사실이다

0197

otherwise

[ʌ́ðəwaiz]

만약 그렇지 않으면, 다른 방법으로

an otherwise happy life

다른 점에서 보면 행복한 삶

0198

perhaps
[pəhǽps]

아마, 혹시
Perhaps that is true.
어쩌면 그것은 사실일지도 모른다

0199

rather
[rǽ(ɑ́ː)ðəːr]

오히려, 차라리
I should rather think so. 그렇고 말고요

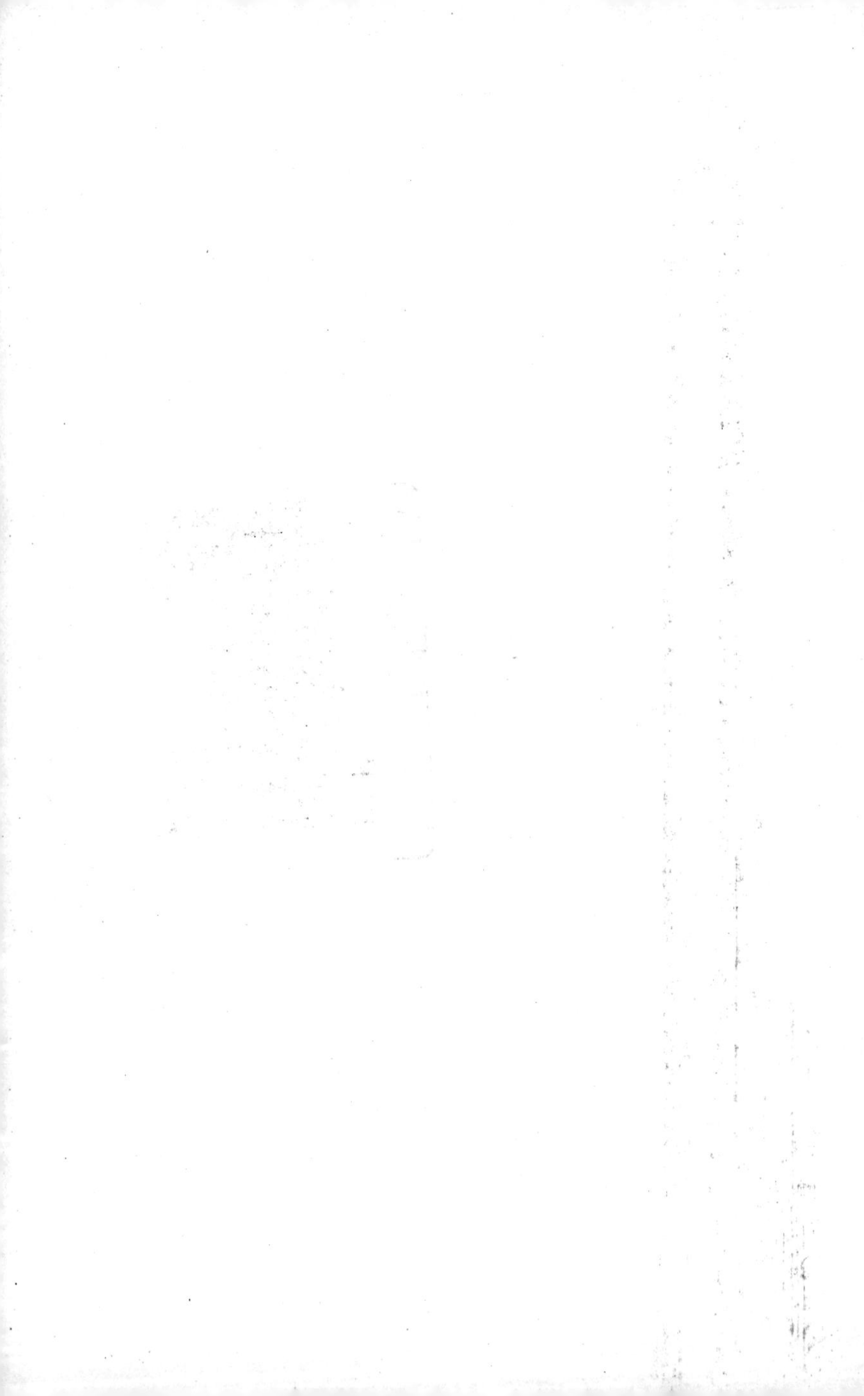